L'insertion
des langues camerounaises
dans le système éducatif

Antoine OWONA

L'insertion
des langues camerounaises
dans le système éducatif

La fable qui raconte l'origine des balafons :
Chez les Beti, c'est le tam-tam qui existait depuis les temps immémoriaux. Comment est né le premier balafon ? Il paraît qu'un jour, Ze (la panthère) et Kulu (la tortue) étaient parties en brousse pour fabriquer les tam-tams. Mais voulant faire la maline, la tortue demanda à la panthère de commencer à abattre l'arbre pour fabriquer le tam-tam pendant qu'elle allait aux toilettes. Ze commença le travail. La tortue, ne voulant pas travailler, se balançait allègrement avec une liane qu'elle utilisait comme balançoire. Et dès que l'arbre fut tombé, elle vint en courant dire à la panthère : « Que tu es forte, tu as déjà abattu ce grand arbre, alors que je courais déjà pour t'aider. » La panthère, qui n'était pas dupe et voulait punir la tortue, lui interdit de toucher à cet arbre sous peine d'être tuée. Alors, à défaut d'utiliser le tronc de l'arbre pour faire le tam-tam, la tortue se contenta des brindilles. Et comme elle ne pouvait plus fabriquer un tam-tam avec les brindilles d'un arbre, elle inventa les balafons. Ze, la panthère, entendant le son mélodieux des balafons de la tortue, se mit à la poursuivre pour arracher ces balafons ; Kulu, la tortue, prit ses jambes à son coup avec ses balafons. La fable se termine en disant qu'aujourd'hui encore, la panthère poursuit toujours la tortue pour arracher les balafons, qui sont plus mélodieux que le tam-tam.

À défaut du tam-tam, les balafons montent au créneau pour une communication plus mélodieuse, « à quelque chose, malheur peut être bon. »

© L'Harmattan, 2015
5-7, rue de l'Ecole-Polytechnique, 75005 Paris

http://www.harmattan.fr
diffusion.harmattan@wanadoo.fr
harmattan1@wanadoo.fr

ISBN : 978-2-343-07129-9
EAN : 9782343071299

*À tous ceux qui ont travaillé,
travaillent et travailleront pour l'unité nationale
du Cameroun dans la diversité culturelle et linguistique
par l'enseignement des /en langues nationales,
je dédie ce travail.*

REMERCIEMENTS

Nos remerciements vont d'abord au Professeur Jean Marie ESSONO, sans lui, le travail que nous présentons aujourd'hui n'aurait jamais vu le jour. Comme pour notre Mémoire de DEA, il a une fois de plus dicté le sujet dont il a la paternité des deux premières parties sur « les enjeux et les perspectives ». Qu'il soit remercié pour ses conseils et même pour ses multiples corrections sans ménagement ! Il en va de même pour son collègue Clédor NSEME qui a aussi participé à la genèse de la présente étude.

Il faut cependant reconnaître que sans la participation du professeur Maurice TADADJEU dont la passion pour les langues africaines, en harmonie avec les langues européennes, pose les bases d'un Cameroun compétitif sur la scène internationale, le travail que nous présentons aujourd'hui n'aura pas eu sa forme actuelle. En effet, il est à l'origine de la troisième partie de ce travail sur les « coûts » de la politique linguistique camerounaise.

Le Père ABEGA Prosper ne peut pas être oublié, c'est lui qui nous a donné le goût de la linguistique comme science à partir de ses cours du cycle de licence et surtout à travers la langue ewondo qu'il connaît profondément.

Nous ne pouvons pas oublier une femme nommée Gertrude AKAMSE, c'est elle qui a été la première à nous apprendre les premiers mots en ewondo, c'est notre mère.

Monseigneur Jean ZOA, Archevêque de Yaoundé et ami de la rationalité et homme de culture, soucieux de la formation intellectuelle de très haut niveau pour ses prêtres, nous a donné l'autorisation et sa bénédiction pour poursuivre des études universitaires, dans l'au-delà où il se repose déjà, qu'il trouve ici l'expression immortelle de notre reconnaissance. À sa suite, nous remercions Monseigneur Victor TONYE BAKOT qui a fait de l'inculturation le 5e Axe pastoral de l'archidiocèse de Yaoundé, ce qui révèle son souci pour la culture africaine. Notre reconnaissance va aussi spécialement à deux secrétaires de la Conférence épiscopale nationale du Cameroun : Mesdames Blandine KOUBERDA et Catherine Mireille AMOMBO qui ont œuvré parfois tard pour la mise en forme de ce travail. Nous sommes redevable à M. Athanase MVOGO, à Sa Majesté Jean Michel ATEDJOE et à M. Kisito NGOA qui nous ont initié à la comptabilité et au montage des projets ainsi qu'au Commandant de Brigade MINLO AKAMSE qui nous a fourni toute la documentation dont nous avions besoin en ce qui concerne la comptabilité et la gestion financière. Nous disons également merci à notre « informaticien maison » M. Vincent ATANGA qui n'a ménagé aucun effort pour la maintenance d'un certain nombre d'ordinateurs qui ont servi à la production de ce travail. Notre unique camarade doctorant, Prosper DJIAFEUA, qui a pris la peine de relire ce travail mérite un remerciement spécial pour ses corrections et ses suggestions judicieuses.

Ne pouvant pas nommer chaque personne qui le mérite pour sa contribution dans la présente recherche, nous disons notre reconnaissance envers tous ceux qui, de près ou de loin, ont participé à sa réalisation. Nous souhaitons que tous ces efforts portent des fruits qui demeurent pour le sauvetage des langues africaines en voie de disparition. Nous remercions enfin les hommes politiques camerounais d'avoir prescrit la promotion et la protection des langues nationales dans la Constitution. Cela autorise de travailler sereinement pour le développement de ces langues étant sûr de l'importance nationale d'un tel travail qui :

- ressuscite le **passé**, *car un arbre ne peut pas s'élever très haut s'il n'enfonce pas ses racines très profondément dans le sol* ;
- fortifie le **présent**, *car c'est ici et maintenant que l'éternité se joue parce qu'il ne faut jamais renvoyer à demain le bien que l'on peut faire le jour même* ;
- prépare un **avenir** meilleur, étant entendu comme le dit le proverbe indien que : « *la terre n'est pas l'héritage de nos parents, mais c'est nos enfants qui nous la prêtent* ».

LES ABRÉVIATIONS

ACCT : Agence de Coopération Culturelle et Technique

AGLC : Alphabet Général des Langues Camerounaises

ALCAM : Atlas Linguistique du Cameroun

ANACLAC : Association Nationale des Comités de Langues Camerounaises

API : Alphabet Phonétique International

BEPC : Brevet d'Études du Premier Cycle

CAP : Certificat d'Aptitude Professionnelle

CBAAC : Center for Black and African Arts and Civilization

CE1 : Cours Élémentaire 1re année

CE2 : Cours Élémentaire 2e année

CEP : Certificat de fin d'Études Primaires

CERDOTOLA : Centre Régional de Recherche et de Documentation sur les Traditions Orales et pour le Développement des Langues Africaines.

CLB : Comité de Langue Beti

CM1 : Cours Moyen 1re année

CREA : Centre de Recherches et d'Études Anthropologiques

GCE /OL : General Certificate of Education Ordinary Level

GCE /AL : General Certificate of Education Advanced Level

ISH : Institut des Sciences Humaines

MESIRES : Ministère de l'Enseignement Supérieur, de l'Informatique et de la Recherche Scientifique

MINEDUC : Ministère de l'Éducation Nationale

OCPA : Observatoire des Politiques Culturelles en Afrique

PROPELCA : Projet (devenu Programme) de Recherche Opérationnelle pour l'Enseignement des Langues au Cameroun

SIL : Section d'Initiation au Langage

SIL : Société Internationale de Linguistique.

GLOSSAIRE

Afroglottocide : qui tue les langues africaines

Afroglottologie : science qui étudie les langues africaines

Afroglottophobie : la haine des langues africaines

Afropolyglottie : aptitude à parler plusieurs langues africaines

Cameglottocide : qui tue les langues camerounaises

Cameglottocidie : la mort des langues camerounaises

Cameglottographie : technique pour l'écriture des langues camerounaises

Cameglottologue : spécialiste des langues camerounaises

Cameglottophobe : ennemi des langues camerounaises

Cameglottophobie : la haine des langues camerounaises

Cameglottophonie : mouvement pour la promotion des langues camerounaises

Camepolyglotte : qui parle beaucoup de langues camerounaises

Camepolyglottie : aptitude à parler plusieurs langues camerounaises

Ewondographie : technique pour l'écriture de l'ewondo

Ewondologie : science qui étudie la langue ewondo

Ewondophonie : mouvement pour la promotion de l'ewondo

RÉSUMÉ

Le système éducatif camerounais nécessite une réforme pour plus d'efficacité en vue de réaliser cette éducation de qualité tant souhaitée. Dans ce contexte, les langues camerounaises doivent jouer un rôle important pour l'amélioration du système éducatif national. Mais beaucoup de questions se posent : pourquoi insérer les langues camerounaises dans le système éducatif ?

Pourquoi enseigner **en** langues camerounaises ? Pourquoi enseigner les langues camerounaises en langues camerounaises ? Quels sont l'intérêt, l'importance, l'utilité, la nécessité d'enseigner les langues camerounaises ? Autrement dit, qu'est-ce qui est **en jeu** dans l'enseignement **des** langues camerounaises dans le système éducatif national ? Quelles sont les **raisons** qui militent pour ou contre l'enseignement officiel des langues nationales au Cameroun ? Voilà des questions que nous abordons dans la première partie de ce travail de recherche.

Si l'on opte pour l'insertion des langues camerounaises dans le système éducatif national, comment cette insertion peut-elle et doit-elle se faire ? Le terrain est déjà occupé par les langues officielles d'une part et d'autre part, les langues camerounaises sont nombreuses, sans livres adéquats ni maîtres compétents. Qui sera la cible de cet enseignement ? Quelle(s) langue(s) enseignera-t-on ? Pendant combien de temps ? Que va-t-on enseigner en langues camerounaises, l'informatique, l'agriculture, la physique, la chimie… ? Quelles sont les **conditions de faisabilité** de cet enseignement pour assurer **son succès** ? Qu'est-ce qu'il faut éviter pour empêcher son échec total ? Telles sont les questions qui sont abordées dans la deuxième partie de cette recherche.

En fin de compte, on réalise qu'on ne peut pas sincèrement parler de l'insertion des langues camerounaises dans le système éducatif sans mettre des fonds substantiels à cet effet. Car des moyens financiers suffisants permettent d'avoir un personnel compétent pour résoudre tous les problèmes qui se posent et d'autres qui se poseront. Mais alors, combien cette insertion des langues camerounaises dans le système éducatif va-t-elle coûter ? Qui va payer ? D'où viendra l'argent ? L'État a-t-il les moyens de financer cet enseignement ? À quoi servira exactement cet argent ? Et qu'est-ce que cet enseignement va rapporter ? À qui ? Les langues camerounaises sont-elles un produit économiquement rentable ? Telles sont les questions traitées dans cette partie. Ce travail se termine par la conviction de la nécessité d'une structure gouvernementale dotée des pouvoirs politiques et économiques suffisants, animée par des personnes scientifiquement compétentes en linguistique et recrutées à cet effet. C'est le sauvetage des langues camerounaises menacées d'extinction qui est en jeu et il y va aussi de l'avenir culturel du pays, c'est tout simplement de l'avenir même du Cameroun dont il est question dans ce travail.

ABSTRACT

In order to become more effective and produce the quality education so much expected, the Cameroonian system of education needs to be reformed. For these reasons, Cameroonian languages have to play a vital role in the improvement of the national educational system. But at this level we are faced with so many questions : why should Cameroonian languages be introduced into our educational system ? What is the advantage of teaching in Cameroonian languages ? Why should we use Cameroonian languages as official teaching languages in Cameroon ? Of what interest, importance, usefulness and need is the teaching of Cameroonian languages ? Otherwise, what is at stake in the teaching of Cameroonian languages in our educational system ? What reasons can we give for or against the official teaching of national languages in Cameroon ? These are the questions that we have to tackle in the first part of this research work.

If we choose to introduce the national languages into our school programmes, how will this be done ? We realize on the one hand that our educational system is already using French and English as the official languages, on the other hand, Cameroonian languages are so many and without appropriate books nor competent teachers. To whom shall we teach these languages ? Which of these languages are we going to teach ? And for how long ? Which subjects shall we teach in Cameroonian languages, Computer Science, Agriculture, Physics, Chemistry.. ? In what way should this teaching be carried out to ensure that it is successful ? What can we do so that it does not fail completely ? These are the questions treated in the second part of this research work.

Finally, we have realized that we cannot frankly talk of introducing Cameroonian languages into our educational system without putting aside substantial funds for this type of project. This is because sufficient financial means will enable us to hire a competent staff able of solving all the problems that have come up so far and those that will come up in future. But how much will the introduction of Cameroonian languages into our educational system cost ? Who will sponsor it ? Where will the funds come from ? Does the Cameroonian government have the means to finance this project ? What will this money be exactly used for ? And what shall we gain from the teaching of Cameroonian languages in our schools ? Who are the beneficiaries ? Is the teaching of Cameroonian languages economically cost-effective ? These are the questions treated here. We conclude this work with the conviction that there is a need for a Government Organisation that has sufficient political and economic power to be created. This Organisation should be runned by people who are scientifically competent in linguistics and who have been employed for this purpose. What is at stake is how to save Cameroonian languages which are threatened with extinction. There is also the cultural future of our country that is at stake. It is the future of Cameroon that is even at stake.

INTRODUCTION GÉNÉRALE

0.1- PRÉSENTATION DU SUJET

La coexistence des langues camerounaises et des langues étrangères pose un problème éducationnel au Cameroun. En 1993, le Cameroun compte 248 unités langues d'après les données de l'Atlas Linguistique du Cameroun de Dieu Michel et al. (M.A BOUM NDONGO-SEMENGUE et SADEMBOUO Etienne in MENDO ZE (dir.) 1999 : 71). Ces langues camerounaises sont de plus en plus dominées par le français et l'anglais qui ont le statut de « langues officielles ». Quand on introduit en plus dans l'enseignement d'autres langues étrangères : allemand, espagnol, chinois, italien, japonais et bien d'autres langues encore, le système éducatif camerounais devient une véritable « Tour de Babel ». Pour organiser l'éducation nationale, la solution gouvernementale fut d'enlever les langues nationales du système éducatif. Mais aujourd'hui, les responsables de l'enseignement au Cameroun se rendent compte qu'on ne peut plus continuer l'éducation des jeunes générations sans les langues camerounaises, d'où le problème de l'insertion des langues camerounaises dans le système éducatif du pays non seulement comme matière d'enseignement, mais aussi et surtout comme moyen d'enseignement. Il s'agit de bien concevoir *l'enseignement **des** langues camerounaises et l'enseignement **en** langues camerounaises*. Ce qui ne va pas sans obstacles ni difficultés, mais les intérêts sont nombreux.

Insérer les langues camerounaises dans le système éducatif a des enjeux énormes. C'est une entreprise à très haut risque. Le risque de perdre des amis à l'intérieur comme à l'extérieur du pays. On peut se faire des ennemis en s'engageant dans ce genre de combat et y laisser sa peau ou alors compromettre sa carrière. On peut tout perdre ou alors gagner sur toute la ligne. C'est ce qu'on appelle **enjeu**, c'est le risque. Mettre son argent en jeu comporte la possibilité de perdre ou de gagner. Tous ceux qui vivent des langues européennes ne seront pas enthousiastes de voir les langues nationales réadmises dans les programmes scolaires officiels du Cameroun. Cependant, beaucoup d'Européens et d'européanistes africains sont de grands défenseurs et promoteurs des langues africaines. Beaucoup d'Européens ont été les premiers à mettre par écrit certaines langues africaines. Mgr. René GRAFFIN et le père François PICHON sont des Français qui ont édité des ouvrages didactiques en ewondo il y a plusieurs décennies. Avant eux, l'allemand NEKES avait déjà travaillé sur la même langue en 1910, il y a un siècle. D'autres Européens ont réalisé le même travail pour d'autres langues africaines.

La peur de se déranger ou de déranger ne doit pas empêcher le penseur de penser. S'engager pour l'insertion officielle des langues nationales dans le système éducatif camerounais est un dur combat que nous avons choisi de mener à la suite de beaucoup d'autres qui ont compris la nécessité de sauvegarder l'essentiel de notre être et de notre culture : les langues.

Le choix de s'engager dans cette aventure est motivé par la possibilité de l'aboutissement heureux de ce choix. Les perspectives semblent meilleures. Mais faut-il se laisser aller à un optimisme béat ? Faut-il aussi s'abandonner comme beaucoup l'ont fait à un fatalisme aboulique et attendre tranquillement la mort lente, mais certaine des langues camerounaises et par conséquent des cultures qu'elles véhiculent ? Quelle perte pour l'héritage culturel universel que la disparition d'une seule langue de la surface du globe !

La présente étude met la linguistique en rapport avec la politique et l'économie. Cette recherche a une dimension **politique** parce que l'intérêt général y est en jeu. Il faut convaincre le gouvernement camerounais une fois pour toutes de l'importance de l'enseignement formel des langues camerounaises et par conséquent de la nécessité d'y investir des moyens matériels, humains et financiers subséquents. Pour son honneur et son indépendance politique réelle, l'État camerounais doit officiellement et solennellement insérer ses langues nationales dans son système éducatif de l'Université jusqu'à la Maternelle en passant par les Lycées et Collèges privés comme publics. Ce n'est que l'homme politique camerounais, parce qu'il a le pouvoir législatif et exécutif, qui peut et qui doit le faire. Il est élu pour l'intérêt général du peuple. C'est lui qui s'occupe de la gestion de la République. Les langues nationales font partie du patrimoine national tout comme le sol et le sous-sol. Le gouvernement camerounais a choisi d'introduire le français et l'anglais dans le système éducatif du pays, de la même façon il doit introduire les langues camerounaises dans l'éducation nationale. Il ne faut pas laisser le sort des langues nationales à l'initiative privée alors que les langues étrangères (anglais, allemand, espagnol, français pour ne citer que celles-là) sont prises en charge par le gouvernement. L'insertion des langues camerounaises dans le système éducatif relève du gouvernement camerounais. Voilà pourquoi ce travail a une importante dimension politique. Aux lendemains de l'indépendance, le gouvernement camerounais n'a pas demandé à son peuple ni à ses linguistes quelle(s) langue(s) choisir comme langue(s) officielle(s). Il a jugé judicieux de choisir le français et l'anglais, il est temps qu'il prenne aussi ses responsabilités aujourd'hui pour l'officialisation de l'enseignement des/en langues camerounaises. Pour introduire l'espagnol et l'allemand comme deuxième langue dans le secondaire, nous n'avons pas souvenance qu'un référendum a été fait. Les décideurs politiques du pays doivent donc s'intéresser et s'occuper des langues camerounaises tout comme ils le font pour les langues étrangères au Cameroun.

Nous devons par ailleurs attirer l'attention de tous ceux qui s'intéressent à la promotion et à l'enseignement des langues camerounaises sur le fait que le problème de l'enseignement officiel des langues nationales au Cameroun est avant tout un problème politique. C'est l'homme politique qui est responsable de la politique linguistique d'un pays. Il ne faut donc pas se tromper à ce niveau. Certains penseurs confondent les niveaux d'intervention. En matière de politique linguistique, comme en matière de toute politique d'ailleurs, les individus, les populations locales, les investisseurs nationaux et étrangers, les Églises, les ONG, les linguistes... peuvent faire et dire tout ce qu'ils veulent, mais tant que l'homme politique, celui qui a le pouvoir de décision n'a pas encore réagi, rien d'important ne peut se faire en ce qui concerne les langues à utiliser officiellement dans le pays. Il est vrai que l'homme politique est influencé par toutes les autres catégories de personnes que nous venons de nommer. Il est encore soumis à bien d'autres influences qui sont parfois au-dessus de lui, souvent extérieures à son pays, surtout pour les anciennes colonies où sévit un néocolonialisme sournois. Mais dans tous les cas et en dernière analyse, c'est lui qui doit prendre ses responsabilités pour ce qui est de la planification linguistique du pays. Il peut et il doit demander l'avis des linguistes, et de tous ceux qui ont des compétences scientifiques en la matière, mais à lui appartiennent les moyens d'action et le dernier mot. Il est vrai que les linguistes, comme tous les chercheurs des autres domaines scientifiques, peuvent et doivent même toujours travailler sans attendre que le gouvernement le leur demande. Mais c'est toujours au gouvernement de valider leurs recherches du moins en ce qui concerne l'insertion des langues nationales dans le système éducatif au Cameroun et l'enseignement officiel de/en ces langues. Sans le gouvernement, rien ne peut se faire de déterminant à ce niveau. C'est au gouvernement de créer un cadre juridique et institutionnel favorable à la promotion et à l'enseignement des langues camerounaises. Tant que le gouvernement ne le fait pas concrètement, les initiatives privées peuvent toujours s'ébranler, elles n'auront pas le même impact comme quand le gouvernement leur donne son onction, sa bénédiction et ses encouragements. Le gouvernement peut aussi fermer les yeux, et les privés croiront gagner du terrain, mais si le gouvernement se prononce contre l'enseignement des langues camerounaises et prévoit des sanctions pour les contrevenants, cet enseignement recevra un coup quasi mortel.

Nous sommes du même avis que certains promoteurs de PROPELCA pour qui les initiatives privées en faveur de l'enseignement des langues camerounaises sont incontournables. Notre souhait c'est de tout faire pour que le gouvernement puisse aussi entrer officiellement, loyalement, concrètement dans le jeu sans aucune hésitation, car cela n'est pas encore fait. Même si ce sera au secteur privé d'animer en grande partie l'enseignement des langues camerounaises dans les établissements du pays, sans l'implication réelle du gouvernement camerounais, cette insertion ne portera jamais tous les fruits dont on est en droit d'attendre d'elle.

Au sujet de cet enseignement des langues camerounaises, tout semble déjà prêt depuis longtemps. Si le gouvernement camerounais voulait officiellement mettre les langues camerounaises à l'école, il l'aurait déjà fait depuis longtemps, la perfection n'étant pas de ce monde. Ce ne sont pas des études valables qui manquent. Nous allons voir les thèses de NANA J. B (1990) et celle de MBA G. (2001). Avant eux, il y a eu le mémoire d'AKONGA A-S (1983) et bien d'autres études encore. Continuer à croire que c'est parce qu'il n'y a pas assez d'études sérieuses sur nos langues qu'elles ne méritent pas encore d'être admises dans le système éducatif au Cameroun est complètement faux. Au temps de la colonisation allemande, il y avait des langues camerounaises à l'école, celles-là étaient-elles étudiées à cette époque-là plus qu'elles ne le sont aujourd'hui ? Pendant que les chercheurs font des études, les langues évoluent. Les langues sont des corps vivants qui naissent, grandissent, vieillissent et meurent comme le montre bien l'histoire de la linguistique. Quant au français et à l'anglais qui ont droit de cité dans les écoles camerounaises, n'est-ce pas presque chaque année qu'on change les livres au programme ? Les parents se plaignent. Si on élabore tout le temps les manuels didactiques pour nos langues officielles, pourquoi ne peut-on pas aussi le faire pour nos langues nationales ? *Pourquoi deux poids deux mesures,* peut-on se demander ? Le gouvernement ne doit pas condamner les linguistes camerounais à travailler éternellement dans le maquis. Il n'est pas normal de prendre en charge les langues officielles et laisser à l'initiative privée le sort des langues nationales. Reconnaissons qu'à l'heure actuelle au Cameroun, pour l'insertion des langues camerounaises dans le système éducatif, c'est au gouvernement d'agir. Les chercheurs, les parents, les ONG, les élèves, les Églises, tous les autres partenaires de l'éducation ont déjà fait plus qu'ils ne devaient faire. Ils ont élaboré des théories linguistiques, ils ont confectionné des ouvrages didactiques, ils ont même expérimenté ces manuels dans des établissements privés et publics, au Primaire comme au Secondaire et même à l'Université. C'est maintenant au gouvernement de donner l'onction à tout cela ou alors de vérifier ce qui est fait sur le terrain en matière d'enseignement des langues nationales pour d'éventuelles corrections, réajustements…Ou encore, le gouvernement peut décider de tout recommencer à zéro par lui-même, peu importe, et introduire les langues nationales dans l'enseignement par ses propres méthodes. Dans tous les cas, c'est au gouvernement camerounais maintenant de prendre ses responsabilités et d'agir concrètement et pas seulement par des déclarations d'intention. Il est demandé au gouvernement camerounais de débloquer des fonds pour le financement de l'enseignement des langues camerounaises pour prouver que cet enseignement est digne d'intérêt pour lui. Il convient de mettre l'État camerounais devant son devoir en l'invitant à agir avec diligence dans son système éducatif par l'insertion des langues et cultures camerounaises en son sein. Contrairement à ceux qui peuvent encore lui donner des raisons pour différer son intervention (ZANG ZANG P. 2005 : 493) :

> *Le trilinguisme extensif est conçu à partir du point de vue selon lequel la politique linguistique est l'apanage de l'État. Or la politique linguistique n'est pas l'apanage de l'État.*

De tels propos peuvent encourager le gouvernement à perdre encore du temps sous prétexte qu'il y a encore beaucoup de difficultés à résoudre avant d'introduire les langues camerounaises dans l'enseignement. Nous réitérons que toutes les conditions requises sont déjà réunies pour que l'enseignement officiel des langues nationales puisse commencer. Et s'il n'en est pas le cas, que les décideurs engagent les actions qu'il faut, il n'y a plus rien à attendre. Des langues comme le béti-fang et le fulfulde ont déjà une envergure nationale et internationale. Le béti-fang est parlé au Gabon, en Guinée Équatoriale, au Congo et au Cameroun sur une large étendue du territoire couvrant les provinces du Centre, du Sud et de l'Est. N'a-t-il pas déjà une envergure nationale ? En plus c'est la langue du siège des institutions où la plupart des Camerounais ont à séjourner. Le béti-fang a déjà un grand nombre de manuels didactiques qui doivent être révisés aujourd'hui quant à leur orthographe, il est vrai, mais qu'à cela ne tienne, cette langue a même déjà été enseignée dans sa forme standard qu'est l'ewondo depuis des années. Que faut-il encore à une langue comme celle-là pour son introduction dans l'enseignement officiel ? Le gouvernement qui finance l'enseignement du français peut aussi financer une langue comme celle-là pour la doter de tout ce qui lui ferait défaut pour son insertion officielle dans l'enseignement. Quant au fulfulde, il est aussi parlé dans une grande partie du Nord du Cameroun, les commerçants ambulants l'ont répandu un peu partout dans le pays. Par ailleurs, le fulfulde est parlé au Burkina Faso, au Mali, au Niger, au Nigéria, au Sénégal et au Tchad. Pourquoi ne pas l'adopter aussi et l'aménager encore s'il le faut ? Il y a bien des langues camerounaises qui peuvent déjà être admises à l'école sans grand problème : le fe'fe', le lamso, le ghomala, le duala, le basaa, le mendumba…pour ne citer que celles-là.

Nous osons même penser que l'une des erreurs de certains promoteurs de l'enseignement des langues nationales a été de croire qu'ils peuvent se passer du gouvernement, ou que leur action était plus déterminante que celle du gouvernement qui serait un jour contraint de se tourner vers eux. Il faut bien se rendre compte de l'échec de cette stratégie. Voilà des années que le combat dure, il faut bien changer de stratégie et mettre le gouvernement devant ses responsabilités.

Cependant, notre étude n'est pas une recherche politique, mais **linguistique**. La linguistique comme science est l'étude du langage humain. Elle se déploie dans la description des langues vivantes, mourantes ou mortes. Mais beaucoup de linguistes camerounais souhaitent l'insertion officielle des langues camerounaises dans le système éducatif du pays. Cela motivera plus leur ardeur au travail. Le défi majeur est même aujourd'hui que l'enseignement puisse se faire en langues camerounaises. On voudrait utiliser les langues camerounaises non seulement comme matière d'enseignement, mais comme vecteur d'enseignement. Ainsi, **on ne parlera plus seulement de l'enseignement des langues camerounaises, mais aussi de l'enseignement en langues camerounaises.** Pour ce faire, beaucoup questions doivent être résolues quant au choix des langues à enseigner, à la pédagogie à adopter, aux matières, aux classes…Voilà certains des problèmes que soulève ce travail qui voudrait que la réintroduction des langues camerounaises dans l'enseignement ait lieu le plus tôt possible et soit une réussite totale à tous les trois principaux niveaux de l'éducation au Cameroun : Primaire, secondaire et Supérieur.

Enfin, un aspect de la linguistique qui n'est pas très souvent abordé est son côté **économique**. Notre travail traitera de la linguistique dans ses relations avec la politique, de la linguistique comme science, mais aussi de la linguistique dans ses rapports avec l'économie. La langue est un produit commercialisable. Les langues nationales sont des biens économiquement rentables tout comme la faune et la flore. Les phonèmes et les monèmes des langues camerounaises peuvent lutter contre la pauvreté et rapporter de l'argent dans le pays tout comme les produits du sol et du sous-sol.

L'exploitation des langues camerounaises est une entreprise économique multidimensionnelle. Il y a deux types d'entreprise : l'**entreprise industrielle** et l'**entreprise commerciale** (BALLIVET J. et A. ROSSIGNOL 1997 : 2) :

> *L'entreprise industrielle doit **acheter** des fournitures et des matières premières pour **fabriquer** des produits finis et les **vendre** à ses clients.*
>
> *L'entreprise commerciale peut :*
> *- soit **acheter** les marchandises, les **stocker** « en état » (c'est-à-dire sans les transformer) pour les **vendre** ;*
> *- soit vendre des services proprement dits (loisirs, transports, location, etc.).*

S'il en est ainsi, les langues camerounaises constituent une entreprise industrielle et commerciale. D'autres pays exploitent financièrement leur langue nationale pour gagner de l'argent, pourquoi le Cameroun n'exploiterait-il pas aussi ses nombreuses langues nationales pour des raisons économiques entre autres ? Dans ce travail, nous examinerons l'aspect économique des langues camerounaises pour tirer les conclusions qui s'imposent par rapport à la lutte contre la pauvreté et le chômage.

L'aboutissement naturel de cette étude sera le renforcement du camp des militants pour l'enseignement des langues nationales et l'affaiblissement du groupe des opposants à cet enseignement. À ce propos, l'autorisation de l'enseignement de *la culture nationale* est à considérer comme le signe avant-coureur de cette insertion, car il n'y a pas un autre médium plus adapté que les **langues nationales** pour enseigner les **cultures nationales.**

Hier, le réalisme de l'*administration coloniale* avait toléré puis retiré les langues nationales officiellement du système éducatif pour imposer les langues européennes. Bénéficiant de cet héritage colonial qui enrichit les Camerounais de deux langues internationales de grande audience, aujourd'hui, l'*administration camerounaise* se doit de réadmettre l'enseignement des langues nationales dans les établissements pour ne pas les perdre, pour ne pas se perdre, pour ne pas tout perdre. Ces langues de nos ancêtres méritent plutôt d'être développées pour nous développer. La nomination d'un **inspecteur national et des inspecteurs provinciaux** au MINESEC pour les langues et cultures camerounaises est un signe prometteur dans cette direction. Reste maintenant que les fruits portent les promesses des fleurs.

0.2- JUSTIFICATION DU SUJET

On peut commencer par se demander pourquoi avoir à justifier l'enseignement des langues camerounaises au Cameroun ? La vraie question ne serait-elle pas plutôt celle de savoir pourquoi n'enseigne-t-on pas les langues nationales dans ce pays ? Ne va-t-il pas de soi qu'une mère enseigne la langue reçue de sa mère à son enfant ? Écoutons l'expression indignée de la profonde colère de TADADJEU il y a plus de vingt ans :

> *Pourquoi promouvoir l'enseignement des langues nationales au Cameroun ? Avant tout, il faut dire que cette question, par elle-même, traduit un préjugé défavorable à l'enseignement des langues nationales. Ce préjugé montre clairement que nous avons consciemment ou inconsciemment rendu normal ce qui est anormal.* (TADADJEU M. (dir.) 1988 : 9)

Quelques pages plus loin, la même indignation revient (TADADJEU M. (dir.) 1998 :15)) :

> *Nous persistons à penser que le fait de devoir s'expliquer sur les raisons d'enseigner nos langues est anormal. C'est même une humiliation à laquelle l'histoire et certains de nos compatriotes continuent à nous soumettre. Comme nous l'avons dit plus haut, personne, dans les pays occidentaux et dans les pays africains anglophones n'est tenu de dire pourquoi les enfants à l'école doivent apprendre à lire et à écrire la langue qu'ils parlent déjà dans leur famille ».*

On doit effectivement se demander pourquoi les Camerounais doivent se justifier d'accomplir leur devoir, leur mission de transmission de leur héritage culturel et linguistique à leurs enfants. À moins que cet héritage soit jugé intrinsèquement mauvais. Par qui ? Qui prétend avoir le droit de légiférer sur ce que les populations doivent transmettre ou ne pas transmettre à leur progéniture... ?

Le problème de l'insertion des langues nationales dans le système éducatif du Cameroun a déjà fait couler beaucoup d'encre et de salive, comme nous venons de le pressentir. Pourquoi travailler encore sur le même sujet si d'autres l'ont déjà fait, peut-on se demander. La raison d'être de notre étude est que, malgré l'abondante littérature qui existe au sujet de l'enseignement des langues camerounaises comme nous le verrons, l'objectif n'est pas encore atteint. Les langues camerounaises ne sont pas encore enseignées dans tous les Lycées et Collèges, ni dans toutes les écoles primaires, de manière à avoir une épreuve aux examens officiels (CEP, CAP, BEPC, BAC) pour ne citer que ceux-là. Ainsi, le problème reste encore d'actualité. Et lorsque ces langues seront *réadmises* à l'école, il faudra toujours y réfléchir. On devra davantage porter attention sur ces langues pour que leur insertion officielle dans l'enseignement formel, loin de perturber le cursus scolaire des élèves, leur soit plutôt bénéfique. Depuis que le français est introduit à l'école, on n'a jamais cessé de réfléchir sur son enseignement par exemple. Ainsi, étudier les conditions d'une meilleure insertion des langues nationales dans le système éducatif camerounais sera désormais plus *intéressant* (dans tous les sens du mot) que par le passé. Nous sommes aujourd'hui dans une situation où les langues nationales ne sont pas inscrites dans les programmes officiels dans l'éducation du pays. Nous voulons par cette étude apporter notre contribution pour que ces langues soient insérées officiellement dans le système éducatif camerounais de la Maternelle jusqu'à l'Université en passant par les Lycées et Collèges. Et lorsque les langues nationales seront réinsérées officiellement dans le système éducatif au Cameroun, il sera alors plus utile de réfléchir et de travailler au sujet de ces langues pour maximiser les fruits de cette révolution culturelle d'une part, et réduire les risques d'échec d'autre part. Pour aider les décideurs à introduire et à maintenir les langues nationales dans l'enseignement, beaucoup de problèmes doivent être résolus au préalable.

Comment se présente concrètement le problème de l'enseignement des langues camerounaises, quel est l'enjeu ? Quelles sont les possibilités de réussite ? Qu'est-ce que cela rapporte ?

0.3- LA PROBLÉMATIQUE

Au Cameroun, deux camps s'affrontent au sujet de l'enseignement des langues nationales. Le premier groupe est composé de personnes déterminées qui veulent que les langues nationales soient inscrites dans les programmes scolaires officiels pour des raisons culturelles, économiques, pédagogiques, religieuses, politiques... Pour les mêmes raisons et bien d'autres encore, – souvent inavouables, le deuxième groupe, qui rassemble des personnes de toutes catégories sociales, est farouchement opposé à cet enseignement. Pour les partisans du deuxième groupe que nous pouvons qualifier d'**opposants** parce qu'ils s'opposent à l'insertion des langues nationales dans le système éducatif, les langues officielles sont déjà suffisantes pour assurer l'essentiel de la communication à l'intérieur du pays. En plus, ce sont des langues internationales qui nous ouvrent au monde, ils ne voient donc aucun avantage sérieux à s'investir dans les langues camerounaises dont la majorité n'a même pas encore un alphabet stable, ni des ouvrages adéquats, encore moins un corps enseignant qualifié et en quantité suffisante.

Sans nier les avantages qu'offrent les langues officielles à tous les Camerounais jeunes et adultes, les militants du premier groupe ne veulent pas perdre les langues camerounaises et pour eux la meilleure manière de les conserver c'est de les utiliser tous les jours à la maison comme au bureau, dans la rue et au marché, à la radio comme à la télévision, mais surtout de les insérer dans le système éducatif du pays.

Nous allons entrer dans ce débat d'actualité et digne d'intérêt, mais sans nous arrêter au niveau de la discussion seulement. Car, il y aura toujours au Cameroun ceux qui pensent que les langues nationales doivent être introduites dans les établissements scolaires et enseignées dans les mêmes conditions que les langues officielles (français et anglais) et d'autres qui penseront exactement le contraire. Les plus passionnés militeront chacun pour une cause. Les moins passionnés se contenteront de parler, disserter, plaider, pour ou contre, sans plus. Des questions sur la complémentarité entre les langues nationales et les langues officielles nécessiteront des réponses adéquates régulièrement. La question de l'enseignement des langues nationales au Cameroun est une question qui restera éternellement ouverte dans notre pays même après leur réinsertion officielle dans le système éducatif national.

Comment insérer officiellement les langues camerounaises dans le système éducatif national ? Telle est la question fondamentale de la présente recherche. Cette question montre clairement que nous nous situons du côté de ceux qui militent pour l'enseignement des langues camerounaises. Le problème n'est plus pour nous de savoir s'il faut les enseigner et pourquoi, mais plutôt comment les enseigner ? Notre questionnement n'est plus : « *les langues nationales dans l'enseignement au Cameroun, **pourquoi faire** ?* », mais plutôt : « *les langues nationales dans le système éducatif camerounais, **comment faire** ?* »

Les langues camerounaises : langues d'enseignement ou matières d'enseignement ?

L'insertion des langues camerounaises dans le système éducatif peut se faire de deux manières fort différentes. On peut introduire ces langues dans les programmes scolaires et universitaires comme des **matières d'enseignement** tout comme l'allemand et l'espagnol, ou alors on utilise les langues camerounaises comme **langues d'enseignement**, c'est-à-dire moyen pour acquérir des connaissances à l'exemple du français et de l'anglais. Cette question est au centre de nos préoccupations dans la mesure où pour nous, il ne suffit pas seulement d'introduire les langues camerounaises dans les programmes scolaires comme des matières d'enseignement. Il s'agit aussi de se servir des langues camerounaises comme médiums ou vecteurs d'enseignement. C'est donc là une difficulté supplémentaire et les enjeux sont importants lorsque les langues camerounaises sont envisagées aussi comme langues d'enseignement. Comment réaliser une meilleure collaboration des langues camerounaises avec les langues officielles que sont le français et l'anglais qui sont déjà des langues d'enseignement au Cameroun ? Devra-t-on éliminer ces dernières ? Cela n'est pas souhaitable. Comment faire pour que les langues nationales soient aussi des langues d'enseignement à côté du français et de l'anglais ? Cela semble incompatible pour certains, mais c'est possible et même nécessaire pour le plein développement de toutes les langues en présence au Cameroun. C'est même à ce niveau que se situe le véritable enjeu de l'enseignement des langues camerounaises. Si cet enseignement va jusqu'à utiliser les langues camerounaises comme vecteur d'enseignement, la science linguistique sera en plein essor au Cameroun dans les années qui viennent. L'étude et la description de ces langues nécessiteront un métalangage qui obligera les linguistes à se remettre au travail avec plus d'ardeur et de motivation.

Sans entrer dans les détails, essayons de développer de façon succincte cette problématique.

Comme nous venons de le voir, lorsqu'on veut introduire les langues camerounaises dans le système éducatif national, la première question à traiter est celle de savoir quel sera le statut de ces langues dans l'enseignement : les langues camerounaises entrent-elles à l'école comme **vecteur** d'enseignement ou comme **matière** d'enseignement ? Dans l'un et l'autre cas, les difficultés ne sont pas identiques, les résultats non plus, la formation des enseignants et la confection des manuels doivent en tenir compte. À ce sujet, deux positions s'affrontent encore, pour BITJAA KODY (2009 : 4) :

> *Point n'est besoin d'une révolution linguistique qui introduirait les langues camerounaises comme vecteurs des enseignements ou d'un chamboulement du système scolaire actuel comme le propose le programme PROPELCA. Un aménagement du système scolaire introduisant les langues et les cultures camerounaises comme matières au primaire, au secondaire et dans les Écoles Normales d'Instituteurs (ENI) nous paraît une option à explorer.*

Chaque camp avance ses arguments, car aucune des deux positions n'est impossible. Les linguistes qui ont ces deux visions différentes de l'insertion des langues camerounaises dans le système éducatif national ont chacun raison. Par souci d'efficacité pédagogique et non seulement par simple désir de réconciliation, nous pensons que ces deux camps ne sont pas à opposer, car, malgré les apparences, ces deux visions de l'insertion des langues camerounaises dans le système éducatif ne sont pas inconciliables. Cependant, le réalisme doit être de rigueur. Voilà pourquoi nous proposons que **dans l'immédiat**, les langues camerounaises entrent dans le système éducatif comme *matières d'enseignement*, le temps de les développer encore davantage par une normalisation et un aménagement plus élevés. Certaines d'entre-elles pourront alors devenir **plus tard** des *vecteurs d'enseignement* pour les classes, les zones et les matières pour lesquelles elles remplissent toutes les conditions exigées. Toutes les langues camerounaises ne peuvent pas être enseignées dès maintenant à tous les niveaux de l'éducation ni comme matière d'enseignement, encore moins comme moyen, vecteur d'enseignement. Il y a des critères qu'une langue doit remplir pour être admise officiellement dans l'enseignement formel. Nous y reviendrons dans la deuxième partie de ce travail. Parmi les langues qui seront admises à l'enseignement, toutes ne pourront pas avoir les enseignants et les ouvrages pédagogiques nécessaires pour être enseignées de la Maternelle jusqu'à l'Université. Certaines langues camerounaises vont même mourir sans jamais avoir été à l'école. Et parmi celles qui seront admises à l'école, certaines s'arrêteraient uniquement au stade de matière d'enseignement parce que ne remplissant pas les conditions obligatoires pour aller plus loin. Mais pour celles qui pourront relever tous les défis et remplir toutes les exigences académiques nécessaires pour être des vecteurs d'enseignement, rien, ne doit les empêcher d'y parvenir. Les concepteurs de l'insertion officielle des langues camerounaises dans le système éducatif national doivent être assez ouverts pour donner à chaque langue l'avenir le plus radieux possible. Malgré les exigences de rigueur pour permettre une application efficace et réalisable par toute personne douée de raison, la science exige aussi la neutralité de la part des savants, ceci interdit tout parti pris de la part des chercheurs qui doivent faire preuve de courage et même de témérité dans la réflexion. Il convient donc de permettre aux langues camerounaises de s'épanouir totalement par leur insertion dans le système éducatif sans leur imposer des limites. Mais en même temps, il faut éviter ce « **chamboulement** » dont vient de parler BITJAA KODY par une introduction hâtive des langues camerounaises comme langues d'enseignement alors que le travail préparatoire indispensable à ce sujet n'a pas encore été suffisamment réalisé.

Nous verrons que pour qu'une langue soit admise à l'école, elle doit remplir un certain nombre d'exigences, de critères. L'idéal à long terme étant qu'au moins certaines langues camerounaises soient des langues d'enseignement, ne serait-ce que pour quelques matières dans certaines classes. Nous ne voyons pas encore un temps où toutes les langues camerounaises seraient des langues d'enseignement pour toutes les matières dans le Primaire, le Secondaire et dans l'enseignement supérieur au Cameroun. Pour nous, la meilleure solution consiste à poser les critères scientifiques qu'une langue doit remplir pour être langue d'enseignement. Celles des langues camerounaises qui rempliront ces critères seront des langues d'enseignement, celles qui ne les rempliraient pas resteront matières d'enseignement, les langues camerounaises de faible portée ou en voie de disparition ne seront même pas admises à l'école, pas même comme matières d'enseignement.

Pour qu'une langue soit admise à l'école, elle doit remplir un certain nombre d'exigences, de *critères (la volonté politique, le nombre de locuteurs, la qualité de ses ouvrages didactiques, la quantité et la compétence de ses enseignants, l'existence d'une académie pour la standardisation de cette langue…).*

On peut donc dire que la problématique de l'insertion des langues camerounaises dans le système éducatif est à deux niveaux : premièrement, il faut que ces langues soient officiellement enseignées dans les établissements primaires et secondaires comme cela se fait déjà à l'Université de Yaoundé I actuellement. Deuxièmement, l'enseignement des langues camerounaises doit pouvoir être fait en langues camerounaises et en plus, l'enseignement d'autres matières comme les *sciences de la nature, l'histoire, la géographie, le calcul...* doit aussi pouvoir se faire en certaines langues camerounaises.

Nous verrons alors la stratégie à adopter pour réussir l'insertion des langues camerounaises dans l'éducation des jeunes Camerounais. Les parents étant les premiers éducateurs de leurs enfants, **l'enseignement formel** des langues nationales appelle **l'enseignement non formel** de ces mêmes langues. Voilà pourquoi, nous aborderons aussi l'alphabétisation des adultes hommes et femmes, citadins et paysans. Cet enseignement des langues nationales nécessite un investissement financier conséquent. Il faut de l'argent pour le salaire des enseignants et leur formation initiale, approfondie et continue par des recyclages, sessions et autres remises à niveau. Il faudra de l'argent pour l'élaboration, l'édition, l'impression et la distribution des manuels didactiques… L'État camerounais est-il capable de financer ce nouvel ordre d'enseignement ? Comment faire des langues nationales une activité économiquement rentable ? Telle est la question qui résume le volet économique de la présente étude.

Remarques

Les principaux arguments utilisés par ceux qui pensent toujours qu'il n'est pas encore temps d'introduire les langues nationales dans l'enseignement au Cameroun ne sont plus valables aujourd'hui. Voici certains de ces arguments qui sont déjà complètement dépassés ou à dépasser, on note : l'argument *politique* de l'unité nationale, *pédagogique* du manque de formateurs et de manuels didactiques appropriés, *scientifique* sur l'incapacité des langues africaines à exprimer les réalités scientifiques modernes, **linguistique** à propos de la multiplicité des langues camerounaises et enfin l'argument *financier* du manque de moyens subséquents.

- **l'unité nationale**

L'une des raisons principales pour lesquelles les langues nationales n'ont pas été réadmises dans les écoles après l'indépendance en 1960, c'est qu'elles étaient soupçonnées d'être porteuses du virus du **tribalisme** et par conséquent nuisibles à l'unité nationale. Soupçon qui avait sûrement des fondements vu l'analphabétisme du pays où le vote se faisait plus par affinité tribale que sur les projets des candidats. Le Cameroun ayant connu le multipartisme avant son indépendance. Mais, peut-on dire aujourd'hui que l'unité nationale n'est pas encore atteinte ? Qu'attendrait-on pour l'atteindre ? Si après un demi-siècle d'indépendance, le Cameroun n'a pas encore atteint son unité nationale, c'est vraiment un problème. Cela signifie que même le français et l'anglais ont aussi échoué. Pourquoi continuer alors à pénaliser les langues nationales en différant leur réadmission officielle dans l'enseignement ? Mais si l'unité nationale du Cameroun est déjà atteinte, pourquoi continuer à se méfier des langues camerounaises ? Notre unité est-elle si fragile qu'il suffit d'une politique de promotion des langues nationales pour la détruire ? Ceci sous-entend que c'est la langue qui fait ou défait l'unité nationale. Ce qui n'est pas totalement vrai. Il y a d'une part, des pays qui ont plusieurs langues officielles et qui sont unis comme le Canada et, d'autre part, des pays qui ont une seule langue officielle et qui ont été longtemps en guerre comme le Tchad et le Rwanda. Ce n'est pas la langue qu'on parle qui fait l'unité d'un pays, mais ce sont les citoyens du pays qui œuvrent ou non pour leur unité. On peut utiliser une même langue dans un pays pour s'entretuer tout comme on peut utiliser des langues différentes, avec des interprètes pour bâtir l'unité nationale dans la diversité linguistique. On ne peut pas dire d'un côté dans le préambule de la Constitution que le Cameroun est fier de sa diversité linguistique et culturelle et en même temps bannir les langues nationales du système éducatif. Les jeunes Camerounais seront fiers de quoi, eux ? On peut s'unir quand on veut en parlant la même langue ou en parlant plusieurs langues, tout comme on peut se diviser, lorsqu'on l'a décidé, quelle que soit la situation linguistique du pays. L'argument de l'unité linguistique comme ciment de l'unité nationale n'est vraiment pas efficace à 100 %. On ne doit plus continuer à sacrifier les langues et les cultures nationales pour cet argument qui, même s'il a eu sa raison d'être au moment de l'indépendance, n'est plus vraiment valable aujourd'hui pour qui est de bonne foi. Nous devons plutôt former des spécialistes de nos langues au lieu d'accabler ces instruments neutres que sont les langues des maux dont elles ne sont que des véhicules, des canaux innocents.

Bien plus, de nos jours, on doit exploiter la dimension d'intégration des langues camerounaises pour cimenter l'unité nationale. On sait très bien que les langues peuvent diviser, et cela personne ne peut le nier. Mais on oublie très vite que les langues servent aussi et surtout à unir. Lorsqu'un Bamiléké de l'ouest du Cameroun parle ewondo à Yaoundé, il est plus facilement intégré dans la communauté ewondophone que celui qui ne sait pas un mot de cette langue. Lorsque le Pape Jean-Paul II est venu au Cameroun en 1985, beaucoup de Camerounais des villages étaient heureux d'entendre le Saint Père les saluer en leur langue maternelle. Le Pape a dit « Bonjour » en presque six langues nationales lors de son premier discours en terre camerounaise. Jean-Paul II est devenu ainsi le plus Camerounais des Papes et il a montré par-là le chemin d'une intégration nationale par l'usage des langues nationales. Si les autorités administratives, militaires et religieuses faisaient ainsi dans tous leurs déplacements, elles seraient intégrées partout où elles se trouvent. Si chaque Camerounais s'ouvrait à la langue des autres, l'intégration nationale serait facilitée.

Ce que nous voulons relever ici c'est qu'au lieu de considérer les langues nationales comme uniquement facteur de division à cause de leur caractère tribal originel, il convient aussi de savoir que ces mêmes langues nationales sont un puissant facteur d'intégration et d'unité nationales. Il suffit pour cela que chacun s'ouvre à une autre langue que la sienne. Les plus doués ou dévoués pouvant faire plus. La destruction des particularismes ethniques n'est pas le seul ni le meilleur moyen d'atteindre l'unité nationale tant recherchée, l'assomption de ces particularismes est aussi une voie à explorer pour la construction de la rosace culturelle nationale.

- **le manque de formateurs**

À propos du manque de formateurs en langues nationales, voici ce que disent les experts de l'UNESCO (1977 : 403) :

> *Les programmes de formation des langues africaines ne peuvent aboutir que si les Africains eux-mêmes prennent en charge leurs langues. La formation planifiée de nombreux cadres (linguistes, différents techniciens) est donc un des volets les plus importants du programme décennal. De nombreuses bourses devront être accordées à court, à moyen et à long terme.*

S'il en est ainsi, on ne peut donc pas continuer à constater le manque de formateurs alors qu'on ne fait rien pour en former. Si on ne forme personne, il n'y aura pas de formateur. Les formateurs ne tombent pas du ciel.

- **le manque de manuels**

Il en va des manuels comme des formateurs. Si on ne fabrique pas des manuels, il n'y en aura tout simplement pas. Il est vrai qu'il faut des manuels didactiques bien faits, adéquats et pas des brouillons faits rapidement par quelques amateurs non-initiés et non mandatés. Mais si les responsables de l'éducation ne se chargent pas de faire confectionner les manuels corrects en langues nationales comme ils le font pour les langues officielles, il n'y aura pas de manuels de qualité en quantité suffisante. Les individus qui se lancent de leur propre chef à la confection des manuels didactiques, même s'ils ont l'expertise requise, ils n'ont pas toujours les moyens nécessaires pour produire en quantité industrielle et à la qualité souhaitée. Il faut donc mettre les moyens qu'il faut pour avoir les manuels qu'on veut.

- **l'incapacité des langues africaines à exprimer les réalités scientifiques**

Voilà une constatation réelle, mais qui ne peut être faite que par des personnes qui ne maîtrisent pas la science linguistique. Toute langue vivante, et c'est le cas des langues camerounaises qui nous occupe ici, est capable d'exprimer toutes les réalités que l'on veut. La langue est un organisme vivant qui s'adapte à la situation. Par les procédés, comme l'emprunt, la dérivation, la préfixation, la suffixation, l'analogie… la langue est capable de créer des mots qu'elle n'avait pas pour nommer les réalités auxquelles les locuteurs natifs n'étaient pas habitués. On ne peut donc pas dire que les langues africaines sont incapables de nommer les réalités scientifiques qui leur sont étrangères. Il faut un développement des langues africaines pour leur modernisation. Et cela est possible. L'industrie linguistique ne sert pas seulement à fabriquer les livres, mais aussi à composer des mots nouveaux. La néologie est cette partie de la linguistique qui intervient dans la modernisation de la langue. Elle est divisée en deux parties : les spécialistes distinguent la *néologie de sens* et la *néologie de forme*. La première s'occupe de donner des sens nouveaux aux mots anciens, alors que la seconde crée des mots nouveaux. Nos langues nationales l'ont déjà prouvé plus d'une fois. On peut même extrapoler et dire qu'au pays de la linguistique, règnent les lois identiques à celles qui gouvernent les sociétés humaines. Les langues connaissent les lois de la naturalisation, de l'adoption, de l'exclusion…Il y a des mots que les langues africaines naturalisent pour les intégrer dans leur système. Elles leur font subir juste quelques transformations afin qu'ils s'adaptent à leur système morpho phonologique. L'ewondo n'ayant pas de mot pour désigner le *prêtre* de la religion catholique, la langue a formé le mot *fada* [fada] emprunté de l'anglais father (*père*). Au sujet de l'*adoption*, en linguistique, on parle de **xénisme** comme premier stade de l'emprunt, il y a des mots français comme (radio) que la langue ewondo adopte et intègre dans son lexique sans leur faire subir de changements importants : radió est un xénisme en ewondo tout comme telefôn : *téléphone* et ordinatər : *ordinateur* en basaa. Toutes les langues nationales vivantes connaissent ces procédés qui leur sont naturels.

- **la multiplicité des langues nationales**

L'une des raisons souvent évoquées par certains Camerounais plus ou moins haut placés et aussi par certains Européens, pour refuser, retarder ou tout simplement dénigrer le désir d'introduire les langues nationales dans le système éducatif camerounais est la **multiplicité des langues nationales.** On l'entend souvent : il y a tellement de langues camerounaises, laquelle choisir ? Or, ce n'est pas parce qu'il y a beaucoup de langues camerounaises qu'il ne faut en choisir aucune. La multiplicité des langues camerounaises, loin d'être un handicap, est plutôt une richesse culturelle à préserver et à exploiter, nous le verrons tout au long de ce travail. L'avenir appartient désormais à celui qui parle beaucoup de langues et non pas à celui qui parle une seule langue. Ce qui est vrai pour les individus l'est aussi pour les pays. Un pays monolingue a moins d'atouts qu'un pays bilingue ou multilingue. L'essentiel c'est une bonne gestion des langues en présence par les autorités en place, et c'est cela la politique linguistique d'un pays. Supprimer toutes les langues camerounaises - parce qu'elles sont nombreuses, du système éducatif n'est pas une bonne politique linguistique. Si l'on veut que les langues camerounaises continuent à jouer leur rôle pour l'intégration nationale comme le souhaite Paul BIYA (1986 : 116-117), ces langues doivent être développées, promues et enseignées, le cas contraire, le pays sera coupé de ses racines.

- **les moyens financiers**

Certains peuvent s'appuyer sur la pauvreté des États africains pour le financement de l'enseignement des langues africaines. Une première découverte que nous ferons à ce sujet dans cette étude c'est que l'enseignement des/en langues camerounaises coûte moins cher que l'enseignement des langues étrangères à l'Afrique. NANA J. B (1990 : 145) démontre qu'un livre en français coûte deux à trois fois plus cher que son équivalent en langue camerounaise. Alors si le gouvernement camerounais réussit à faire fonctionner l'éducation en imposant *des livres français en français*, il saura aussi comment faire pour que les élèves et les enseignants aient *des livres camerounais en langues camerounaises* le jour où il le voudra.

Enfin, au sujet de la qualité technique et de la valeur pédagogique des manuels en langues nationales, écoutons les experts de l'UNESCO (1977 : 400-401) :

> *Une action portant sur les langues africaines comme instrument de culture et facteur de développement culturel peut et doit être entreprise immédiatement. Il n'est point besoin d'attendre, à cet effet, que les conditions techniques, qui sont parfois évoquées comme préliminaires, soient toutes réunies.*

Autrement dit, « *il ne faut jamais renvoyer à demain ce qu'on peut faire le jour même* ». Pour exprimer la même idée de *cueillir les fleurs avant que le vent ne les fane*, les ewondo disent « **elé é tábá kɔ́m é kúbí** » (*un verre de vin qui reste longtemps sans être bu finit par se renverser*).

L'enseignement des langues nationales au Cameroun a déjà fait couler beaucoup d'encre. Avant d'aller plus loin, où en est la recherche actuelle sur le sujet ?

0.4- ÉTAT DE LA QUESTION

Dans cette section consacrée à la revue de la littérature au sujet de l'insertion des langues nationales dans le système éducatif au Cameroun, nous allons aborder des ouvrages sur la politique linguistique en général, sur l'enseignement des langues proprement dit et enfin sur le financement de cet enseignement.

De la Politique linguistique en général

Faisons d'abord un tour d'horizon dans les pays africains pour nous rendre compte de ce qui s'y fait en matière de politique linguistique. Ce passage en revue de la situation linguistique de quelques États africains nous permettra de savoir si le Cameroun, qui est souvent présenté comme exemple à suivre en Afrique dans certains domaines (sport, stabilité politique…) l'est aussi en ce qui concerne la politique linguistique.

En 1977, L'UNESCO publie un important ouvrage de 474 pages intitulé : *Langues et politiques de langues en Afrique Noire*. C'est un recueil de comptes-rendus des réunions de représentants de l'UNESCO et d'experts du monde entier sur des questions de politique linguistique des États africains depuis l'époque coloniale jusqu'en 1977. La plupart des idées que nous avons énoncées dans la présentation de ce travail se retrouvent dans cet ouvrage au sujet du lien entre la linguistique et la politique d'une part, et les langues nationales et le développement économique d'autre part. Dans cette publication, les experts se rendent compte que les langues étrangères ne suffisent pas pour assurer le développement de l'Afrique. Ils suggèrent de mettre fin au règne sans partage des langues étrangères en Afrique pour assurer le développement du continent. Pour eux, la politique linguistique d'un pays fait partie de la politique générale dudit pays et cela se traduit dans l'éducation nationale. Ils affirment même que *« le développement d'un peuple est facteur du développement de sa langue »*. Ils passent ainsi en revue toutes les questions importantes liées au développement des langues africaines. Ils se soucient du sort des langues africaines pour protéger le patrimoine culturel de l'humanité. La culture étant inséparable de la langue qui la véhicule, les langues africaines sont pour eux les mieux placées pour exprimer la culture du continent. La situation linguistique de la plupart des pays africains est présentée dans cet ouvrage. Il est question de l'**Algérie** par exemple où la langue *arabe* qui n'avait guère plus de deux heures hebdomadaires avant l'indépendance, dès la première rentrée scolaire et universitaire de l'indépendance en 1962, l'horaire de la langue arabe est porté à sept heures hebdomadaires dans les premières années des écoles élémentaires et secondaires et de quatre à cinq heures dans les classes supérieures. À comparer ce qui s'est passé en Algérie et la situation camerounaise, c'est tout simplement le jour et la nuit, pouvons-nous commenter ! Bien d'autres pays africains sont cités dans cet ouvrage comme le **Burundi** où la langue nationale le *kirundi* a une place importante dans l'enseignement jusqu'à l'École Normale Supérieure. Le **Mali,** quant à lui, quoique n'ayant que douze langues maternelles, en a choisies quatre comme langues nationales : le *bambara, le peul, le songhaï et le tamasheq.* Au Mali, l'alphabétisation fonctionnelle est liée aux grandes opérations de développement agricole et industriel. De nos jours, nous connaissons l'importance des langues nationales dans la production cinématographique au Mali où presque tous les films sont réalisés en version bambara et française. Pour les experts de l'UNESCO (1977), en **République centrafricaine**, *le sangho* semblait régner sans partage, et d'après les informations récentes que nous avons reçues, la situation n'a pas changé en 2007, le sangho demeure la langue nationale du pays. Cette situation n'est pas ainsi parce qu'il n'y aurait pas d'autres langues nationales. C'est tout simplement question d'une volonté politique. Et cette volonté politique de promotion du sangho déborde même les limites du territoire national à telle enseigne que le sangho était enseigné à Paris avec délivrance de diplômes aux Français qui se rendaient en République centrafricaine, même si ces derniers, arrivés sur le terrain, ne pratiquaient pas beaucoup cette langue. Cette non-pratique peut avoir deux raisons d'après les auteurs (UNESCO 1977 : 314) : premièrement, ils n'apprenaient pas grand-chose, souvent trente mots seulement, ensuite ces Français, surtout à l'époque coloniale ne voulaient pas trop se rabaisser et parler les langues des indigènes, de peur d'être confondus avec les indigènes. Malgré tout, le sangho était enseigné même aux étrangers et cela à l'étranger. Au **Rwanda,** tout le monde parle le *kinyarwanda* qui est un dialecte du kirundi. La situation est donc relativement facile. Au **Niger,** la radio joue un rôle très important pour donner goût à la culture africaine ; c'est ainsi que Radio Niger consacre 24 % de sa tranche d'antenne aux langues nationales dans les informations. Il y a des pays africains qui ont aussi connu des hauts et des bas en ce qui concerne la promotion des langues nationales, tel est le cas du Nigéria par exemple. Au **Nigéria**, les langues nationales étaient déjà enseignées à l'école avant l'indépendance, l'haoussa particulièrement. Mais pour des considérations politiques d'unité nationale, quelques années avant l'indépendance en 1958, a commencé la promotion de l'anglais comme langue de l'unité nationale. Plusieurs années après l'indépendance du Nigéria, on a constaté le faible niveau des élèves du primaire. Voilà pourquoi le haoussa est revenu à l'école primaire comme moyen d'instruction au nord du Nigéria et au sud le *yoruba*. Dans tout le pays, les enfants reçoivent l'éducation en leur langue maternelle pendant les deux ou trois premières années du Primaire et au Secondaire, les langues nationales viennent aux examens officiels. La **Tanzanie** a choisi le *kiswahili* comme langue nationale grâce à son dynamisme et à son développement parmi les langues de l'Afrique moderne. En Tanzanie, tout enfant connaît généralement sa langue maternelle plus le kiswahili. Au **Zaïre** (aujourd'hui **Congo Démocratique**), des 350 langues nationales existantes, 4 dominent : *le swahili, le lingala, le kikongo, le tshiluba*. Le président de la République tenait ses réunions publiques toujours en lingala. Les militants et les responsables du parti s'adressent au peuple en langues nationales. Entre eux, les intellectuels qui parlent la même langue ne recourent que rarement au français. Pour la **Zambie** enfin, on doit développer même les langues minoritaires, car elles portent la culture de ces minorités. Mais, n'ayant pas de langue dominante parmi la quarantaine de langues du pays, l'anglais demeure la *lingua franca*, le kiswahili ayant été refusé par le peuple. Ce refus prouve au moins la volonté réelle des décideurs de mettre à la disposition du peuple zambien une langue africaine.

Cet ouvrage de l'UNESCO (1977), malgré sa date un peu ancienne, présente ainsi la situation de la politique linguistique de plusieurs pays africains où l'on remarque facilement le retard du Cameroun. Même s'il y a sûrement aujourd'hui quelques changements dans ces pays par rapport à leur politique linguistique de l'époque, en ce qui concerne le Cameroun, le travail est encore énorme, même si beaucoup de choses sont dites officiellement dans le domaine du courrier interministériel depuis 2005. Malgré le fait que certaines de ces réunions de l'UNESCO se soient tenues au Cameroun, elles n'ont pas eu l'effet souhaité. À côté des pays africains qui ont déjà introduit officiellement leurs langues nationales dans le système éducatif de la Maternelle jusqu'à l'Université comme le Nigéria et la Tanzanie, pour ne citer que ceux-là, le Cameroun, qui balbutie encore ses premiers mots et qui n'en est encore qu'à ses débuts quant à *l'enseignement officiel* des langues nationales à l'école, apparaît tout simplement comme *l'exemple à ne pas suivre* en matière de développement et de promotion des langues africaines. Pourtant ce ne sont pas des études scientifiques de qualité et de niveau universitaire qui manquent.

Dans cette revue de la littérature sur l'insertion des langues nationales dans le système éducatif au Cameroun, il y a un ouvrage collectif qui aurait dû faire date pour l'avenir des langues nationales au Cameroun, comme cet ouvrage n'a pas encore été suffisamment exploité au sujet de ce qu'il proposait pour les langues nationales, il mérite d'être revisité aujourd'hui, cet ouvrage a pour titre : *Identité culturelle camerounaise* dont voici la genèse.

Il avait été institué au Cameroun une **Semaine culturelle nationale** visant d'une part la promotion de la culture nationale et d'autre part la mobilisation de tous les Camerounais pour la préparation active de la fête nationale du 20 mai. C'est dans ce cadre que, du 14 au 19 mai 1985, s'est tenu au Palais des Congrès de Yaoundé un Colloque centré sur le thème principal de l'« **Identité culturelle camerounaise et les formes d'expression artistique et littéraire** ». C'était le deuxième du genre, le premier ayant eu lieu en 1982. L'importance des langues nationales en même temps que les cultures qu'elles véhiculent a tellement été mise en valeur que les participants à ce Colloque, sont certainement surpris du fait que la moitié des recommandations et des propositions n'a pas encore été réalisée de nos jours. Pourtant ce Colloque fut un temps fort de la manifestation de l'intelligentsia camerounaise. Un coup d'œil dans la liste des participants prouve la haute facture intellectuelle et universitaire des personnalités invitées : Jacques FAME NDONGO, Maurice TADADJEU, Marcien TOWA, Jean TABI MANGA, Jean Baptiste OBAMA, Pie Claude NGUMU, André Marie NTSOBE, Martin Samuel ENO BELINGA...

À ce Colloque, les participants ont lourdement insisté sur la nécessité d'enseigner les langues nationales pour la maîtrise des cultures nationales. Écoutons Marcien TOWA in (MINFOC 1985 : 36-37) :

> *Nous avons maintenant des générations de Camerounais qui ne parlent que français ou anglais ; ils sont déjà à l'Université, ces jeunes-là. Eh bien, si vous ne comprenez pas les langues traditionnelles, comment voulez-vous connaître les cultures traditionnelles ? Les cultures traditionnelles s'expriment dans les langues traditionnelles ; et pour avoir accès à ces cultures, il faut apprendre ces langues.*

Dans le même ordre d'idées, Adolphe Claude MBALLA (MINFOC 1985 : 206) ira plus loin en disant :

> *Un peuple sans langue, est un peuple sans culture, et l'identité culturelle du Cameroun est au prix de l'existence de toutes les langues camerounaises sans exclusive.*

C'est alors l'occasion de signaler ici que lors du même Colloque, Maurice TADADJEU (op.cit., p. 42) était intervenu pour dire qu' :

> *Il faut intégrer la linguistique africaine à l'École Normale Supérieure.*

C'est aujourd'hui, plus de vingt ans après que nous voyons ce vœu se réaliser avec l'ouverture du Département des langues et cultures camerounaises à l'École Normale Supérieure à Yaoundé. Pour éviter un triomphalisme précoce, nous n'en dirons pas plus, mais tout même : *mieux vaut tard que jamais*. Ce Colloque a été à l'origine de grandes innovations au Cameroun surtout en ce qui concerne la culture. Avant ce Colloque, il existait au Cameroun un ministère de l'Information et de la culture. Après les travaux du Colloque, sera créé un ministère chargé uniquement de la Culture. Et c'est Jean Baptiste OBAMA d'heureuse mémoire, le *philosophe africain*, comme il aimait se faire appeler, qui a exprimé les raisons de la nécessité de créer le ministère de la Culture que nous avons actuellement en ces termes :

> *Il faudrait qu'il y ait un ministère spécial de la Culture, parce que l'information et l'éducation, qui se sont emparées de cette affaire dans*

l'histoire récente du Cameroun, n'ont pas le temps de s'occuper vraiment de la matière qui est fondamentale pour créer notre identité.

À la fin de ce Colloque mémorable, des recommandations émanant des différentes commissions mises sur pied ont été faites à l'adresse du gouvernement camerounais pour un avenir meilleur. Nous reproduisons ici quelques unes des recommandations de Jean TABI MANGA, Rapporteur de la **Commission « Langues nationales »** qui nous intéresse directement et dont Maurice TADADJEU était le Président. Cette Commission, après avoir protocolairement rendu hommage au gouvernement camerounais et au parti (qui était unique en ce temps-là) et remercié tous ceux qui, par leurs exposés et leurs interventions, avaient exalté l'importance des langues nationales, apportant ainsi l'aval nécessaire à leur revalorisation, a recommandé plusieurs mesures pour la promotion des langues nationales à plusieurs instances décisionnelles parmi lesquelles on peut citer :

- le ministère de l'Information et de la Culture ;
- le ministère de l'Éducation nationale ;
- le ministère de l'Enseignement supérieur et de la Recherche scientifique ;
- le gouvernement camerounais ;
- les assemblées ;
- le parti politique (RDPC).

Que, poursuivant sa politique linguistique inaugurée au Congrès de Bamenda, il inscrive l'utilisation orale et écrite des langues nationales dans ses programmes d'information et de formation politique des populations, de promotion féminine, d'animation de la jeunesse rurale, de participation à l'alphabétisation en milieu rural et dans ses programmes de formation des cadres du parti.

Il faut reconnaître que si quelques-unes de ces recommandations ont été prises en considération et réalisées, comme la réintroduction de *la licence de linguistique* et *l'insertion de la mention « langues nationales » dans la Constitution*, la grande majorité des recommandations reste encore en attente. Voilà pourquoi nous avons voulu les remettre à jour aujourd'hui où selon les observateurs avertis, tous les voyants sont au vert en ce qui concerne la promotion des langues nationales et leur insertion dans le système éducatif national. L'essentiel de ce qui doit être dit pour démontrer la nécessité d'insérer les langues nationales dans le système éducatif au Cameroun a déjà été dit. Les travaux du Colloque dont nous faisons allusion ici l'ont assez démontré. Tout ce qui reste à faire c'est de continuer l'application des recommandations de ce Colloque qui ne doit en aucun cas tomber dans l'oubli. Un travail colossal y a été fait. Il mérite d'être valorisé. Beaucoup d'acteurs de premier rang sont déjà morts à l'exemple de Jean Baptiste OBAMA, Samuel Martin ENO BELINGA et surtout le très regretté abbé Pie Claude NGUMU qui en était l'organisateur principal en sa qualité de Directeur des Affaires culturelles à l'ancien ministère de l'Information et de la Culture, mais beaucoup d'autres sont encore vivants. Ces derniers sont invités à poursuivre la mise en pratique des résolutions de ce grand Colloque auquel ils ont cru à un moment donné de leur vie à en croire leurs écrits. On doit même souhaiter que ce genre de Colloque puisse reprendre pour le développement intellectuel des Camerounais en vue d'une intégration nationale plus réfléchie. Partant du fait que la majorité des participants est encore en vie et beaucoup dans des postes de décision du gouvernement, on est en droit de compter sur eux, surtout parce que l'État camerounais est en retard sur la plupart des États africains en ce qui concerne l'enseignement et la promotion des langues nationales.

Mais l'État peut-il tout faire seul ? La politique linguistique d'un pays est-elle l'apanage de l'État ?

Dans sa **thèse AGHA-AH-CHIATOH B. (2004)** affirme l'importance du rôle que la communauté locale doit jouer dans l'alphabétisation comme base de son développement. L'enseignement des langues camerounaises ne peut pas se passer uniquement à l'école de manière formelle. L'alphabétisation des adultes permet aux parents de suivre ce que font leurs enfants et pouvoir y participer. D'où une rencontre harmonieuse entre les générations grâce à la maîtrise de la même langue à l'oral et à l'écrit par les parents et leurs enfants. L'alphabétisation des adultes est liée à des opérations de développement économique, culturel et social. Ne pouvant pas tout attendre de l'État, les communautés locales doivent prendre leur avenir et leur éducation en main. C'est là une manière de participer à la politique linguistique du pays : la prise en charge des populations par elles-mêmes en matière d'alphabétisation. Voilà ce que l'on peut retenir de cette thèse en ce qui nous concerne.

De l'Enseignement des langues camerounaises

À l'École Maternelle

AKONGA A-S (1983) a réalisé une enquête pour se rendre compte de l'usage des langues camerounaises dans les maternelles et le début du primaire. Il s'est rendu compte que l'ewondo, une langue de la région du Centre, fonctionne à la maternelle en milieu rural comme langue d'enseignement. L'institutrice de la maternelle redit aux enfants en ewondo ce qu'elle a d'abord dit en français et qu'ils n'ont pas compris. C'est ce qu'il appelle la « **fonction répétitive** ». Il rappelle que cette fonction répétitive est observable au sein d'une même langue par les expressions comme « *c'est-à-dire...autrement dit...en d'autres termes* ». AKONGA continue en disant qu'il en est de même de la « **fonction évocative** » où la maîtresse est obligée d'utiliser l'ewondo pour évoquer chez l'enfant ce que représentent les mots abstraits comme le froid, la joie, la tristesse qu'on ne peut dessiner aisément. On le voit, tout se passe comme si la langue d'enseignement était l'ewondo, et le français la langue à laquelle on recourt de temps à autre en précisant aux élèves l'équivalent français de tel mot ewondo. Pour AKONGA, le recours à l'ewondo apparaît comme indispensable en milieu rural dans le cadre de l'enseignement du calcul au début du primaire. Il donne des chiffres qui militent en faveur de l'utilisation des langues nationales comme langues d'enseignement en milieu rural. Dans sa zone d'enquête, 96,42 % des maîtres recourent à l'ewondo. 96 % des instituteurs affirment que ce recours à la langue maternelle des enfants a pour but une meilleure compréhension des contenus. 90,47 % affirment que ce recours augmente la participation des élèves à la leçon.

Son étude milite donc pour que les langues camerounaises (ici l'ewondo) soient utilisées comme langues d'enseignement ne serait-ce qu'en milieu rural.

Au regard de cette étude, dire que c'est la multiplicité des langues camerounaises qui empêche leur utilisation à l'école n'est pas juste du moins en ce qui concerne le milieu rural. Car tout le monde ici parle la même langue, les parents, les enfants et les maîtres.

Le mérite de l'étude d'AKONGA (1983) est d'avoir montré la nécessité d'utiliser les langues nationales dans le milieu rural comme langues d'enseignement. Car, même si son étude s'est limitée à une Région précise du Cameroun, le milieu rural est relativement identique sur toute l'étendue du territoire en ce qui concerne l'homogénéité linguistique. Ses résultats peuvent être généralisés pour toutes les maternelles en milieu rural dans tout le pays.

Mais cette étude se limitait uniquement au niveau maternel et en début du primaire. Or, il ne s'agit pas de faire des Camerounais à deux vitesses : certains qui apprendraient officiellement les langues maternelles à l'école et d'autres qui ne les apprendraient pas. La réflexion doit continuer pour les autres niveaux de l'éducation au Cameroun (primaire, secondaire et supérieur) et pour tous les milieux (rural, semi-rural et/ou semi-urbain, et urbain).

On peut être tenté de croire que c'est le manque d'études approfondies qui empêche le gouvernement de décider de l'insertion des langues nationales dans le système éducatif du pays. Mais une étude comme celle d'AKONGA existe il y a plus de vingt ans, mais rien ne s'est fait dans le sens de ses conclusions. Malgré tout, cette étude a laissé des traces, elle a suggéré des possibilités réelles de *généralisation de l'enseignement des langues camerounaises à l'école primaire*, c'est exactement le travail que va entreprendre **MBA Gabriel pour son Doctorat d'État**.

Au niveau de l'école primaire

Connaissant bien les déboires de ses prédécesseurs, MBA G. (2001 : 8) sait que parler de l'enseignement des langues camerounaises dans la situation linguistique complexe de son pays le Cameroun relève pour bien de personnes d'une entreprise déjà vouée à l'échec. Ce qui se comprend aisément lorsque l'on songe aux périodes coloniales qui ont éteint à coup de décrets et d'arrêtés toutes les bonnes intentions en la matière. Mais, malgré cette atmosphère non favorable, MBA va se lancer dans la bataille en faveur de l'enseignement des langues camerounaises à l'école. Pour lui, en Afrique comme ailleurs, la langue maternelle permet le véritable décollage intellectuel de l'enfant. C'est elle qui donne la première possibilité d'articuler la pensée et d'exprimer intensément son premier rapport au monde. Refuser à l'enfant de tirer profit de ce substrat, c'est l'empêcher de répondre à l'expérience de créativité. C'est pourquoi d'après MBA G. (2001 : 20) *« l'enseignement du français doit s'appuyer solidairement sur les langues africaines »*. Il apparaît clairement ici qu'ils ont tort ceux qui pensent que l'enseignement des langues nationales empêche l'acquisition des langues officielles. Il y a possibilité de complémentarité entre les langues nationales et les langues officielles au Cameroun, tout dépend de la manière d'organiser l'éducation en vue du type de Camerounais que l'on veut former. Pour MBA, on peut déjà généraliser et officialiser l'utilisation orale des langues nationales dans l'enseignement au Cameroun en ce qui concerne les premières années du primaire. Cette généralisation n'est d'ailleurs pour lui que l'officialisation d'une pratique courante et très efficace dans les premières années du cycle primaire. AKONGA (1983) démontrait exactement la même chose. MBA pense que la formation des enseignants à ce niveau ne pose pas un problème particulier. Il faut seulement leur procurer un matériel didactique adéquat.

Dans sa thèse, MBA G. (2001 : 46) insiste sur l'importance de l'**oral** comme composante indispensable d'acquisition du savoir et du savoir-faire. De même, il rappelle le lien étroit qui doit exister entre l'école et la communauté. Pour lui, l'école doit apprendre aux enfants ce que la communauté aurait dû leur apprendre si l'école ne les avait pas enlevés. Sans les langues nationales, l'école camerounaise demeure comme un îlot dans la société. Pour MBA G. (2001 : 140) : *« une école sans langues nationales est une école en voie de sous-développement »*. La langue maternelle est le meilleur vecteur de connaissances. Il ne peut pas en être autrement. Voilà pourquoi c'est une erreur pédagogique d'utiliser les langues étrangères dans le milieu rural où les enfants ne parlent que la langue maternelle avec leurs parents à la maison. Car, le fait que les langues camerounaises ne soient pas enseignées aujourd'hui est le résultat de la politique assimilationniste de la colonisation française qui ne voulait que le français. Et la première République camerounaise étant très soucieuse de l'unité nationale a favorisé le français et l'anglais au détriment des langues nationales qui étaient soupçonnées, accusées puis condamnées de tribalisme sans jugement ni analyse. MBA passe en revue les différentes propositions des linguistes et autres penseurs camerounais relatives au choix des langues au Cameroun. On apprend ainsi que NGIJOL NGIJOL P. avait proposé le choix d'**une seule**

langue camerounaise. BOT BA NJOCK H.M préconisait de choisir des **langues zonales**. TADADJEU M. présentait sa théorie du **trilinguisme extensif** alors que pour TOWA M. il fallait choisir **une langue nationale et quelques langues zonales en plus des deux langues officielles** que sont le français et l'anglais.

Il ne nous semble pas nécessaire de reproduire le travail colossal que MBA a réalisé. Il a vraiment fait le tour de la question de l'enseignement des langues camerounaises à l'école primaire. Il a passé tous les principaux problèmes en revue en donnant les solutions possibles. De la formation des formateurs jusqu'aux problèmes spécifiquement linguistiques comme l'écriture, qui pour lui doit être simple pour se plier à la créativité des utilisateurs. Il n'a pas oublié les difficultés que soulève l'indispensable notation des tons. MBA (2001 : 167) fait observer que *les tons les plus récurrents* ne sont pas marqués dans la plupart des langues camerounaises. Tous les problèmes techniques essentiels de l'enseignement des langues camerounaises ont une solution satisfaisante dans l'œuvre de MBA. Les questions économiques ne lui ont pas échappé. Il affirme que la langue *« est un produit commercialisable »*. D'après lui, l'ACCT (Agence de Coopération Culturelle et Technique), l'Académie Française, l'Alliance Française et bien d'autres institutions de même type sont des entreprises françaises vendeuses de la langue française. MBA G. (2001 : 288-305) présente le modèle de McCarthy qui emploie les 4 P qui sont : le Produit, la Place, la Promotion et le Prix. Partant de là, MBA G. (2001 : 353) attire l'attention sur la **« glotto-économie »**. Établissant les liens directs entre la politique, l'économie et les langues locales, MBA G. (2001 : 364) conclut :

> *Aussi est-il nécessaire que les élus locaux des communes créent et fournissent régulièrement une ligne budgétaire en faveur du développement de la langue locale.*

Lorsqu'on sait que le développement d'une langue entraîne le développement de la communauté qui la parle, on ne peut pas nier les retombées économiques de la promotion de la langue locale pour la communauté en question.

Cependant, tout le travail monumental de MBA ne concerne que l'école primaire. Or, on ne peut pas insérer les langues nationales dans le système éducatif camerounais uniquement au niveau du primaire. Après l'école primaire, qu'est-ce qu'on fait ? À quoi servira tout ce qu'on aura appris s'il n'y a pas la suite au secondaire ? Or les langues nationales ne peuvent pas valablement être enseignées au niveau secondaire et même à l'école primaire si l'enseignement supérieur n'y est pas impliqué concrètement. Voilà pourquoi nous pensons qu'il faut aborder le problème de l'enseignement des langues nationales dans son ensemble dans une seule étude malgré l'immensité de la tâche. Nous comprenons que ce sont les exigences académiques de limitation des sujets qui obligent la plupart des chercheurs à se focaliser sur un niveau précis de l'éducation. Nous, nous pensons que s'il faut à tout prix se limiter, c'est au niveau de l'enseignement supérieur qu'il faut commencer. Ne peut pas produire un syllabaire qui veut. Il faut une formation pour cela. Les enseignants des langues camerounaises au secondaire et au primaire doivent être eux-mêmes formés, et cela ne peut être normalement fait que par l'Enseignement supérieur.

L'un des obstacles majeurs pour l'insertion des langues nationales dans le système éducatif au Cameroun c'est le choix des langues à enseigner. S'il faut enseigner les langues camerounaises à l'école, il y en a plus de 248, laquelle ou lesquelles choisir ? Voilà la question qui hante jusqu'aujourd'hui les esprits de ceux qui s'intéressent à l'enseignement des langues camerounaises et c'est sur cette question qu'Étienne SADEMBOUO apporte une contribution magistrale avec sa Thèse de Doctorat d'État en 2001. Le titre évocateur de ce travail est : ***De l'intercompréhension à la standardisation des langues : le cas des langues camerounaises***. Pour introduire les langues camerounaises dans le système éducatif camerounais, il faut bien que ces langues soient écrites. Or, la mise par écrit des langues camerounaises pose beaucoup de problèmes. La plupart de ces langues n'ont pas encore une écriture, celles qui sont écrites ont souvent plusieurs systèmes d'écriture, voire plusieurs alphabets pour une seule langue (OWONA A. 2004 : 14-27). La langue est un ensemble de dialectes inter compréhensibles. Il s'agit d'abord d'identifier les unités langues, plusieurs méthodes existent de nos jours pour le faire. SADEMBOUO E. (2001 : 615) rappelle trois des plus déterminantes :

- l'évaluation globale du groupe ;
- la lexicostatistique ;
- le test des textes enregistrés.

Après l'identification des langues, il faut mettre ces langues par écrit afin d'avoir un modèle d'écriture convenable pour l'usage généralisé de tous, car toutes les variantes ne peuvent pas être représentées par écrit. Plusieurs méthodes existent aussi pour la mise par écrit d'une langue sans écriture. SADEMBOUO E. (2001 : 378-379) présente les deux principales techniques qui ont été utilisées à travers l'histoire pour établir le système unifié d'écriture de certaines langues qui jouissent aujourd'hui d'une longue tradition littéraire appréciable. Il s'agit de la :

- **standardisation par le développement d'une forme nouvelle écrite de la langue**. Elle est différente des formes orales déjà existantes, elle est issue d'une synthèse des variantes parlées. Il faut noter que cette forme proposée est artificielle et inconnue des locuteurs. Ces derniers par conséquent ne peuvent pas lui accorder le même attachement qu'ils ont vis-à-vis de la forme naturelle de la langue première ;

- **Standardisation par l'adoption d'une des formes orales existantes pour le développement de la forme écrite de la langue.** Ici on choisit tout simplement un des dialectes qu'on érige en dialecte de référence standard pour la langue en question.

Il faut dire que SADEMBOUO préfère cette deuxième technique qui nous semble aussi la plus efficace. Toutefois, au niveau des principes qui guident le choix de cette forme ou de cette variante standard, il y a encore des divergences du fait que le choix peut être arbitraire ou discriminatoire, imposé ou consensuel, subjectif ou objectif, solitaire ou communautaire …Mais dans tous les cas, ce type de standard demeure une forme naturelle de la langue.

Pour opérer un choix qui soit le plus scientifique possible, SADEMBOUO E (409-410) a établi des critères qu'il a qualifiés de **primordiaux, secondaires et marginaux.**

Pour conclure son apport sur le choix d'un dialecte de référence standard, SADEMBOUO E. (2001 : 449-454) présente ce qu'il appelle : **le choix consensuel.** Il s'agit de rassembler les représentants des différents dialectes d'une langue et leur demander eux-mêmes de désigner le dialecte qu'ils pensent qu'il peut servir de base commune pour une écriture qui sera acceptée par tous. Et pour tuer *« l'esprit de clocher »*, on prend aussi en compte le dialecte qui arrive en deuxième position. Cela a l'effet de soulager le groupe surtout si le premier choix a été difficile. Car il faut bien reconnaître qu'il est naturel que chacun veuille promouvoir son dialecte propre.

Dans cette étude, un pas important a été fait quant au choix des langues à enseigner. Car il n'est pas raisonnable de standardiser toutes les langues du Cameroun. Il y a des langues qui ne sont pas viables sur le modèle standard. Reprenant WIESEMANN et al. (1983 : 137), SADEMBOUO E. (2001 : 617) cite :

> *Certaines langues africaines, sous la pression de plusieurs facteurs sociaux tels que le brassage des populations, le bilinguisme social transitoire, etc., sont en voie de disparition sans qu'on puisse pratiquement les « sauver ». Ceci est en principe regrettable, mais en fait, dans les pays extrêmement multilingues, ce phénomène contribue plutôt à diminuer le poids du multilinguisme auquel les agents de standardisation ont à faire face.*

Et il commente en disant que même si théoriquement la standardisation n'est pas directement liée à l'usage effectif des langues, il est réaliste d'accorder la priorité aux langues viables. Voilà pourquoi il donne des critères de viabilité d'une langue sous la forme standard. Il y a des critères :

- **sur le plan sociolinguistique** (la démographie, l'usage oral des langues (ou la vitalité) et l'emploi de la langue écrite) ;

- **sur le plan organisationnel** (le soutien du public et la structure de coordination et de concertation) ;
- **sur le plan sociopolitique** (la cohésion sociale et les choix politiques).

Car, plus la communauté est homogène, plus elle a des chances de succès pour son développement grâce à une participation massive aux programmes qui sont initiés. C'est ce qu'on entend par *cohésion sociale*. Sur le plan linguistique, la communauté la plus cohérente est celle où les gens tolèrent les variantes des autres. Dans le groupe beti par exemple, les locuteurs natifs *eton, bulu, ewondo* font même plus que tolérer, ils admettent aisément l'existence de leurs variantes dialectales sans aucune glottophagie.

En ce qui concerne le financement de la promotion des langues camerounaises, SADEMBOUO n'a pas été très productif, d'ailleurs ce n'était pas son sujet. Cependant, il a suggéré une idée maîtresse qui doit orienter les initiatives et les recherches à ce niveau. Il fait appel aux sources de financement internes et non seulement externes comme d'habitude, écoutons-le :

En effet la production littéraire qui est le résultat de la standardisation et du développement de la langue, nécessite des fournitures, des équipements appropriés de production et d'impression ainsi qu'un certain personnel. Si la source financière pour couvrir ces besoins est extérieure à la communauté entière, la standardisation est vouée à l'échec plus tard. D'où l'impérieuse nécessité de s'assurer de ce soutien pour garantir la viabilité de la langue standard. (SADEMBOUO E. 2001 : 623).

Comme on peut alors le constater, parmi les auteurs qui œuvrent pour l'enseignement des langues nationales, peu s'attardent sur la question financière, et lorsqu'ils le font c'est assez succinct et rapide comme SADEMBOUO le fait ici. Même MBA G. (2001 : 288), qui montre l'importance de l'argent pour la promotion des langues tant africaines qu'européennes n'a pas jugé nécessaire de consacrer toute son étude aux questions financières. On voit que pour lui, comme pour les autres, ce n'est pas l'essentiel. Or, la question financière est d'une importance capitale, sinon déterminante pour l'enseignement des langues nationales au Cameroun. C'est un secteur d'activités qui va brasser beaucoup d'argent pour l'élaboration, l'édition, la distribution, la vente et l'achat des livres, les salaires des enseignants de langues nationales, la formation et le recyclage de ces enseignants… L'enseignement des langues camerounaises demande de l'argent. Tant que les investisseurs ne sont pas sûrs de rentrer dans leurs frais, ils ne peuvent consentir aucune dépense dans ce domaine d'activités, quel que soit leur patriotisme. Si les parents et le gouvernement ne sont pas convaincus de la rentabilité de cette insertion, ils ne se presseront pas pour s'y engager. Des recherches approfondies sont indispensables pour montrer non seulement la possibilité du financement de l'enseignement des langues camerounaises, mais encore la rentabilité de l'opération. Nous avons quelques études à ce sujet.

Sur le Financement de l'Enseignement des Langues camerounaises.

NANA J.B (1990) est à notre connaissance le premier à consacrer toute une thèse sur *le coût de l'enseignement des langues nationales au Cameroun*. Pour lui, la politique française au Cameroun pendant 41 ans, de 1919 à 1960, a voulu *« faire des Camerounais des Français par le biais de la langue française »*. Cette politique était donc ouvertement contre les langues camerounaises. On proposait des **aides financières** aux missionnaires pour remplacer l'enseignement des langues camerounaises par celui du français. Nous commentons en pensant que malgré le choix de la pauvreté par ces hommes de Dieu et leur conviction de l'importance des langues africaines pour l'évangélisation des Africains, certains ont dû succomber à cet appât financier le confondant même avec une manne tombant du ciel. Mais, même les missionnaires qui refusaient d'arrêter l'enseignement des langues nationales en dépit de l'argent ont été obligés d'arrêter sous la menace des lois qui interdisaient l'enseignement des langues camerounaises. NANA rejoint ici ce que dit BITJA'A KODY dans (MENDO ZE (dir.) : 1999 : 83) :

> *Le 1er octobre 1920, le Commissaire de la République française au Cameroun Jules Carde émit un arrêté qui prescrivait en son article 2 : Ne peuvent être reconnues comme écoles privées que celles qui donnent exclusivement l'enseignement en langue française.*

Dans son étude, NANA J.B (1990 :144) fait une analyse approfondie des données chiffrées prenant en compte le nombre d'élèves, de maîtres et de livres dont on aura besoin. Après tous ses calculs, auxquels il a pris soin d'ajouter le taux d'inflation qu'il a retenu à 12,68 %, il a estimé que le coût de l'enseignement des langues nationales en l'an 2000 allait être de 14. 174. 252. 250 francs CFA, et que celui du français au Cameroun à la même période serait de 17. 197. 101. 422,98 francs CFA. Il fait tout de suite remarquer que l'enseignement du français coûte plus cher que l'enseignement des langues nationales. Ces prix concernent l'enseignement primaire et le premier cycle du secondaire. NANA démontre qu'en enseignant en complémentarité le français et les langues nationales au même moment, on réduira les coûts. Car, au niveau du primaire, on formera les maîtres du français et des langues nationales au même coût puisqu'ils sont tenus d'enseigner toutes les matières. C'est seulement au niveau du secondaire qu'on formera différemment les enseignants du français et ceux des langues nationales. Les coûts des manuels, de la recherche et du suivi resteront les mêmes dans les deux domaines. C'est au niveau des prix des livres que les propositions de NANA sont intéressantes. Étant donné que PROPELCA (Projet (devenu Programme) de Recherche Opérationnelle pour l'Enseignement des Langues au Cameroun) se proposait de produire un livre commun pour L1 (Langues maternelles) et L01 (première Langue Officielle), que les parents approuvent l'enseignement des langues nationales ou pas, ils seront obligés d'acheter ce livre ne serait-ce que pour l'apprentissage du français par leurs enfants. Il n'y aura pas de coût supplémentaire, puisque ce manuel servira pour le français et pour la langue nationale. Sachant qu'un livre PROPELCA coûte 1126, 8 F.CFA et que le coût du livre français est de 2924, 046 F.CFA et 3605, 76 F.CFA pour la SIL et le CP respectivement, on constate que le seul livre français est le double, sinon le triple du livre bilingue français/langue nationale (NANA 1990 : 145). Après cette étude, on se pose les mêmes questions que s'est posé NANA lui-même à la conclusion de son travail à savoir :

> *Qu'est-ce qui empêche le Cameroun de suivre l'exemple des autres pays africains dans le domaine de l'enseignement des langues nationales ? Est-ce le manque de données palpables sur le plan financier, matériel et humain ? N'y aurait-il pas un gain à enseigner nos langues dans les écoles et collèges ?*

Son travail donne des réponses à toutes ces questions. Il prouve qu'avec l'introduction des langues nationales à l'école, non seulement on dépense moins d'argent, mais encore, on en gagne. Bien plus, l'insertion des langues camerounaises dans l'enseignement n'a pas que des gains uniquement au niveau financier, mais aussi au niveau culturel, pédagogique, intellectuel, social…D'après NANA (1990 : 151) :

> *L'enseignement des langues nationales contribuerait pour sa part à la solution du problème de chômage dans ce sens que les enseignants seront formés pour dispenser des cours de langues. En plus, les manuels de langues nationales seraient imprimés sur place. Ce facteur offre un double avantage : d'abord il réduit le nombre de chômeurs puisqu'il faut des gens pour travailler dans la production des manuels. Ensuite, il y a une industrie de substitution.*

On aurait cru qu'après la soutenance de cette thèse de NANA J.B en 1990, la politique linguistique du Cameroun allait prendre tout de suite une orientation plus salutaire pour tout le peuple camerounais. Mais cela n'a pas été le cas. On se demande si les autorités éducatives du Cameroun sont souvent au courant des thèses soutenues dans les Universités d'État dont ils ont la charge. Pourtant NANA J.B (1990 : 74) est allé assez loin, en montrant non seulement que l'État camerounais est capable de financer l'enseignement des langues camerounaises, mais encore en indiquant où doit venir l'argent. Pour lui la somme à débourser pour l'enseignement des langues nationales au Cameroun sera répartie entre le gouvernement qui formera les maîtres et assurera le suivi de cet enseignement, les parents qui supporteront le coût des manuels des élèves et enfin les enseignants qui achèteront eux-mêmes leurs livres (comme d'habitude).

Cependant, la thèse de NANA est aussi limitée. D'abord, elle ne s'intéresse qu'au primaire et au premier cycle du secondaire. Le second cycle du secondaire et l'enseignement supérieur ne font pas partie de ses préoccupations. Si l'enseignement des langues nationales ne s'arrête qu'au premier cycle du secondaire, est-ce suffisant ? Pourquoi s'arrêterait-il à ce niveau ? Nous avons l'insertion, dans le système éducatif camerounais, des langues étrangères comme *l'espagnol* et l'*allemand*. Une fois admises dans le cursus scolaire, on peut continuer si l'on veut jusqu'au niveau supérieur avec ces langues sans interruption et en faire son métier pour la vie. Nous comprenons une fois de plus que c'est par souci d'efficacité, de réalisme, de scientificité, d'honnêteté intellectuelle, de contrainte académique et bien d'autres raisons valables que tous nos prédécesseurs sont amenés à limiter leur sujet. Et comme l'enseignement supérieur est le parent pauvre dans ce domaine, alors que la plupart des études sont réalisées dans ses murs, nous pensons qu'il mérite d'être scruté plus particulièrement.

Par ailleurs, NANA ne parle pas du tout du coût de l'alphabétisation. Or, d'une part beaucoup de parents sont encore analphabètes dans notre pays, et d'autre part, les parents sont les premiers éducateurs de leurs enfants. Si les langues camerounaises sont insérées dans le système éducatif, alors que les parents ne savent ni les lire ni les écrire, ils ne seront pas très utiles à leurs enfants. La situation serait déjà meilleure que celle que nous connaissons actuellement avec le français ou l'anglais, langues étrangères, mais le fossé creusé entre l'école et la communauté demeurera si l'enseignement formel des langues nationales n'est pas accompagné par un enseignement non formel de ces mêmes langues. De cela, NANA n'en dit rien. Pour ces manques et pour bien d'autres encore, son travail appelle une continuité.

Malgré l'apparente immuabilité de la politique linguistique camerounaise visiblement peu sensible à toutes les études dans notre domaine, les chercheurs universitaires ne s'avouent pas vaincus, surtout ceux du Département de Langues Africaines et Linguistique (DLAL) de la Faculté des Arts, Lettres et Sciences Humaines de l'Université de Yaoundé I. On dirait qu'ils se sont donné le mot de décoloniser linguistiquement l'Afrique, et le Cameroun y compris, tout comme les politiciens africains l'ont fait au niveau politique. Ce que tous les autres spécialistes doivent faire chacun dans le domaine de sa science : économie, informatique, mécanique, philosophique, théologique… Les étudiants du DLAL, soutenus par leurs professeurs dont la passion pour les langues africaines n'est plus à démontrer, ne cessent de réfléchir à la manière de sortir leur pays du sous-développement par le développement de ses langues. Au cours de l'année académique **2006/2007 NDJONMBOG Joseph Roger** a réalisé une étude pour son mémoire de DEA avec pour titre *potentiel du Financement à la base des activités de développement et de promotion des langues camerounaises*. Ce titre seul, un peu difficile à comprendre il est vrai, est déjà tout un programme. NJONMBOG évalue les coûts des manuels didactiques des élèves, de la formation des maîtres, des déplacements des inspecteurs, du salaire des superviseurs pour arriver à la conclusion qu'il faut l'implication des communautés locales pour le développement de leur localité en utilisant la langue communautaire comme « *moyen d'expression et vecteur de connaissances* ». Il donne des indications financières précises pour l'élaboration d'un ouvrage :

Heures de travail par semaine……………..…………………………..4 heures

Total mensuel……………………………………………………………16 heures

Taux horaire…………………………………………………..….6 000 F.CFA

Total horaire en 6 mois…………………………………………………..96 heures

Coût Total ………..………96 X 6 000……………………….….576 000 F.CFA

Il faut à peu près 09 ouvrages pour engager en toute sécurité l'enseignement d'une langue camerounaise : pré syllabaire, syllabaire 1, syllabaire 2, post syllabaire, livre de calcul 1, livre de calcul 2, manuel de lecture, manuel de transition, petit lexique bilingue.

Le Point sur la Revue de la Littérature

Nous constatons que beaucoup d'études ont déjà été faites sur l'enseignement des langues nationales au Cameroun. Le sujet a déjà été assez étudié. Et le point commun de toutes les études antérieures c'est que chaque chercheur aborde un aspect particulier de la question et jamais le problème dans son ensemble. On finit par se perdre dans toutes ces monographies parcellaires. Tous nos chercheurs ont en commun l'école primaire, beaucoup s'y concentrent entièrement comme AKONGA (1983), d'autres s'aventurent jusqu'au premier cycle du secondaire comme NANA (1990). À notre connaissance, aucune étude approfondie du genre Thèse de Doctorat ou une autre étude de même niveau scientifique n'a encore été réalisée sur l'enseignement des langues nationales dans le second cycle du secondaire encore moins dans l'enseignement supérieur. Or, en matière d'enseignement, nous osons croire que rien de sérieux ne peut se faire à la base si le sommet n'est pas déjà impliqué. Pour qu'un syllabaire soit entre les mains de l'enfant et du maître à l'école primaire, il faut qu'il ait été conçu, élaboré, édité, testé, corrigé, imprimé… Et la conception ainsi que la réalisation d'un syllabaire ne sont pas à la portée de tout le monde. Nul ne peut être autorisé à enseigner une langue camerounaise à l'école, sans une formation spécifique, tout simplement parce qu'il en est locuteur. Les professeurs de linguistique des Universités camerounaises sont sans équivoque là-dessus (TADADJEU (dir.) 1988 : 5) :

Il faut se plier à la pratique d'une méthode précise, celle qui situe l'enseignement de nos langues nationales dans une relation de complémentarité permanente et enrichissante avec nos langues officielles [...] De même qu'on ne saurait improviser l'enseignement de nos langues officielles, de même il serait désormais hors de question qu'on improvise l'enseignement de nos langues nationales.

Or, qui d'autre peut valablement donner cette « formation appropriée » aux maîtres de l'école primaire et aux enseignants des Lycées et Collèges si ce ne sont pas les diplômés de l'enseignement supérieur ? Nous pensons que l'enseignement des langues nationales n'a vraiment pas encore commencé dans notre pays parce qu'on a voulu **mettre la charrue avant les bœufs**. On a fait comme s'il fallait commencer à enseigner les langues camerounaises à la Maternelle, puis à l'école primaire, au Secondaire et enfin pouvoir faire un mémoire ou même une thèse à l'Université en langues camerounaises. Au risque de surprendre certains, et non par goût de paradoxe, nous préconisons le chemin inverse. Avant que les langues camerounaises ne soient enseignées dans les Lycées, les Collèges et les écoles primaires et maternelles, il faut qu'elles soient d'abord enseignées dans les Universités du pays et plus précisément à l'École Normale Supérieure et même dans toutes les autres Grandes Écoles. Du moins c'est la stratégie que nous proposons dans ce travail de recherche.

0.5- L'OBJET DE CETTE ÉTUDE

Notre point de départ est la conviction qu'il faut enseigner les langues nationales. Cet enseignement recouvre beaucoup d'enjeux. L'opération a beaucoup de risques, mais *qui ne risque rien n'a rien*. Vouloir enseigner les langues camerounaises c'est trop ambitieux, *rien de grand ne se fait sans ambition*. L'insertion des langues camerounaises dans le système éducatif du pays est tellement bénéfique que tous les risques sont permis pour sa réalisation. Des possibilités d'un développement durable sont inscrites dans nos langues locales. Il n'est pas permis de ne pas les exploiter. Nous allons le démontrer tout au long de ce travail. La tâche que nous entreprenons ici est de montrer que, *pour réussir l'insertion des langues camerounaises dans le système éducatif du pays, il faut aller de l'enseignement supérieur vers le primaire et non l'inverse*. Plusieurs raisons nous font adopter cette stratégie. La première raison est que, tous nos prédécesseurs à l'Université, c'est-à-dire, tous ceux qui ont écrit un mémoire ou une thèse sur l'enseignement des langues camerounaises se sont, pour la plupart, arrêtés au niveau du primaire. Certains ont effleuré le premier cycle du Secondaire et pas plus. Comparons le système éducatif camerounais à une pyramide dont l'enseignement primaire serait la base, l'enseignement secondaire le milieu et l'enseignement supérieur le sommet. La quasi-totalité de ceux qui ont réfléchi jusqu'à nos jours à l'introduction des langues camerounaises dans l'enseignement part toujours de la base vers le sommet. Démarche fort compréhensible, naturelle, chronologique, raisonnable. Mais démarche de façade. Puisque nous sommes en linguistique, nous savons que chaque langue a une **structure profonde** et une **structure de surface**. La plupart de ceux qui ont réfléchi sur le sujet qui nous intéresse ici ont commencé par la structure de surface vers la structure profonde alors que le fonctionnement de la langue est exactement le contraire. La structure de surface est la réalisation de la structure profonde. Il est vrai que les deux structures s'influencent l'une l'autre. La structure de surface est pour nous comme la silhouette d'un être. On ne peut pas avoir la silhouette sans l'être qui en est l'origine. Mais on peut avoir un être sans sa silhouette, s'il n'y a pas assez de soleil. Dans tous les cas, pour nous, c'est par l'enseignement supérieur qu'il faut commencer pour mieux insérer nos langues maternelles dans le système éducatif national. D'ailleurs les auteurs du ***Défi de Babel au Cameroun***, ouvrage essentiel pour l'enseignement des langues nationales étaient tout près du but, (TADADJEU (dir.) 1990 : 178) :

« Nous proposons ci-dessous l'esquisse d'un objectif commun à poursuivre. Il s'agit en fait d'un double objectif de l'enseignement des langues nationales au niveau du secondaire et plus particulièrement dans le 1er cycle. On ne considérera le 2e cycle que quand le programme de Licence linguistique aura redémarré à l'Université ».

Deux observations sont à faire ici. Ces auteurs reconnaissent d'abord la nécessité d'un lien étroit, d'une collaboration directe entre l'Université et le Secondaire, et ensuite l'antériorité, la priorité, la primauté, l'obligation de commencer par l'Université avant le second cycle du secondaire. Nous avons dit qu'ils étaient près du but parce qu'ils auraient dû comprendre à cette heure-là que l'Université devait avoir le primat sur tout le reste, et qu'on ne devait même pas commencer au Primaire, ni au premier cycle du secondaire tant que l'Université n'était pas encore vraiment engagée à fond. Nos aînés pourront se targuer de dire que les langues nationales existent à l'Université depuis longtemps. Mais l'histoire chaotique de l'enseignement des langues nationales à l'Université de Yaoundé I montre que les langues camerounaises ne sont pas encore vraiment insérées de façon honorable et définitive dans cette mère des Universités camerounaises. Tantôt, on les tolère, après, elles sont suspendues sans explications, et réintroduites comme une quantité négligeable. Des 8 langues camerounaises inscrites au programme en 1978 : le basaa, le duala, l'ewondo, le fulfulde, le fe'fe', le ghomala, le medumba et le mungaka, il n'en reste que quatre en 2007 à savoir : le basaa, le duala, l'ewondo et le fulfulde. Ces quatre langues n'ont même pas le volume horaire qu'elles méritent. Dans ces conditions, qui peut sincèrement et honnêtement oser parler de la promotion des langues camerounaises à l'Université de Yaoundé I ? Or, si à Yaoundé I l'état des lieux est insatisfaisant, avec tout le personnel hautement qualifié en linguistique qui se trouve dans cette mère des Universités du Cameroun, la situation ne peut être que pire ailleurs dans les autres Universités d'État sur toute l'étendue du territoire national. Il faut donc commencer par balayer à sa propre porte. Les responsables et les enseignants des Universités au Cameroun doivent d'abord donner une place de choix aux langues camerounaises dans leurs Universités, s'ils veulent que les responsables et les enseignants des Lycées et Collèges et ceux des écoles primaires fassent de même. C'est lorsqu'un écolier, un lycéen, un collégien, un parent d'élève, un investisseur voit l'honneur que les langues camerounaises reçoivent à l'Université, qu'il est prêt à tout pour s'y investir à fond. Pourquoi l'a-t-on souvent négligé jusqu'ici ? C'est le ministère de l'Enseignement supérieur (MINESUP) qui a la clef de l'insertion des langues camerounaises dans le système éducatif du pays. C'est lorsque ces langues auront la place de choix qui leur revient dans l'enseignement supérieur : les Universités d'État, les Universités Privées et les Grandes Écoles qu'elles auront plus d'opportunité à intégrer les niveaux du Secondaire et du Primaire. En termes ministériels on dirait que le MINESUP doit apporter son appui, le savoir et le savoir-faire au MINESEC (ministère des Enseignements secondaires) et au MINEDUB (ministère de l'Éducation de base) pour la mise en œuvre de la politique gouvernementale relative à la promotion, la protection et le développement des langues nationales garante de l'identité culturelle du peuple camerounais.

Ce qui nous semble important à souligner, c'est qu'au lieu de vouloir d'abord mettre les langues nationales à l'école primaire, puis au Secondaire et enfin à l'Université, *il faut faire le chemin inverse*. Il faut commencer par introduire les langues camerounaises dans les Universités du pays et dans les Grandes Écoles, surtout à l'École Normale Supérieure (ENS) de façon stable, intéressante, gratifiante à tous les niveaux pour tous ceux qui s'y intéressent, étudiants, enseignants et personnel administratif pour leur assurer des conditions de travail agréables. Alors on aura assez de spécialistes qualifiés pour former à leur tour les enseignants des Lycées et Collèges et les maîtres des écoles primaires.

Il est vrai que les étudiants des Universités et des Grandes Écoles doivent au préalable être sûrs d'avoir du travail à la fin de leurs études avant de se former en langues camerounaises. Car, si la formation en langues camerounaises n'a pas de débouchés certains, personne ne va s'y précipiter. Pour répondre à cette objection justifiée, nous pensons que la Constitution camerounaise a déjà créé le travail en demandant d'œuvrer pour « *la promotion et la protection des langues nationales* ». Il s'agit maintenant de former les spécialistes qui vont travailler officiellement dans ce domaine.

En outre, comme objet de cette étude, nous voulons à notre tour tenter de convaincre les sceptiques qui sont encore nombreux et les amener à comprendre l'intérêt de l'enseignement des langues nationales, leurs langues maternelles, porteuses de leur culture et de leur identité. Il nous plaira aussi ici de mettre à la portée des décideurs que sont : le gouvernement, les responsables des Églises, les directeurs d'écoles, les parents, les étudiants… les solutions adéquates aux obstacles qu'ils rencontrent quant à l'enseignement et à l'apprentissage des langues camerounaises. Enfin, pour les élèves et autres apprenants eux-mêmes, nous voulons, dans ce travail, susciter la motivation nécessaire afin qu'ils s'engagent corps et âme dans cette révolution culturelle pour la constitution d'un nouveau type de Camerounais totalement ouverts au monde moderne par les deux langues officielles, mais aussi bien enracinés dans leurs cultures traditionnelles à l'aide des langues camerounaises. Les uns, découvriront ce qui est **en jeu** et les autres la **faisabilité** de cet ordre d'enseignement tant au niveau pédagogique qu'au niveau financier. Notre souhait final étant que les langues nationales soient officiellement insérées dans le système éducatif camerounais et que cette insertion soit une opération réussie pour le développement économique et le bien-être socioculturel des Camerounais. Il faut pour cela une politique linguistique réaliste et efficace. C'est tout le système éducatif camerounais à révolutionner qui est concerné par cette étude.

0.6- LA MÉTHODE

L'enseignement des langues camerounaises a déjà été abondamment traité. Travailler sur un tel sujet a beaucoup d'avantages, mais aussi des inconvénients. C'est avantageux de traiter un sujet qui a déjà passionné beaucoup de chercheurs. Le problème n'est pas inédit. Une abondante littérature de qualité existe. On n'est pas en manque de documents de référence. Mais justement, l'inconvénient de ce genre de sujet est que tout semble déjà avoir été dit. Que peut-on y apporter de nouveau ? Bien plus on y rencontre les idées les plus contradictoires, surtout dans les entretiens oraux qui sont importants, et dans l'attitude des responsables de l'éducation du pays. Une personne déclare que les langues camerounaises sont déjà enseignées dans les établissements du pays. Une autre personne demande de mettre les langues camerounaises dans l'enseignement. Parfois, c'est la même personne qui tient ces deux positions contradictoires d'après des objectifs différents. Par exemple, lorsqu'un militant de l'enseignement des langues nationales veut convaincre de la nécessité d'insérer ces langues dans le système éducatif, il dit qu'elles n'y sont pas encore. Mais lorsque la même personne veut recevoir des responsabilités importantes dans l'enseignement de ces langues, elle n'hésite pas à démontrer qu'elles sont déjà dans les établissements depuis longtemps et qu'elle a même participé à cet état des choses. Dans l'attitude des responsables de l'éducation dans le pays, se décèle un autre genre de contradiction entre le dire et le faire. Ils affirment, en paroles et par écrit, l'importance des langues et cultures nationales, mais aucun ne prend d'initiative réelle pour joindre la parole à l'acte. Les langues nationales n'ont la place qu'elles méritent dans aucun établissement, privé ou public, du pays. Quels démarche ou ensemble de démarches prendre pour sortir une fois pour toutes de ces contradictions ? Autrement dit, comment s'y prendre pour faire découvrir et démontrer la vérité au sujet de l'enseignement des langues camerounaises ? Partant du fait qu'il y a deux camps opposés au sujet de l'enseignement officiel des langues camerounaises : ceux qui sont pour et ceux qui sont contre, cette étude se présente comme une discussion qui réfute les idées contraires en vue d'emporter la conviction. Il est important, pour connaître la vérité dans un sujet aussi passionnant de confronter les idées pour retenir les plus justes. Nous avons opté pour la **méthode dialectique** à la manière de HEGEL. Notre esprit évoluera d'après la démarche de la *thèse-antithèse-synthèse*.

La première partie de ce travail sera notre **thèse** : Oui ! Il faut déjà insérer les langues nationales dans le système éducatif. Comme les plus grandes difficultés et objections viennent de la manière de réaliser cette insertion, la deuxième partie de cette étude va fonctionner comme une **antithèse** : Non ! On ne peut pas encore réintroduire les langues camerounaises dans l'enseignement à cause de tous les problèmes préalables qu'il faut d'abord résoudre et qui ne sont pas encore résolus. C'est alors que la troisième partie salvatrice vient joindre les oppositions en apportant la solution financière. Notre **synthèse** montre que l'ignorance des retombées financières de l'insertion des langues camerounaises dans le système éducatif est l'un des facteurs qui empêchent encore son démarrage effectif. Dès que tous verront l'intérêt économique de cette insertion, elle sera réalisée. Mais, ce n'est pas parce que ce travail a trois parties que la première sera l'affirmation, la seconde l'opposition et la troisième la synthèse. Non, c'est aussi à l'intérieur de chaque partie que cette dialectique fonctionnera. Car, le fait d'avoir une conviction n'empêche pas de reconnaître certaines vérités chez ses adversaires. D'ailleurs, dans une discussion de cette ampleur, aucun camp ne peut avoir totalement raison ou totalement tort dans tous ses arguments. L'examen minutieux des arguments permet de découvrir les points faibles de chaque position. Voilà pourquoi il a été dit que *les philosophes ont raison dans ce qu'ils affirment, mais tort dans ce qu'ils nient*. C'est la synthèse qui permet de démontrer de quel côté est la vérité, puisqu'elle existe quand même : la vérité. La méthode dialectique, un peu inhabituelle en linguistique, se justifie pour le cas spécifique de notre sujet dans la mesure où les opposants à l'enseignement des langues camerounaises ont des raisons qui ne sont pas à rejeter sans examen. Les personnes les plus convaincues peuvent cependant avoir des points faibles sur lesquels leurs adversaires ont raison. En plus, toutes les raisons avancées par les uns et les autres ne sont pas toujours linguistiques. Les interlocuteurs en présence font feu de tout bois. La méthode dialectique convient peut-être mieux en philosophie. Mais la philosophie étant l'amour de la sagesse et la recherche de la vérité, nous pensons qu'il y a de la philosophie dans la linguistique. La linguistique ne saurait donc être incompatible avec la dialectique. Platon (*le cratyle*) montre bien la place qu'occupe l'étude du langage dans la philosophie. Cependant, le danger de la méthode dialectique en linguistique est le risque de faire perdre au linguiste l'exigence de la plus grande neutralité que lui impose la linguistique scientifique, méfiante des spéculations, parce que concentrée sur l'observation des faits à la manière des sciences de la nature : biologie, géologie, zoologie.... Consciente de cela, et malgré le désir de convaincre les sceptiques, la présente étude évite les pièges du parti pris.

Pour avoir des éléments de travail, nous avons utilisé un ensemble de procédés disparates : une enquête, les résultats d'un sondage, la lecture critique de l'abondante documentation disponible sur le sujet et des interviews.

- l'enquête

L'enquête menée à l'ancien ministère de l'Économie et des Finances (MINEFI) avait pour objectif de voir le budget que l'État alloue pour les langues nationales et juger s'il n'est pas à revoir à la hausse à cause de l'importance de cet ordre d'enseignement. On peut même parler de fouille, car il s'agissait de fouiller dans les lignes budgétaires des ministères susceptibles d'avoir les langues nationales dans leur *feuille de route.*

- le sondage

Les résultats de l'enquête au MINEFI nous ont amené à reprendre les résultats du sondage que nous avions déjà réalisé en demandant à l'homme de la rue s'il est prêt à financer l'enseignement des langues nationales, si oui, combien peut-il donner, sinon pourquoi. (OWONA. À 1997 : 55-84).

- l'étude critique de la documentation

Il nous a fallu aussi prendre connaissance de la masse des documents à notre portée. L'une des difficultés majeures que nous avons rencontrée pour notre travail c'est que le sujet a déjà été assez traité. Ce qui rend des répétitions entre les différents auteurs inévitables. Et comme la plupart ont insisté sur le primaire, les mêmes idées sont brassées.

- les interviews

Nous avons enfin interviewé un certain nombre de personnes auprès de qui nous savions pouvoir recueillir des informations utiles par rapport à notre sujet. Et parmi les personnes rencontrées au cours de nos descentes sur le terrain pour l'enquête et les interviews, tout le monde croit savoir ce qu'il faut faire. Voilà pourquoi certaines rencontres se terminaient par un déploiement de gorges chaudes dans des joutes oratoires interminables. Somme toute, nous fûmes heureux de constater tant de passion déployée par les Camerounais au sujet de leurs langues maternelles. Ce constat a baissé l'anxiété devant les langues nationales dont nous croyions la mort imminente. Beaucoup de Camerounais adultes sont encore attachés passionnément à leurs langues maternelles, de telle sorte que, même si elles ne sont pas enseignées, ils les parleront encore pour longtemps. Cependant, c'est au niveau des jeunes générations que l'inquiétude est grande. À ce niveau, il y a un paradoxe qu'il faut noter : les parents veulent que leurs enfants parlent les langues locales, mais il y a une rupture dans la transmission de ces langues entre les générations comme l'a bien relevé BITJAA KODY (2004 : 340) :

> *Les langues camerounaises se meurent principalement à cause d'une panne de transmission intergénérationnelle. Les parents, surtout en milieu urbain, ne les transmettent plus à leurs enfants et 32 % des jeunes citadins, locuteurs natifs potentiels des langues locales abandonnent ainsi ces langues d'une génération à une autre, au profit du français, porteur de prestige social et d'intérêt économique.*

Comme on peut le constater, beaucoup d'enfants, surtout en zone urbaine, ne parlent pas les langues camerounaises de leurs parents. Ceci, loin de nous démotiver, nous encourage plutôt à ne pas baisser les bras dans notre combat pour l'insertion des langues camerounaises dans le système éducatif national. En plus, ce non-usage des langues camerounaises par les jeunes générations met au grand jour l'importance de la famille dans la transmission des langues. Tant que les parents ne se résolvent pas à communiquer avec leurs enfants en langues camerounaises, la survie de ces langues sera problématique. La pratique de la langue en famille attire par ailleurs l'attention sur l'importance de l'oral dans la vie des langues et par conséquent pour leur enseignement.

0.7- LE PLAN GLOBAL

Trois étapes principales forment alors l'ossature de cette recherche en conformité avec notre méthode dialectique.

La première étape s'étend sur les enjeux de l'insertion des langues camerounaises dans le système éducatif. Nous sommes d'avis qu'il faut enseigner les langues camerounaises, mais il faut développer les raisons de cet enseignement. ***Pourquoi insérer les langues camerounaises dans le système éducatif national ?*** Que ce soit au niveau du développement agricole, au plan politique, économique et culturel, les langues camerounaises apparaissent comme les vecteurs sûrs des connaissances, vecteurs à ne pas négliger. Sur le plan politique par exemple, dans un pays comme le Cameroun où une grande partie de la population ne parle ni français ni anglais, la démocratie est impossible sans l'usage des langues nationales. Mais beaucoup continuent à penser à tort que ces langues font le lit du tribalisme. Comment peut-on se servir des langues locales pour consolider l'unité nationale dans la diversité culturelle ? Voilà une question à laquelle nous répondons dans cette partie en parlant de la ***camepolyglottie*** qui désigne cette *aptitude à parler plusieurs langues camerounaises*. Cette partie lève un pan de voile sur les nombreux débouchés des diplômés en langues nationales. Nous y proposons même des projets de lois visant à valoriser nos langues en exigeant leur maîtrise pour certains postes de la fonction publique surtout en cette période de la mise en place de la décentralisation. Ce sont des éléments, pour une authentique révolution de la société camerounaise, qui sont présentés dans cette première partie où la plupart des ministères du pays sont passés en revue.

Après avoir expliqué les raisons de leur enseignement officiel pour essayer de convaincre même les plus sceptiques, la question qui en découle porte sur la faisabilité de cette opération : *comment faire pour réussir l'insertion des langues camerounaises dans le système éducatif national* ? Telle est la question à laquelle répond la deuxième partie de ce travail. Cette partie montre que chaque difficulté rencontrée pour l'enseignement des/en langues camerounaises peut trouver au moins une solution. Il s'agit seulement de choisir la plus efficace. Nous rappelons même dans cette partie que l'expérience de l'enseignement des langues camerounaises, de la Maternelle à l'Université en passant par les Collèges n'est pas une expérience inédite au Cameroun. L'action gouvernementale souhaitée serait aujourd'hui d'officialiser ce qui se fait déjà *officieusement* sur le terrain depuis des décennies, ou de reprendre en améliorant ce qui était déjà fait *officiellement* au temps de la colonisation où les langues camerounaises avaient encore droit de cité dans les écoles camerounaises. Ce ne sont pas les compétences qui manquent à ce niveau, on peut affirmer sans risque de se tromper qu'il y a beaucoup d'éminences grises dans le domaine linguistique qui ne demandent qu'à être sollicitées pour apporter leur contribution à la mise en pratique d'une politique linguistique camerounaise adéquate.

Il faut cependant annoncer que cette partie freine aussi les ardeurs de ceux qui sont très pressés et qui voudraient déjà voir beaucoup de langues camerounaises enseignées à tous les niveaux et n'importe comment. La vérité étant que tous ceux qui militent pour l'insertion des langues camerounaises dans le système éducatif ne sont pas toujours exigeants avec eux-mêmes et ils ne sont pas toujours scientifiquement rigoureux. Certains ici veulent seulement que leur langue soit enseignée même si elle ne remplit pas toutes les conditions requises. Voilà pourquoi cette deuxième étape de notre recherche refroidit un peu l'enthousiasme en déployant les conditions requises pour qu'une langue soit insérée dans le système éducatif national. Il n'est pas question de bricoler l'enseignement des langues camerounaises. Cette partie est vraiment une antithèse, car elle déconseille, décourage, renvoie et refuse même l'insertion scolaire de certaines langues camerounaises qui ne le méritent pas à cause de leur faible poids numérique, leur manque total d'ouvrages pédagogiques et le peu d'intérêt économique qu'on aura à investir sur elles par rapport à d'autres langues camerounaises mieux nanties.

La troisième et dernière partie de notre recherche s'étend sur l'épineux problème des coûts de l'enseignement des/en langues camerounaises. *Combien coûtera l'insertion des langues camerounaises dans le système éducatif national* ? Telle est la question qui clôturera notre recherche. En réalité, cette partie veut démontrer que les langues nationales sont une grande entreprise industrielle et commerciale pour le Cameroun. Il y a des dépenses à consentir pour des investissements de toutes sortes allant de la confection des manuels jusqu'à la formation des élèves et de leurs enseignants. Mais, les gains sont tellement supérieurs aux dépenses qu'il serait désastreux de ne pas exploiter ce filon d'or que constituent les langues camerounaises. Sur les origines du langage humain, chacun a sa position. On peut penser qu'il est d'origine divine, pourquoi pas ? Avec toutes les richesses que nous décelons contenues dans le langage humain, dans cette dernière étape relative aux questions financières, nous avons fini par qualifier les langues camerounaises d'*or divin,* en considérant tous les avantages que nous devons y tirer. Les langues nationales non aménagées ressemblent à un gisement d'or non exploité. Cette dernière étape décrit les conditions du développement des langues camerounaises pour en faire de véritables ingrédients dans la lutte pour le développement. Leur modernisation est un atout économique énorme pour un développement harmonieux et durable pour tout le pays. Et presque chaque Camerounais y trouvera son compte. L'insertion des langues camerounaises dans le système éducatif est un secteur tellement créateur d'emplois que le temps perdu en discussions théoriques sur cette insertion constitue même déjà un manque à gagner pour tout le pays et à plusieurs niveaux. Cette troisième partie se propose de nous le démontrer. Plus le temps passe, plus la situation linguistique nationale évolue et change. Les atouts peuvent se perdre. Une langue qui avait déjà un grand nombre de locuteurs, une quantité appréciable d'ouvrages pédagogiques, des enseignants compétents et en quantité suffisante, peut voir cette situation enviable changée à ses dépens avec les décès de ses enseignants, la diminution du nombre de ses locuteurs (surtout de nos jours où les jeunes ne parlent pas toujours les langues camerounaises) et le vieillissement de ses manuels didactiques. Or, l'insertion d'une langue dans le système éducatif national est une promotion académique et scientifique qui lui donne une santé économique et assure ainsi sa longévité en augmentant son espérance de vie. L'insertion officielle des langues camerounaises dans le système éducatif national est un facteur de développement de l'industrie linguistique camerounaise, atout incontournable dans la lutte contre la pauvreté et le chômage que mène le gouvernement camerounais.

PREMIÈRE PARTIE

LES ENJEUX DE L'INSERTION DES LANGUES CAMEROUNAISES DANS LE SYSTÈME ÉDUCATIF NATIONAL

INTRODUCTION

Quel est l'intérêt d'enseigner les langues camerounaises ? Qu'est-ce qui est en jeu dans l'enseignement des langues camerounaises par le système éducatif national ? Quelles sont les raisons qui militent pour l'insertion officielle des langues camerounaises dans le système éducatif national ? Avant de répondre à toutes ces questions, un rappel historique de l'enseignement des langues camerounaises s'impose. Pour faciliter la lecture et la compréhension de cette étude, nous précisons qu'une **langue camerounaise** est pour nous une **langue d'origine camerounaise**. Le terme « langue camerounaise » est ici synonyme de « **langue nationale** » pour signifier que c'est une langue qui a pour origine la nation camerounaise. Contrairement au français et à l'anglais qui sont des langues d'origine étrangère au Cameroun tout comme l'allemand, l'espagnol, le portugais… Ainsi « *langue camerounaise, langue nationale, langue maternelle, langue locale, langue traditionnelle* » seront des synonymes tout au long de ce travail.

CHAPITRE 1

L'HISTOIRE DE L'ENSEIGNEMENT DES LANGUES CAMEROUNAISES

L'enseignement des langues camerounaises a suivi une courbe régressive au Cameroun. Admises à l'école par les administrateurs allemands, après les missionnaires anglais Joseph MERRECK et Alfred SAKER qui ont ouvert des écoles de duala avant eux, les langues nationales seront tolérées par les administrateurs anglais et français, puis finalement retirées et interdites à l'école par ces derniers. L'histoire de cette aventure incertaine des langues camerounaises dans l'enseignement mérite une attention particulière pour les éducateurs.

1.1.1. Avant l'Indépendance

1.1.1.1. Les langues camerounaises sous le protectorat allemand

En ce qui concerne l'insertion des langues nationales dans le système éducatif au Cameroun, il serait plus juste, historiquement, de parler aujourd'hui de la « **réinsertion** », car, à l'époque allemande, avant l'indépendance, les langues nationales avaient droit de cité dans les écoles au Cameroun comme l'affirme Zachée Denis BITJA'A KODY in MENDO ZE (dir.) (1999 : 81).

Le français et l'anglais sont officiellement introduits au Cameroun le 6 mars 1916 (MVENG 1985 : 117) après la campagne victorieuse des forces franco-britanniques sur les Allemands. Ces deux nouvelles langues trouvent en place 248 langues locales dont cinq, à savoir, le bulu, le duala, le bali, le basaa, et l'ewondo, étaient utilisées comme langues d'enseignement et d'évangélisation par les missionnaires allemands et presbytériens américains.

Ainsi, à l'arrivée des Allemands au Cameroun, personne ne connaissait la langue allemande. Au lieu de choisir une des langues nationales camerounaises pour en faire une langue officielle, les Allemands ont choisi d'imposer l'allemand qu'aucun Camerounais ne maîtrisait. Mais quelques langues camerounaises étaient officiellement enseignées dans des écoles au Cameroun à l'époque allemande.

Dans l'histoire linguistique du Cameroun, les colons européens arrivant dans ce pays où personne ne savait parler leurs langues ont utilisé les langues nationales pour se faire comprendre. L'administration aurait été impossible pour eux dans l'immédiat s'ils voulaient d'abord apprendre aux Camerounais les langues européennes ou apprendre d'abord eux-mêmes les langues camerounaises. Ils ont utilisé des Camerounais qu'ils ont dû former assez rapidement comme interprètes.

Sans entrer ici dans les méandres de l'utilisation coloniale des langues africaines, il faut cependant remarquer le réalisme des colons. Ils ont compris que l'administration en terre africaine était impossible sans les langues africaines. Comment se fait-il qu'après eux, certains administrateurs africains puissent croire à une administration en Afrique sans les langues africaines ? Pour ce qui est du cas du Cameroun, ses administrateurs paraissent de plus en plus éclairés, d'où leur préoccupation pour les langues nationales ou les langues camerounaises dont ils se disent même *fiers*[1].

La situation des langues nationales va empirer après la défaite des Allemands. Avec l'arrivée des Français, va commencer une véritable campagne de *cameglottocidie* : un véritable massacre des langues camerounaises.

1.1.1.2. Les langues camerounaises sous la tutelle française

Lorsque les Français prennent la relève des Allemands au Cameroun oriental après la Première Guerre mondiale, ils trouvent qu'une poignée de Camerounais parlent déjà allemand. Ils ont choisi de mettre le français à la place de l'allemand. Ce qui se comprend aisément : ces Français ne parlaient pas l'allemand. On remarque que l'administrateur utilise toujours sa langue pour gouverner son territoire. Les Allemands ont utilisé l'allemand, les Français, le français. C'est logique. C'est ainsi que l'histoire éducative du Cameroun va évacuer les langues nationales dans les établissements publics et privés pour ne garder que les langues européennes. Voici une recommandation de la conférence de Brazzaville en son alinéa 3 allant dans le sens de la plus large expansion du français au détriment des langues locales en Afrique Équatoriale Française, texte difficile à digérer aujourd'hui cité par BITJA'A KODY in MENDO ZE (dir.) (1999 : 84) :

> *L'enseignement doit être donné en langue française, l'emploi pédagogique des dialectes locaux parlés étant absolument interdit aussi bien dans les écoles privées que dans les écoles publiques.*

Il existe bien d'autres textes coloniaux qu'il serait fastidieux de reproduire ici qui vont dans le même sens. Contentons-nous de celui cité ci-dessus qui montre brièvement comment les langues camerounaises ont été déguerpies des écoles camerounaises sans ménagement avant l'indépendance du pays par les colonisateurs français.

1.1.2. Après l'Indépendance

Ce qui est alors incompréhensible c'est le fait de constater qu'au moment de l'indépendance du Cameroun, lorsque les Camerounais eux-mêmes ont pris le pouvoir, on se serait attendu que les administrateurs camerounais utilisent aussi les langues camerounaises pour gouverner les Camerounais. Mais, non, c'est le

---

[1] Préambule de la Constitution du Cameroun de janvier 1996

français qui est devenu la langue officielle de la partie du Cameroun sous tutelle française, n'est-ce pas illogique ? Les administrateurs allemands ont utilisé l'allemand, une de leurs langues nationales, pour gouverner le Cameroun. Les administrateurs français ont utilisé le français, leur langue nationale, pour gouverner le Cameroun. Pourquoi les administrateurs camerounais n'ont-ils pas utilisé une de leurs langues nationales pour gouverner le Cameroun ? En choisissant le français et l'anglais, étaient-ils vraiment les maîtres de la situation à cette époque-là ? Est-ce tout simplement la preuve linguistique que ce sont les Anglais et surtout les Français qui continuaient à gouverner le Cameroun à travers des Camerounais qu'ils avaient eux-mêmes mis en place ? Car chaque administrateur utilisant sa langue pour administrer son territoire, les administrateurs camerounais après l'indépendance du 1er janvier 1960 auraient utilisé une ou plusieurs langues camerounaises pour administrer le Cameroun.

Voilà un débat à caractère politique qui mérite d'être creusé, mais pour lequel nous n'avons ni la compétence requise ni l'espace nécessaire ici pour le traiter avec une rigueur scientifique appréciable. Par ailleurs, ce débat nous semble un peu périmé, car nous assistons de nos jours à une *vraie révolution éducative* avec la volonté des hautes autorités du pays, de réintroduire officiellement les langues nationales dans le système éducatif camerounais.

Seulement, pour que l'insertion officielle des langues nationales dans le système éducatif camerounais soit une réussite, elle doit partir des expériences antérieures pour en corriger les défauts afin de mettre toutes les chances de son côté. Raison pour laquelle nous devons rappeler l'initiative du Collège Libermann à Douala, voir son extension dans d'autres établissements du pays avant d'en arriver à l'expérience PROPELCA.

1.1.2.1. L'Initiative du Collège Libermann et son extension

En 1966, le collège Libermann, alors dirigé par les Jésuites, plus précisément par un Camerounais le Révérend Père Pierre MENRAD HEBGA, prend l'initiative d'insérer les langues nationales dans son programme éducatif. L'objectif est (entre autres) de permettre aux élèves non seulement de renouer de façon positive avec leur culture nationale, mais aussi, et surtout de les ouvrir à la culture des autres Camerounais.

Cette initiative du Collège Libermann va faire tache d'huile dans le système éducatif camerounais de telle sorte que d'autres collèges tenteront l'aventure notamment le Collège de la Retraite à Yaoundé et d'autres encore. Et l'Université de Yaoundé va lancer en 1981 l'expérience PROPELCA.

1.1.2.2. L'Expérience du Programme de Recherche Opérationnelle pour l'Enseignement des Langues au Cameroun (PROPELCA)

Réfléchir sur la manière d'insérer les langues nationales dans le système éducatif au Cameroun n'est pas nouveau. On peut même dire que tout ou presque tout semble déjà avoir été dit. L'enseignement des langues nationales en complémentarité ou en partenariat avec les langues officielles a déjà fait couler beaucoup d'encre au Cameroun. C'est la raison d'être du programme PROPELCA dont voici les réalisations. En 1979, il a mis sur pied les principes pour l'harmonisation des systèmes d'écriture des langues camerounaises par la publication de l'AGLC (Alphabet Général des Langues Camerounaises) édité en français et en anglais. En 1980, commencent les premières classes expérimentales d'enseignement bilingue en langues officielles au niveau du secondaire. L'année 1981 voit la mise en route des premières classes expérimentales d'enseignement des langues nationales à l'école primaire. Il s'agit notamment de l'ewondo et du lamso. Et en 1982 s'ajouteront le duala et le fe'fe'. Il faut dire qu'en tout sept langues furent choisies pour cet enseignement expérimental : basaa, duala, ewondo, fe'fe', fulfulde, ghomala et le lamso. Le Projet a mis sur pied quatre modèles pour l'enseignement des langues au Cameroun. Presque tous les aspects de l'enseignement des langues sont abordés dans ce Projet devenu Programme du Bilinguisme officiel, français/anglais (Modèles 1) à l'enseignement de la langue maternelle à la Maternelle (Modèle 4), en passant par l'enseignement des langues nationales à l'école primaire (Modèle 2) et au Secondaire (Modèle 3).

Conclusion sur l'histoire de l'enseignement des langues nationales au Cameroun

Les langues nationales ont été enseignées dans des écoles primaires au Cameroun avant l'indépendance, notamment par les missionnaires allemands. Les Français, vainqueurs des Allemands, ont supprimé l'enseignement des langues camerounaises dans toutes les écoles, privées et publiques. Après l'indépendance, en 1966, le secondaire a pris la relève de cet enseignement en commençant par le Collège Libermann à Douala. Il est heureux de constater qu'aujourd'hui, les administrateurs camerounais se proposent enfin de prendre leurs responsabilités en faveur des langues nationales. Et mieux que leurs prédécesseurs européens, ils ne veulent pas perdre le ***pré acquis*** linguistique existant, ils gardent le français et l'anglais comme héritage colonial dont ils sont fiers, à juste titre.

CHAPITRE 2

LA NÉCESSITÉ DE L'INSERTION DES LANGUES CAMEROUNAISES DANS LE SYSTÈME ÉDUCATIF NATIONAL

Les raisons qui militent en faveur de l'insertion des langues nationales dans le système éducatif camerounais aujourd'hui sont nombreuses : la mise en application de la Constitution, les nécessités pédagogiques, l'intérêt de sauvegarder notre culture, les recherches pour le développement économique, les obligations de la communication, le service des partis politiques, les motifs religieux, etc. Voilà quelques raisons et bien d'autres encore qui montrent la nécessité de l'enseignement des langues camerounaises.

Développons ces raisons pour essayer de convaincre ceux qui ne verraient pas encore l'urgence de cet enseignement.

1.2.1- La promotion des langues nationales : mission régalienne de l'État

La première raison pour laquelle l'État camerounais doit promouvoir les langues camerounaises est constitutionnelle. C'est la Constitution du pays qui le recommande. À l'État, en tant qu'autorité souveraine s'exerçant sur l'ensemble d'un peuple et d'un territoire déterminés, revient en premier chef la responsabilité de veiller à l'application de la Constitution. Et c'est aussi un devoir pour tous les citoyens d'appliquer les lois constitutionnelles. Les hommes politiques et le gouvernement ont alors la mission de montrer le bon exemple à la face de la nation et du monde. Voyons d'abord ce que dit littéralement la Constitution à propos des langues nationales. Ensuite, nous constaterons ce qu'en pensent les hommes politiques camerounais. Enfin, nous apprécierons comment le gouvernement applique ou peut appliquer ces dispositions de la Constitution en faveur des langues. C'est l'État camerounais qui en sortira valorisé.

1.2.1.1- La raison constitutionnelle

La Constitution prône la protection et la promotion des langues nationales. Il n'y a pas une autre manière pour mieux promouvoir les langues nationales que de les enseigner dans les établissements scolaires du pays. Cet enseignement provoquera l'aménagement du corpus et du statut de ces langues, ce qui va contribuer efficacement à leur développement pour le plus grand bien des populations qui les parlent. Les hommes politiques et le gouvernement camerounais œuvrent de plus en plus pour appliquer ces recommandations de la Constitution en faveur des langues nationales. Le *préambule* de la Constitution de la République du Cameroun du 18 janvier 1996 commence en ces termes :

> *Le Peuple camerounais, fier de sa diversité linguistique et culturelle, élément de sa personnalité nationale qu'elle contribue à enrichir, mais parfaitement conscient de la nécessité impérieuse de parfaire son unité, proclame solennellement qu'il constitue une seule et même nation...*

La *diversité linguistique* qui a souvent été vue comme un handicap à l'unité nationale et pour la communication au Cameroun est considérée par la Constitution comme un élément de fierté. Cela mérite d'être souligné pour permettre à tous ceux des Camerounais qui hésitent encore à utiliser leurs langues nationales à l'intérieur comme à l'extérieur du pays de sortir de leur pusillanimité. La Constitution du pays autorise et encourage l'usage des langues nationales.

Et voici l'essentiel, au n° 3 de *l'article premier du Titre Premier* de notre Constitution **(Loi n° 96/06 du 18 janvier 1996 portant révision de la Constitution du 2 juin 1972)** où il est écrit :

> *La République du Cameroun adopte l'anglais et le français comme langues officielles d'égale valeur. Elle garantit la promotion du bilinguisme sur toute l'étendue du territoire.*
>
> *Elle œuvre pour la protection et la promotion des langues nationales.*

Est-ce que les *langues d'adoption* peuvent avoir le droit de tuer les *langues légitimes* ? Les Camerounais n'ont pas de raison de délaisser les langues nationales pour s'occuper des seules langues officielles, les deux types de langues sont reconnus par la Constitution en vigueur. Chacun de ces deux types de langue est utile aux Camerounais d'aujourd'hui et surtout de demain. Dans le processus de la mondialisation, chaque peuple doit enrichir les autres par son originalité. L'Afrique a, ne serait-ce que sa spécificité culturelle, à apporter. Le Cameroun qui est déjà l'Afrique en miniature doit réaliser cette heureuse rencontre des cultures tant souhaitée sur son triangle national.

Présentation des lois et décrets relatifs aux langues nationales

La plupart des opposants à l'insertion officielle des langues nationales dans le système éducatif camerounais sont inconsciemment des « **hors-la-loi** ». Car, même si « *Nul n'est censé ignorer la loi* », beaucoup de ceux qui refusent l'enseignement des langues camerounaises ignorent les lois du pays en la matière. Nous allons donc passer en revue toutes les lois, décrets et autres décisions gouvernementales qui sont à notre disposition pour convaincre une fois pour toutes tous les sceptiques. Nous sommes convaincu de l'impossibilité d'éliminer toute opposition à ce sujet. Car, il y en a qui ont tellement de raisons et d'intérêts pour être contre la promotion des langues nationales, qu'il est impossible de leur faire changer d'avis. Nous voulons par cet arsenal de lois leur faire comprendre que ce ne sont pas les textes législatifs qui manquent en faveur des langues nationales. Et il convient de souligner aussi que ce sont les militants pour l'enseignement des langues nationales qui sont dans la légalité et non pas leurs opposants. Autrement dit, c'est ceux qui refusent l'enseignement des langues nationales qu'il faut harceler de questions pour qu'ils justifient leur position illégale et non pas à eux de s'en prendre à ceux qui veulent appliquer les lois et la Constitution.

D'autre part, il faut rappeler aux militants des langues nationales qu'il n'est pas question de baisser la garde, quelles que soient les difficultés. Aucune révolution ne se passe dans la béatitude. Même Jésus, le prince de la paix a dû payer de son sang pour sauver son peuple de la tyrannie des oppresseurs. Il n'y a pas à démissionner devant l'appel de l'histoire qui veut sortir les langues camerounaises de leur sous-développement.

Quant aux rédacteurs des textes législatifs que nous allons lire, nous leur demandons d'aller jusqu'au bout de la tâche. Nul ne saurait édicter une loi et être le premier à ne pas l'appliquer. Aucun serviteur sérieux ne peut recevoir un ordre de sa hiérarchie et ne pas s'empresser de l'appliquer. Comment se fait-il qu'il y ait tant de lois et décrets en faveur de l'enseignement des langues nationales et que rien de conséquent ne se fasse sur le terrain ? Est-ce que c'est ceux qui font ces textes qui doivent encore faire les textes d'application pour que la situation évolue ? Si c'est le cas, qu'attendent-ils pour les faire ? Est-il inconcevable qu'une loi soit suivie d'assez près de son texte d'application ? Si c'est d'autres qui doivent produire les textes d'application, qu'est-ce qui les retient ? Pourquoi les responsables de l'éducation au Cameroun ne peuvent pas commencer à exploiter concrètement les lois en faveur de l'insertion officielle des langues camerounaises dans le système éducatif du pays en attendant les textes d'application ? C'est notre ignorance du fonctionnement politique de ce pays qui nous fait poser toutes ces questions. Mais nous aimerons tout de même savoir ce qui empêche encore le gouvernement camerounais à faire appliquer ses propres lois en faveur des langues nationales. Suffit-il de dire seulement ? Voyons maintenant ces lois dont il est question :

- La loi n° 98/004 du 14 avril 1998 d'Orientation de l'Éducation au Cameroun ;
- En 2004, il y a eu un Décret portant sur l'enseignement des langues nationales. Il s'agit du **Décret n° 2004/0660 du 31 mars 2004 portant organisation du ministère de l'Éducation nationale.**
- La **loi n° 2004/ 018 du 22 juillet 2004 fixant les règles applicables aux communes**
- Enfin, la **Loi n° 2004/019 du 22 juillet 2004 fixant les règles applicables aux régions.**

Voilà de façon approfondie comment se présente la politique linguistique camerounaise au sujet des langues nationales dans les textes constitutionnels, les décrets et les lois. Ce ne sont pas des lois et des décrets relatifs à l'enseignement officiel des langues camerounaises qui manquent. C'est plutôt des textes d'application de ces lois. Il apparaît clairement deux volets essentiels dans la politique linguistique du Cameroun :

- le Bilinguisme officiel (français et anglais)
- la promotion des langues nationales.

Ainsi travailler pour la promotion, la protection, le développement et l'enseignement des langues nationales à l'école n'est pas une opération anticonstitutionnelle. Bien au contraire, c'est appliquer la loi camerounaise en matière de politique linguistique que de promouvoir les langues nationales. Cependant, force est de constater que la loi camerounaise n'est pas connue par tous les citoyens du pays. C'est la raison pour laquelle certains Camerounais ne font pas toujours ce qui est en leur pouvoir pour la promotion, la protection et l'enseignement des langues nationales à l'école.

Voilà pourquoi ces textes constitutionnels doivent être vulgarisés pour leur mise en application, surtout au niveau de l'éducation dans l'enseignement primaire, secondaire et supérieur où sont formés les citoyens de demain.

Or, de tous les intervenants du système éducatif, l'homme politique est incontournable. Les textes législatifs peuvent bien exister, mais encore il faut une décision politique pour les appliquer. Lorsque les hommes politiques qui détiennent les rênes du pouvoir ne sont pas convaincus de l'opportunité d'une action, ils peuvent toujours en différer l'application quoiqu'en disent les textes constitutionnels. Ils peuvent même modifier, changer, ignorer les textes qu'ils jugent non opportuns.

Pire encore si ceux qui ont le pouvoir politique sont contre un texte, on peut être certain que celui-là ne sera jamais appliqué même s'il a l'aval d'une frange non négligeable de la population.

Nous venons de voir que la loi camerounaise est plutôt favorable à la promotion et à l'enseignement des langues nationales à côté des langues étrangères que sont le français, l'anglais, le chinois, l'allemand, le japonais... Il convient maintenant de voir si les hommes politiques du Cameroun sont au service de la Constitution ou non en ce qui concerne la politique linguistique prônée par les textes législatifs. Car, on peut déclarer une chose dans les textes officiels et faire une autre ou même le contraire dans la réalité.

Que pensent les hommes politiques camerounais de la politique linguistique de leur pays ?

1.2.1.2- La Raison politique ou les hommes politiques camerounais face aux langues nationales

La deuxième raison d'insérer les langues nationales dans le système éducatif au Cameroun est que les responsables politiques locaux ne sont pas contre, bien plus, ils sont pour cette insertion. C'est ce que nous démontrons dans les lignes qui suivent.

Ainsi, le plus grand bénéficiaire de l'insertion des langues camerounaises dans le système éducatif n'est autre que l'administration camerounaise. Cette dernière aura enfin ces citoyens tant rêvés qui sont bien enracinés dans leurs cultures nationales au moyen des langues nationales, mais en même temps ouverts au monde au moyen des langues officielles. Quelle belle théorie de politique linguistique que celle du Cameroun qui vise l'enracinement dans les cultures camerounaises à l'aide des *langues camerounaises* et l'ouverture au monde grâce aux *langues officielles*. Mais, il ne faut pas se contenter de la théorie et des discours, il s'agit maintenant de passer aux actes en mettant la théorie en pratique.

Si la définition la plus populaire de la démocratie est *« le gouvernement du peuple par le peuple et pour le peuple »,* au Cameroun par exemple, la démocratie est difficilement réalisable sans les langues nationales. La majorité de la population camerounaise est analphabète et vit dans les villages. Or, on ne peut pas faire de politique, du moins si l'on se veut démocrate, sans donner la parole au peuple. Celui-ci doit comprendre les priorités de ceux à qui il a confié le pouvoir et dire ce qu'il pense des élus et de leurs priorités. La vraie démocratie tient compte des minorités, ne serait-ce que pour leur expliquer en quoi certaines de leurs doléances iraient contre l'intérêt général de la majorité. Dans tous les cas, il faut donner la parole au peuple et l'écouter. S'il en est ainsi, comment la majorité paysanne camerounaise peut-elle participer effectivement et efficacement au développement du pays si tout ce qui est important n'est dit que dans des langues étrangères sans tenir compte sérieusement de tous ces analphabètes qui sont encore très nombreux au Cameroun en comptant aussi les pygmées ? Voilà l'une des raisons pour lesquelles les autorités politiques camerounaises insistent aujourd'hui, plus que par le passé, sur l'importance des langues camerounaises et prônent leur valorisation en même temps que le français et l'anglais comme le stipule la Constitution.

L'intérêt de scruter minutieusement les relations entre les deux sciences que sont la politique et la linguistique peut donner naissance à une nouvelle science humaine : **la politique linguistique.**

Plusieurs hommes politiques camerounais se sont maintes fois exprimés sur la manière qu'ils aimeraient voir les langues officielles du Cameroun fonctionner en collaboration avec les langues nationales.

Dans son ouvrage *Pour le libéralisme communautaire*, le Président de la République du Cameroun Paul BIYA (1986 : 116-117) est suffisamment clair et résume ainsi la politique linguistique camerounaise :

> *Les linguistes camerounais ont dénombré deux cent trente-six langues parmi lesquelles une centaine de langues standardisables. D'aucuns ont tenté de se servir de cette diversité pour diviser les Camerounais. Je considère plutôt notre diversité linguistique comme un privilège culturel.*

Tels sont les propos du premier homme politique camerounais actuel en matière de politique linguistique nationale. D'autres politiciens du pays peuvent y faire des ajouts qui ne changeront rien de déterminant quand au fond. Autrement dit, les responsables politiques camerounais sont en accord avec la Constitution du pays qui prône le bilinguisme officiel et la promotion des langues nationales. Mais, il ne suffit pas de dire, il faut mettre en pratique ce que l'on dit.

Dans le monde moderne où **le chômage est un problème social sérieux** pour les gouvernements, trouver un secteur porteur comme celui de la promotion des langues nationales, créateur de tant d'emplois est une opportunité à ne pas négliger. Les langues nationales vont ouvrir les jeunes camerounais à leur culture et les recherches de toutes sortes verront le jour. La promotion des langues nationales est une préparation lointaine de grandes découvertes scientifiques. Le fait d'étudier les langues africaines ne signifie nullement aller contre la modernité et le progrès. Bien au contraire, l'étude approfondie des langues africaines est le chemin royal de l'entrée de l'Afrique dans la société moderne en partenaire et non plus seulement en consommatrice. Les futurs Camerounais qui seront formés ainsi, enracinés dans leur culture nationale, mais ouverts au monde international, seront demain mieux outillés que tous ceux des pays monolingues. D'ailleurs le nombre de pays entièrement monolingues (s'il en existe) va aller décroissant parce que le monde moderne tend au multilinguisme. Si même dans la langue française, les mots comme *week-end* (fin de semaine) ont trouvé leur place officielle, c'est dire que rares sont les nations qui vont se fermer sur elles-mêmes en utilisant uniquement une seule langue.

Ainsi, loin de se plaindre de la multiplicité des langues nationales camerounaises, il faut plutôt en être fier et savoir gérer cette richesse linguistique au lieu de la prendre pour un handicap à l'unité nationale. Travailler sur les langues camerounaises ouvre sur les chemins de l'unité dans la diversité que le monde entier est invité à explorer pour respecter les particularismes des peuples et les singularités des individus tout en préservant la cohésion de l'ensemble du monde dans la concorde et la paix. Une meilleure connaissance des langues camerounaises, loin de détruire l'unité nationale, la consolidera plutôt en l'enrichissant. C'est l'un des enjeux de notre travail : **l'enjeu social**. Il s'agit pour nous de prouver, s'il en était encore besoin, que la promotion des langues nationales est un facteur d'unité et non pas de division. Pour bien le comprendre, il faut parler plus d'une langue camerounaise. Car on se sent mieux intégré dans un pays lorsque l'on parle la langue de ce pays. Si l'on est plus à l'aise au Cameroun en parlant une langue camerounaise qu'en parlant français ou anglais, espagnol ou allemand, qu'en sera-t-il si plusieurs Camerounais pouvaient parler plusieurs langues camerounaises à la fois. Assurément, ceux-là se sentiront Camerounais un peu partout dans le pays et seront mieux intégrés dans la société camerounaise qui est multilingue. Ce qui est réalisable par une politique linguistique adéquate.

CHAPITRE 3

LES CAUSES DE L'ÉCHEC DE L'INSERTION DES LANGUES CAMEROUNAISES DANS LE SYSTÈME ÉDUCATIF

Si les langues nationales sont si importantes pour le développement de leur pays, qui doit décider du démarrage effectif de leur enseignement ? Car, au Cameroun par exemple, la plupart des décideurs, gouvernement (par la Constitution), les ministères concernés par l'éducation (par les lois d'orientation), les parents, les directeurs des établissements, les élèves... tous les partenaires de l'éducation semblent en grande majorité d'accord pour enseigner les langues camerounaises aux jeunes Camerounais. Dans un pays démocratique, dès que la grande majorité de la population est pour une décision, celle-ci doit se réaliser. Mais qu'est-ce qui empêche encore le début effectif des cours en langues nationales au Cameroun ?

Cette question mérite d'être posée et nécessite une réponse claire.

Nous voyons deux groupes d'obstacles : les obstacles externes et les obstacles internes.

1.3.1- Les causes externes

Le racisme, le colonialisme, l'impérialisme, l'européanisme... tous ces termes désignent des maux dont souffre encore l'Afrique. Cela se vérifie dans beaucoup de domaines : économique, politique et social. Penchons-nous uniquement sur le domaine linguistique pour voir que l'impérialisme européen passe souvent par les langues pour atteindre ses objectifs qui se résument en la domination du monde.

Les pays qui ont colonisé tour à tour le Cameroun ont toujours eu recours à leur langue pour asseoir leur domination. Cela s'est vérifié lors de l'administration du Cameroun par les Allemands, les Anglais et les Français. Il faut noter pour le déplorer que l'impact négatif de ces puissances coloniales est sensible aujourd'hui encore ne serait-ce que dans le système éducatif où seules les langues coloniales ont droit de cité. Et elles, seules apparaissent aux examens officiels. Ce qui revient à dire que si un Camerounais n'a pas de compétence linguistique suffisante dans les langues des anciens colons du Cameroun, il ne peut postuler à aucun poste honorable dans la fonction publique dans son pays. Comment est-ce qu'un État souverain peut renoncer à l'usage de toutes ses langues nationales au profit des langues étrangères ?

Cependant, il faut reconnaître que cette domination des langues et cultures étrangères ne serait pas si destructrice pour les langues et cultures camerounaises si elle ne rencontrait pas un soutien inconditionnel et aveugle à l'intérieur du pays.

1.3.2- Les causes internes

Le sentiment d'infériorité de l'homme noir, le souci de jouer au *bon nègre*, la supériorité et la puissance économique de l'Occident, la vente réussie de l'image de marque de l'Europe en Afrique, la peur des représailles de toutes sortes qui n'excluent pas l'évacuation au pouvoir, ni l'élimination physique, les flatteries de toutes sortes allant des promotions individuelles et ethniques jusqu'aux subventions financières variées... Tout cela fait de certains Africains des hommes et des femmes occidentalisés jusqu'à la moelle et qui ne sont en réalité *noirs* que de peau et cherchent à être *blancs* de culture. Voilà la base d'un comportement antipatriotique qui fait que beaucoup de Camerounais s'opposent catégoriquement et en toute bonne conscience à la promotion des langues nationales parce qu'ils n'y voient qu'un retour en arrière, à la barbarie. Ils ont tellement bien appris la leçon de l'infériorité de l'homme noir par rapport à l'homme blanc qu'ils ont en horreur tout ce qui rappelle leur noirceur. Ils vont jusqu'à vouloir changer la couleur de leur peau. On ne peut donc pas s'étonner que les langues nationales ne soient pas encore enseignées officiellement à tous les niveaux de l'éducation au Cameroun étant donné que ces Camerounais, honteux de leur culture, sont encore très nombreux dans le pays et à tous les niveaux de la hiérarchie.

Pour bien comprendre l'origine profonde du sentiment d'infériorité dont souffrent encore certains hommes à peau noire au Cameroun et ailleurs, écoutons les explications de Jacques FAME NDONGO dans « ***Identité Culturelle Camerounaise*** » (MINFOC 1985 : 259-260) :

> *Il convient de partir de la crise de civilisation ayant résulté de la rencontre entre le conquérant étranger et l'autochtone. Le premier s'est servi soit de ses armes, soit du négoce, soit de la religion importée pour oblitérer violemment ou en douceur ce qui apparaissait alors comme un conglomérat de micro cultures perçues et présentées par l'envahisseur comme des reflets d'une société primitive et sans Histoire.*

Voilà clairement décrit ce qui est arrivé aux Africains et qui leur a causé un traumatisme dont beaucoup ont du mal à se relever aujourd'hui encore, un siècle après la colonisation, près de cinquante ans après les indépendances.

Il est vrai que par honnêteté intellectuelle et surtout pour éviter tout manichéisme, et toute xénophobie pouvant faire le lit d'un racisme intellectuel pour les générations futures, FAME NDONGO reconnaît que plusieurs non-Africains ont « *exhumé voire valorisé* » la civilisation africaine. Il cite les noms de Léo Frobenius, Baumann et Westermann, Delafosse, Pierre Alexandre, Calame-Griaule, les R.P. Nekes, Stoll et Pichon... Il révèle que des peintres comme Picasso et Braque ont affirmé ouvertement qu'ils s'inspiraient des masques nègres pour créer leurs tableaux dont la valeur artistique est universellement reconnue.

Mais, malgré ces témoignages de la valeur de la civilisation africaine, beaucoup d'Africains et de Camerounais continuent à avoir honte des valeurs culturelles africaines. Prosper ABEGA (MINFOC 1985 : 274) dénonce la même situation du nègre colonisé reniant sa culture et démontre les conséquences néfastes de cette situation tant du côté du colonisateur que de celui du colonisé :

> *Chaque fois qu'il est question de l'Afrique d'aujourd'hui, on achoppe toujours au grand problème : certains l'ont qualifié de catastrophe, quand d'autres, plus naïfs, le prennent pour la plus grande chance de l'Afrique. Ce phénomène est celui de la « colonisation ».*

Plus de vingt ans après, cette situation malheureuse de l'homme noir décrite par J. FAME NDONGO et P. ABEGA demeure sensiblement la même. Aujourd'hui encore, les langues nationales ne sont pas toujours enseignées officiellement dans toutes les écoles camerounaises. L'éducation du pays semble encore dirigée par des canons étrangers à la culture africaine. Malgré les déclarations des responsables politiques, une certaine hostilité règne toujours quant à la promotion des valeurs culturelles africaines à tous les niveaux : politique, économique, socioculturelle et même religieux. Écoutons une fois de plus P. ABEGA à ce sujet au cours de la même intervention :

> *Le domaine religieux n'a pas échappé à cette dénégation. La religion du colonisateur, le christianisme, canonisée comme religion avec « R » a été imposée aux Africains, les leurs étant qualifiées de sataniques, de diaboliques [...]. Voici l'Africain tiraillé entre lui-même et la tradition chrétienne occidentale. Pourra-t-on jamais arriver à faire en sorte que l'Africain retrouve son identité dans ce contexte ?*

Telle est la question dramatique que pose P. ABEGA. L'homme africain ne peut pas se sentir lui-même en dehors de sa langue. Au Cameroun, tant que les langues nationales sont bannies des écoles, méprisées, conspuées, huées, inexistantes à la télévision nationale, insignifiantes dans la presse écrite, réduites au maximum et confiées aux amateurs non formés à la radio, l'identité culturelle camerounaise ne serait connue que superficiellement. Or, si un pays ne plonge pas profondément ses racines dans son terreau culturel, il ne peut pas s'élever très haut pour produire tous les fruits de la croissance dont ont besoin ses populations pour vivre décemment. Le développement intégral d'un pays, quel qu'il soit est dépendant du développement de sa culture. Le développement de la culture est inséparable du développement de la langue du pays. On n'a jamais vu un pays culturellement très pauvre, mais économiquement très développé. Ce qui revient à dire que le développement réel et durable du Cameroun dépend du développement réel et durable des langues camerounaises qui sont les véhicules privilégiés de la culture camerounaise. Il faut alors détruire tout ce qui s'oppose encore au développement et à la promotion des langues camerounaises si l'on veut travailler efficacement pour le décollage économique définitif du pays. Nous devons encore bien cerner les vrais obstacles à l'enseignement des langues camerounaises pour pouvoir les éliminer définitivement. Nous savons désormais qu'il y a des obstacles externes issus de l'expansionnisme européen et des complicités internes héritées de la colonisation.

Pour bien voir toutes les complicités internes qui empêchent la promotion réelle des langues nationales au-delà des discours, il faut diviser les sources d'opposition à cette promotion en plusieurs catégories.

Parmi ceux qui refusent l'admission des langues camerounaises de l'école et qui par conséquent prônent l'enseignement exclusif des langues européennes se trouvent plusieurs catégories de personnes :

- D'abord les *bons nègres*, comme ceux décrits ci-dessus, des complexés (peaux noires, masques blancs).

- Ensuite tous ceux qui bénéficient de l'enseignement des langues coloniales dans les pays africains : les Européens (qui voient avec joie leur culture seule s'imposer en Afrique), les Africains collaborateurs du colon parce que bénéficiaires du système. On trouve ici la plupart des passionnés d'une **Francophonie** mal comprise, car la vraie Francophonie œuvrerait pour le **partenariat** entre les langues africaines et la langue française dans un enrichissement mutuel.

La liste des obstacles peut s'allonger puisqu'on trouve aussi des ignorants, des opportunistes, des colons à peau noire, les victimes de la pauvreté généralisée (pauvreté anthropologique, théologique et matérielle)...

- Enfin, on observe une catégorie de personnes opposées à l'insertion des langues camerounaises à l'école pour de « bonnes raisons » pouvons-nous dire. Ce sont des personnes qui seraient contentes de l'enseignement des langues africaines à l'école en Afrique, mais qui butent sur un certain nombre de problèmes qu'ils jugent ou croient insolubles, c'est ce que nous appelons les causes techniques de l'échec de l'enseignement formel des langues camerounaises.

1.3.3- Les raisons scientifiques et techniques de l'échec

Parmi les raisons techniques qui empêchent l'enseignement officiel des langues camerounaises, on peut citer entre autres problèmes : la multiplicité des langues camerounaises, le manque de manuels didactiques, le manque de personnel formé, le manque d'une réelle volonté politique, l'expansionnisme des langues européennes, le sous-développement des langues camerounaises ou leur incapacité actuelle à exprimer les réalités scientifiques nouvelles, l'absence des débouchés de l'enseignement des langues camerounaises...

1.3.4- La Peur du changement

Le candidat à un examen officiel a souvent une certaine anxiété devant la feuille blanche même s'il s'est bien préparé. Nous pensons qu'il y a aussi de cela en ce qui concerne l'insertion des langues nationales dans le système éducatif camerounais. Les décideurs ont comme une dernière hésitation à franchir le dernier pas qui va bien sûr provoquer des changements de toutes sortes. Les autorités politiques camerounaises ont donc besoin d'une détermination courageuse pour décider de commencer l'enseignement des et/en langues nationales au Cameroun et voir si les changements que cela provoquera seront pour le bonheur ou pour le malheur des Camerounais. L'enseignement du français ou de l'anglais ne va pas sans difficulté au Cameroun. Il a fallu une décision politique pour adopter le français et l'anglais comme langues d'enseignement au Cameroun. Cela a sûrement demandé un certain courage à ceux qui ont pris la décision. Il en faut plus aujourd'hui en ce qui concerne les langues nationales, et cela est bien sûr à la hauteur du gouvernement actuel qui se dit celui des « **grandes ambitions** ».

Sans nier ni minimiser les obstacles ci-dessus énumérés, l'enseignement des et en langues camerounaises a tellement d'avantages et de débouchés qu'il ne doit plus être différé comme nous le démontrons dans le chapitre suivant qui lève un pan de voile sur les débouchés liés à cet enseignement.

CHAPITRE 4

LES DÉBOUCHÉS DE L'ENSEIGNEMENT DES LANGUES CAMEROUNAISES

Le gouvernement camerounais est en train d'opérer une révolution sociale d'envergure. Il s'agit de l'**insertion** des langues nationales dans le système éducatif *(cf. lettre du Premier ministère invitant les ministres concernés à une réflexion dans ce sens, en Annexe).*

Mais il se pose la question des débouchés après les apprentissages. Autrement dit, à quoi servirait d'apprendre les langues camerounaises en dehors de l'intérêt culturel évident ? La question des débouchés est celle qui démotive la plupart de ceux et celles qui veulent se lancer dans l'apprentissage ou l'enseignement des langues nationales. Et c'est la même question relative aux débouchés qui motive les opposants à l'enseignement des langues nationales, car, ils se demandent à quoi sert de se dépenser ou de dépenser son argent et son temps pour des apprentissages qui n'aboutissent à rien.

Or, c'est justement la question des débouchés qui est la raison la plus déterminante pour laquelle il faut introduire les langues camerounaises dans l'enseignement. Avec l'introduction des langues nationales dans le système éducatif au Cameroun, il y aura la création d'un nombre incalculable d'emplois. Il faudrait des enseignants formés en langues camerounaises pour enseigner dans les Lycées, les Collèges, les Universités et les Grandes Écoles. On aura besoin des bibliothécaires et des secrétaires spécialisés en langues camerounaises ainsi que des journalistes, des éditeurs, des libraires, des traducteurs, des correcteurs…

L'insertion des langues camerounaises dans le système éducatif est une véritable industrie aux enjeux financiers considérables. C'est ce qui doit permettre de mieux comprendre les raisons de la nécessité de cette insertion. Commencer l'enseignement des langues camerounaises va créer du travail et de l'argent. Il faudra équiper les imprimeries existantes en matériel adéquat (logiciels, claviers nouveaux…) pour la confection des livres en langues camerounaises. On aura besoin de créer d'autres imprimeries pour couvrir la demande. Car *il sera hors de question de fabriquer les livres destinés à l'enseignement des langues camerounaises au Cameroun hors du Cameroun*, tout simplement parce que cela n'est pas économique ni patriotique et même pas réaliste. Alors si les industriels non camerounais veulent bénéficier de cette manne linguistique, s'ils veulent exploiter cet **or divin** que sont les langues camerounaises, qu'ils se préparent à investir au Cameroun dans le marché du livre. Il n'est pas normal et logique d'exporter d'abord les langues camerounaises pour les mettre par écrit afin de les acheter encore à un prix plus cher que si le travail avait été fait sur place. Et on ne sait pas ce qui peut leur arriver pendant le transport. Autrement dit, les langues camerounaises n'ont pas besoin de sortir du pays pour revenir ensuite. Elles doivent quitter des cerveaux des aînés vers les cerveaux des enfants en passant par le livre, le tout fait sur place : c'est une autre manière de *consommer camerounais*. C'est d'une révolution socio-économique, culturelle et pacifique dont il s'agit, et elle est d'envergure nationale.

Il est donc certain que l'insertion des langues camerounaises dans le système éducatif du pays est une mine d'or qui nécessite d'être exploitée à fond. Mais il faut tout de suite dire que ce n'est pas seulement pour les questions financières qu'on doit enseigner les langues camerounaises, les enjeux de cet enseignement sont nombreux. Mais il faut souligner ici un de ces enjeux et non le moindre qui est l'enjeu financier. C'est aussi lui qui permet de comprendre certaines réticences. Lorsque ceux qui vivent de la vente des livres en langues étrangères, imprimés à l'étranger, voient une concurrence sur leur marché. Ils peuvent user de tous les moyens pour empêcher ou retarder cette échéance.

Toujours au niveau de la création d'emplois, une loi peut exiger des agents communaux une compétence scripturale suffisante dans la langue locale en plus des autres exigences administratives. Le nombre de traducteurs et d'interprètes va augmenter surtout si l'on généralise la possibilité pour tout Camerounais traduit en justice de se défendre dans la langue qu'il maîtrise le mieux y compris en langues camerounaises.

De toutes les façons, on ne regrettera jamais d'avoir appris ou enseigné les langues camerounaises, car leur apprentissage et leur enseignement créeront beaucoup d'emplois.

Pour mettre en lumière les débouchés qui s'ouvriront à tous ces milliers de Camerounais et Camerounaises qui seront diplômés en langues nationales, passons en revue, les ministères, les ambassades, les ONG, les institutions comme l'Assemblée nationale, les partis politiques, les Églises et les autres religions…

1.4.1- LES MINISTÈRES

Il n'y a pas de doute que si jamais les langues nationales reprennent officiellement le chemin de l'école, ce sont les ministères qui seront les plus grands employeurs des diplômés issus de cet ordre d'enseignement.

Les ministères les plus concernés en matière de recrutement seront sûrement ceux de l'éducation scolaire et universitaire. Car le besoin en enseignants de langues nationales à tous les niveaux, c'est-à-dire de la Maternelle à l'Université en passant par les Lycées et Collèges d'enseignement général et technique, sera énorme. Il faudra former de nouveaux conseillers pédagogiques au primaire, au secondaire et au supérieur. Les élèves et les enseignants auront besoin des manuels didactiques en langues nationales.

En plus des ministères en charge de l'Éducation, les autres ministères de la République auront aussi grandement besoin de cette denrée rare que seront les diplômés en langues nationales (surtout les premiers diplômés). Car cette introduction officielle des langues nationales à l'école touchera presque tous les ministères du pays.

Pour réussir l'insertion officielle des langues camerounaises dans le système éducatif, nous proposons de partir du sommet vers la base, c'est-à-dire du ministère de l'Enseignement supérieur vers le ministère de l'Éducation de base en passant par le ministère des Enseignements secondaires.

1.4.1.1- Le ministère de l'Enseignement supérieur (MINESUP)

Le MINESUP n'a pas attendu que les langues camerounaises soient effectivement autorisées à être réintroduites dans tout le système éducatif camerounais pour commencer à s'y intéresser. Depuis longtemps, des recherches se font sur les langues camerounaises à l'Université de Yaoundé I dans la Faculté des Arts, Lettres et Sciences Humaines, où il existe un Département de Langues Africaines et Linguistique (DLAL). Beaucoup de travaux y sont faits sur les langues africaines en général et particulièrement sur les langues camerounaises.

Par ailleurs, le Professeur Jacques FAME NDONGO, ministre de l'Enseignement supérieur a créé, en 2005, des commissions d'études dans son département ministériel dont une avait, entre autres missions, de réfléchir sur les conditions de possibilité de l'enseignement des langues camerounaises dans les universités d'État. Une des commissions à laquelle nous avons eu le bonheur de participer se proposait d'étudier les conditions de possibilité d'une *licence en linguistique avec option en une langue camerounaise précise.*

Or, il faut des chercheurs à ce niveau et des professeurs de rang magistral. Des livres de toutes sortes doivent voir le jour : dictionnaires, grammaires, lexiques…

Ce ministère sera l'un des plus impliqués dans l'insertion des langues camerounaises dans le système éducatif national. Ce ministère va générer un nombre considérable d'emplois. C'est lui qui produira la plupart des formateurs et la presque totalité des linguistes qui seront en service dans les autres ministères en charge de l'éducation notamment au MINESEC.

1.4.1.2- Le Ministère des Enseignements secondaires (MINESEC)

Que ce soit pour l'enseignement secondaire général ou pour l'enseignement technique, l'usage des langues camerounaises est d'une importance capitale.

1.4.1.2.1- L'enseignement secondaire technique

Il faut connaître son environnement, maîtriser ses besoins, réfléchir longuement sur les potentialités du milieu pour arriver à des inventions qui soulagent les populations en leur apportant des solutions aux problèmes qui se posent. Comment les jeunes Camerounais peuvent-ils être des inventeurs s'ils sont déracinés de leur milieu ? Il y a beaucoup de possibilités dans les pays africains pour sortir de la misère. La forêt est pleine de richesses. Les seules abeilles qui pullulent en Afrique peuvent faire vivre un grand nombre de personnes et donner du travail à beaucoup de chômeurs. Mais pour cela il faut que l'**apiculture** soit vulgarisée. Mais comment cela se fera-t-il s'il n'y a pas d'apiculteurs ? Et où trouvera-t-on d'apiculteurs en nombre suffisant s'il n'y a aucune école dans le pays où on les forme ? À quoi servent tous les SAR (Section Artisanale Rurale) et autres collèges et lycées techniques qui remplissent le Cameroun ? Est-ce seulement pour apprendre des techniques étrangères à l'environnement immédiat des élèves ou alors à donner aux jeunes Camerounais des connaissances capables de leur permettre de se prendre eux-mêmes en charge à leur sortie d'école à partir de leur environnement ? Prenons l'exemple de l'Industrie de l'Habillement (IH). Nos ancêtres utilisaient l'écorce d'un arbre pour fabriquer plusieurs objets : cache sexe (***obom***), sac, chapeau... Ceux qui font l'Industrie de l'Habillement ne peuvent-ils pas faire des recherches sur cette écorce d'arbre pour en découvrir toutes les vertus ? Au niveau des soins esthétiques, nos mères utilisaient l'huile des palmistes comme glycérine, ne peut-on pas faire des recherches de ce côté-là aussi pour que les Camerounaises soient moins dépendantes des produits étrangers ? Et comment étudier tous ces arbres, ces herbes, ces oignons sauvages, et autres lianes et racines si on ne connaît pas les langues nationales ? La plupart de ces produits n'ont pas d'équivalent en langues occidentales. Pensons à l'art culinaire, que de recettes succulentes les spécialistes de la gastronomie moderne peuvent tirer des produits agricoles du sol camerounais. Mais loin de là, nos étudiants en hôtellerie mettent leur point d'honneur à apprêter des mets européens. C'est bien pour les Européens, les snobs et les nostalgiques ; c'est aussi preuve d'un manque d'imagination. Que dire de la médecine traditionnelle ? Ne réussit-elle pas parfois là où les médecines européenne, chinoise... ont échoué ? Or, notre médecine traditionnelle est presque abandonnée aux mains de quelques vieux soupçonnés, à tort et parfois à raison de tous les maux. Où est l'école où l'on initie les jeunes à la médecine traditionnelle ? La mort du dernier guérisseur traditionnel risque de sonner le glas de cette médecine. Comment apprendre la médecine traditionnelle sans connaître les langues nationales ? Nous pouvons donner d'autres exemples dans le même sens. Que ceux-ci suffisent à montrer la nécessité de l'implication des langues nationales dans l'enseignement technique jusqu'au plus haut niveau.

Si l'enseignement technique au Cameroun bénéficie de l'introduction des langues camerounaises en son sein, il permettra à tous ceux qui sont impliqués dans cet ordre d'enseignement de mieux connaître leur environnement et pouvoir y agir plus efficacement. Des inventions verront le jour assez rapidement au niveau de l'artisanat, la vannerie, la sculpture, la teinture…

1.4.1.2.2- L'Enseignement secondaire général

De la sixième en terminale, par l'insertion des langues camerounaises dans le système éducatif, les professeurs, les élèves, les parents et tous les partenaires de l'éducation à ce niveau redécouvriront la riche culture camerounaise et ses valeurs. La littérature camerounaise orale et écrite livrera de plus en plus au monde ses nombreux secrets et la sagesse traditionnelle camerounaise. L'étude des langues camerounaises les fera mieux connaître ainsi que le message qu'elles véhiculent. C'est la science linguistique qui sera ainsi revitalisée. La poésie, le chant, l'art oratoire, les rites divers pour le veuvage, la demande en mariage, les funérailles, la chasse, la pêche… Bref, toute la vie des ancêtres renaîtra pour la plus grande joie des vieux Africains qui sont aujourd'hui tristes de voir tout l'héritage culturel du continent tomber en ruine à cause de la disparition lente, mais certaine des langues africaines, véhicules naturels de la civilisation du *berceau de l'humanité.*

L'enseignement secondaire, où s'arrêtent la plupart des jeunes Camerounais, est un champ incontournable si jamais on venait à mettre les langues nationales à l'école. Il faudra aussi à ce niveau avoir des enseignants, des livres en grand nombre et dans la plupart des langues, former des inspecteurs de pédagogie, réaménager les emplois du temps, composer des épreuves aux examens à tous les niveaux de l'enseignement secondaire général. La création des sections particulières dans les Écoles Normales d'Instituteurs (ENI) pour les langues camerounaises sera nécessaire. Les instituteurs et institutrices formés dans ces écoles seront alors capables d'enseigner les langues nationales aux niveaux primaire et maternel avec les compétences requises. Ceci nous amène justement au ministère camerounais qui s'occupe de l'Éducation à la Base.

1.4.1.2.3- Le Ministère de l'Éducation de base (MINEDUB)

Nos langues doivent intégrer officiellement les programmes scolaires pour **des raisons pédagogiques**. Même si ONGUENE ESSONO L. M in MENDO ZE (dir.) (1999 : 321-322) a tout à fait raison de parler du *français comme langue maternelle des Camerounais,* il faut tout de même reconnaître que beaucoup de jeunes Camerounais, encore dans certaines familles en ville, mais surtout en milieu rural parlent les langues camerounaises avec leurs parents. Leur scolarisation doit tenir compte des traces que ces langues nationales introduisent dans leur performance en français.

Il ne se trouve aucun pays développé dans le monde à notre connaissance où la langue maternelle n'est pas utilisée à l'école maternelle. Cela est pratiquement impossible, car l'enfant en venant à l'école parle déjà sa langue maternelle, sa maîtresse est obligée d'utiliser cette langue pour se faire comprendre. Même au Cameroun, où les langues camerounaises n'ont aucun droit de cité formel dans le système éducatif, les maîtresses des écoles maternelles avouent avoir recours à la langue maternelle des tout petits enfants pour leur enseignement.

Il est donc clair que, par l'officialisation de l'enseignement des langues camerounaises au Cameroun, c'est le ministère de l'Éducation de base qui est le premier intéressé. Le MINEDUB doit produire les ouvrages pédagogiques pour les écoles primaires et former les maîtres et les maîtresses, les inspecteurs et les cadres de toutes sortes pour assurer le succès de cet enseignement. C'est une véritable révolution de l'éducation : l'insertion des langues camerounaises dans le système éducatif camerounais. Il faudra des épreuves non seulement pour le passage en classe supérieure, mais aussi au CEP et même au concours d'entrée en sixième, car l'enseignement des langues camerounaises à l'école ne saurait s'arrêter à l'école primaire et il doit être sanctionné par des notes pour que les élèves, les enseignants et les parents le prennent au sérieux.

Au-delà de tout cela, très peu de personnes savent par contre que « *l'échec scolaire est d'abord un échec linguistique* ». La **psycholinguistique** apprend que la langue qu'on parle influence notre façon de concevoir le monde. Le fait de ne pas utiliser à l'école la même langue que l'enfant parle déjà à la maison lui cause un retard qu'il ne saurait rattraper. Et en plus, cela perturbe sa conception du monde. Il convient d'attirer l'attention des éducateurs sur le fait qu'il faut commencer à enseigner aux enfants leur langue maternelle et ce n'est qu'ensuite qu'on peut ajouter toutes les autres langues possibles et imaginables. Apprendre une langue étrangère à partir de la maîtrise par écrit et à l'oral de sa langue maternelle s'avère être une méthode d'apprentissage sûre. La plupart des linguistes sont unanimes là-dessus. Et il faut oser dire que ce fut des considérations de politique coloniale qui poussèrent à opter pour des méthodes d'apprentissage visant la destruction pure et totale des langues nationales camerounaises. D'après M. HOUIS cité par J. TABI MANGA (1992 : 168-169) le fait de refuser de « *tirer profit de l'acquis préscolaire et parascolaire de l'enfant* » constitue « *une anti-économie et une anti-pédagogie* ».

Enfin, tout comme l'échec scolaire est avant tout un échec linguistique, la réussite scolaire est aussi avant tout une réussite linguistique. Puisque l'enfant qui réussit est celui qui a bien compris ce qu'on lui a enseigné dans une langue qu'il maîtrise bien. C'est ainsi qu'il sera utile demain dans la société où il va vivre en créateur d'emplois et non pas seulement en consommateur et demandeur d'emploi. Il apportera quelque chose de plus à la société pour élever le niveau de la connaissance de cette dernière. Car, il s'agit de laisser le monde un peu mieux qu'on ne l'a trouvé, et l'éducation des jeunes générations doit viser ce but.

Voici à ce propos ce que J. TABI MANGA (1992 : 177) conseille aux responsables de l'éducation des pays africains :

> *Les instances dirigeantes africaines doivent se convaincre que la langue maternelle permet le véritable décollage intellectuel de l'enfant. C'est elle qui lui donne la première possibilité d'articuler sa pensée, de saisir son rapport au monde.*

Le but ultime de l'introduction des langues camerounaises à l'école c'est la construction d'une société camerounaise meilleure. Il faut dire à ce niveau qu'une place doit être réservée à la formation spirituelle dans les établissements publics aussi. Car une vie ou un pays qui se construit sans Dieu se retourne tôt au tard contre lui-même. La chute du communisme athée est là pour le confirmer et elle invite donc les concepteurs de l'éducation à ouvrir les jeunes à la religion comme science faisant partie d'une bonne éducation afin d'éviter tous les fanatismes possibles, même religieux. On ne doit pas continuer à évacuer systématiquement la religion du paysage éducatif civil pour la confiner dans la privatisation, de même qu'il faut écarter tout embrigadement religieux dans le respect d'une saine laïcité. Il revient donc aux responsables d'établissements de déterminer ensemble avec les parents d'élèves et d'après les directives gouvernementales les religions qui auront droit de cité dans les établissements pendant les heures de culture religieuse, car on ne peut pas enseigner la culture sans parler de religion, du moins si l'on se veut scientifique dans la mesure où il n'y a pas de culture humaine sans dimension spirituelle ou religieuse. La religion est partie intégrante de la culture, et un des meilleurs canaux de sa dissémination. C'est ainsi que toute culture comportant une religion forte se pérennise.

L'éducation ne s'arrête pas au primaire, elle continue au secondaire, il y a un niveau supérieur où la recherche sur les langues nationales doit aussi se poursuivre avec un personnel qui a des compétences intellectuelles requises, un matériel adéquat et une disponibilité temporaire suffisante.

1.4.1.3- Le ministère de la Recherche Scientifique et de l'Innovation (MINRESI)

Le MINRESI est aussi concerné par l'enseignement des langues camerounaises. Il faut des chercheurs dans tous les domaines pour sortir les pays africains de leur sous-développement et les langues africaines sont des trésors non suffisamment explorés et peu exploités jusqu'à présent. Il suffit donc que ce ministère mette des moyens à la disposition des chercheurs dans le domaine linguistique pour voir toute la richesse que les langues nationales sont capables de produire et toutes les découvertes qu'elles peuvent permettre de réaliser. La recherche en langues nationales n'est pas l'apanage du MINESUP. Les volontaires qui s'y engagent doivent pouvoir compter sur l'appui du MINRESI.

1.4.1.4- Le ministère de la Jeunesse (MINJEUN)

Si tout le monde sait que « *la jeunesse est l'avenir du monde* », tout le monde n'est pas encore convaincu que « *l'école est l'avenir de la jeunesse* », sinon il n'y aurait pas cette vente florissante des diplômes, des épreuves... et toutes ces autres pratiques de corruption orchestrées par les adultes au profit de leur progéniture. Si tous étaient convaincus que l'école est l'avenir de la jeunesse, on inculquerait aux enfants « le culte de l'effort » et non celui du « moindre effort », l'amour du travail bien fait et non de la facilité. Les cadeaux seraient les livres et articles scolaires et non les fusils et autres futilités. On agirait plus et on parlerait moins. Mieux encore, l'homme parlerait par ses actes. S'il est vrai que la jeunesse est l'avenir du monde et que l'école est l'avenir de la jeunesse, quel Cameroun construit-on avec des jeunes qui ne connaissent pas les langues camerounaises ? C'est rendre un très mauvais service aux jeunes d'aujourd'hui que de les priver de l'usage des langues maternelles auxquelles ils ont droit. Le ministère en charge de la jeunesse au moins doit le savoir et prendre ses responsabilités en organisant ne serait-ce que des colonies de vacances où l'on mettrait des jeunes en contact avec les réalités locales parmi lesquelles les langues camerounaises occuperaient la première place. Il faut reconnaître que ce n'est pas épanouissant pour un enfant de passer les vacances dans la même maison où il habite pendant l'année scolaire. Ceci concerne autant les enfants du village que ceux de la ville. Il serait préférable à chacun de changer de milieu. Les enfants du village iront en ville pendant les vacances et ceux de la ville au village. Quand l'amour régnait encore dans les familles et entre les villes et les villages, les enfants citadins allaient en vacance au village et ceux des villages qui en avaient la possibilité venaient en ville. Maintenant que les nécessités économiques réduisent la force de la parenté et détruisent même l'amour entre les personnes, beaucoup d'enfants n'ont plus où aller pendant les vacances. Les parents sont obligés de les garder avec eux, même pendant les vacances. Ne serait-il pas un grand soulagement pour les parents et pour les enfants de voir les vacances les séparer un peu ? Mais où envoyer ses enfants sans inquiétude ? Une bonne colonie de vacances est l'idéal, même s'il faut payer un peu. Le MINJEUN peut donc multiplier les colonies de vacances et les sponsoriser afin que les parents n'aient pas beaucoup d'argent à débourser pour leurs enfants pendant les vacances et se concentrent plutôt à préparer financièrement les rentrées scolaires. Certains parents n'y verraient que du tourisme sans plus. Nous pensons que ce tourisme est aussi utile pour l'enracinement des jeunes dans la société. Pour éviter d'être fastidieux, nous nous réservons de déployer ici tout le bien que les spécialistes en langues nationales pourront tirer du **ministère du Tourisme** ne serait-ce qu'en qualité d'interprètes. De toutes les façons, ces colonies de vacances seront culturellement plus bénéfiques aux enfants et aux jeunes si elles sont animées par des personnes culturellement enracinées dans la culture africaine traditionnelle. On trouve cette culture auprès des vieux Africains qui sont ces bibliothèques qui ne demandent qu'à être consultées. Mais comment puiser toutes ces richesses culturelles africaines sans passer par les langues africaines ?

Pour ce faire, le MINJEUN devra, à l'aide des structures comme l'INJS (Institut National de la Jeunesse et des Sports), former des moniteurs, des animateurs et des directeurs de colonies de vacances dans une visée africaniste. Un diplôme comme le BAFA (Brevet d'Aptitude aux Fonctions d'Animateur) qui existe en France, et il y est très prisé pour les colonies de vacances, mérite d'être introduit au Cameroun. Il suffit pour cela au MINJEUN de s'informer auprès de qui de droit pour délivrer aussi ce genre de diplôme. Il assurera un emploi rémunéré à tous ceux qui s'engageront dans l'animation de la jeunesse en utilisant les langues nationales de façon professionnelle. Tout comme on ne peut pas être un animateur des colonies de vacances en France par exemple sans savoir lire et écrire le français, on ne devrait pas être un animateur des colonies de vacances au Cameroun sans pouvoir lire et écrire ne serait-ce qu'une langue camerounaise.

1.4.1.5- Le ministère de la Forêt et de la Faune

S'il y a un ministère qui doit le plus s'intéresser aux langues camerounaises, c'est celui de la forêt et de la faune, car nous avons sûrement des arbres, des herbes et des animaux qui n'existent pas en Europe et dont le nom est introuvable dans les langues européennes, mais que les vieux des villages connaissent bien. Ces mêmes vieux connaissent aussi les vertus curatives de ces arbres et herbes. La pharmacopée traditionnelle continue de faire ses preuves aujourd'hui encore.

Bien plus, il y a un lien étroit entre la flore, la faune et la santé publique. Il y a dans la tradition africaine beaucoup d'interdits alimentaires pour les femmes, surtout lorsqu'elles sont enceintes ou en couche. Il y a aussi des interdits alimentaires pour les pêcheurs, les chasseurs, les jeunes garçons, les jeunes filles... La plupart de ces interdits surtout alimentaires peuvent avoir des explications scientifiques. Voilà pourquoi même le ministère de la Santé publique utilisera aussi les diplômés en langues camerounaises, ***véritables factotums de l'administration camerounaise*** pour les besoins de la recherche en médecine.

1.4.1.6- Le ministère de la Santé publique (MINSANTE)

Nos ancêtres soignaient toutes leurs maladies à partir des herbes et des écorces d'arbre. Il y a encore aujourd'hui cette médecine traditionnelle qui existe. Il est vrai que les diplômés en langues camerounaises ne peuvent pas être partout à la fois. Il serait souhaitable que les futurs médecins apprennent les langues camerounaises pour converser directement avec les patients. Mais en attendant que la faculté de médecine ouvre ses portes aux langues camerounaises, les chercheurs en langues camerounaises peuvent travailler de concert avec les chercheurs en médecine moderne pour traduire les noms des maladies, donner la posologie et les indications pour éviter ces maladies en attendant que les étudiants en médecine et les médecins sur le terrain soient formés en langues camerounaises pour pousser la recherche médicale assez loin et pouvoir ainsi trouver des remèdes à beaucoup de maladies. Les Camerounais, pauvres pour la majorité, ne peuvent pas tous se soigner à l'hôpital. La médecine traditionnelle a des risques nombreux, soit ! Mais est-ce une raison de ne pas la moderniser ? C'est justement parce que la médecine traditionnelle a beaucoup de risques qu'il faut s'en préoccuper de façon scientifique. Même la médecine moderne a aussi des risques. On meurt aussi bien à l'hôpital dans les plus grandes villes du monde comme on meurt à la maison dans les villages les plus reculés. Les docteurs modernes ne sont pas à l'abri de l'erreur qui est humaine tout comme les guérisseurs traditionnels. Il faut donc s'investir à tout prix dans la recherche sur la médecine traditionnelle. Or comment peut-on rendre scientifiques les découvertes dans la médecine traditionnelle en faisant l'impasse sur les langues traditionnelles africaines ?

La modernisation de la médecine traditionnelle est impossible au Cameroun sans l'usage des langues nationales camerounaises.

D'un autre côté, le malade veut expliquer son mal au médecin. Mais tant que les langues nationales ne sont pas enseignées dans les écoles de la République, les docteurs, les infirmiers et infirmières n'ont pas l'occasion de les apprendre ailleurs que de manière informelle. Beaucoup d'écorces d'arbres et beaucoup d'herbes soignent encore un grand nombre de maladies aujourd'hui et il en sera de même demain et toujours. D'ailleurs la plupart des produits pharmaceutiques de la médecine occidentale moderne ne sont que des produits finis issus de la transformation des plantes de la nature.

1.4.1.7- Le ministère de la Promotion de la Femme et de la Famille (MINPROFF)

La famille est la base de la société, considérant le fait que la langue maternelle est la langue avec laquelle l'enfant entre en contact avec le monde dès sa naissance, l'insertion des langues camerounaises à l'école obligerait les mères qui hésitaient à le faire, à parler leur langue maternelle à leurs enfants. C'est une possibilité pour elles de transmettre à leur tour ce qu'elles ont elles-mêmes reçu de leurs mères.

C'est à ce niveau que le ministère de la Promotion de la Femme et de la Famille recrutera beaucoup de ceux-là qui auront fait des études en linguistique option langues camerounaises pour la réalisation des nombreux projets qui seront élaborés dans ce ministère afin d'aider les mères à transmettre leur héritage linguistique à leurs enfants.

1.4.1.8- Le ministère de la Culture (MINCULT)

La raison culturelle semble être déterminante en faveur de l'insertion des langues camerounaises dans le système éducatif du pays. Ces langues sont les meilleurs véhicules des cultures nationales. Comment transmettre ces valeurs culturelles aux enfants si les langues qui les portent ne sont pas enseignées ? Il est vrai que beaucoup de choses peuvent se faire et se font en dehors de l'école, ou officieusement dans certains établissements. Mais notre culture est-elle si facultative qu'il ne faille pas prendre l'initiative de l'introduire solennellement et officiellement dans les programmes scolaires et qu'elle apparaisse aux examens officiels ? Comment enseigner la culture sans s'intéresser en profondeur à la langue qui la porte ?

La langue est le moyen le plus développé pour entrer dans une culture. Les langues nationales sont les plus aptes à exprimer la culture nationale. Si le ministère de la Culture veut entrer en profondeur dans le champ culturel camerounais, il ne peut pas faire l'impasse sur les langues camerounaises. Ce ministère est même le premier concerné par l'enseignement des langues nationales. C'est ainsi que sa porte sera pour la plupart des cas la première où frapperont les diplômés en langues nationales après celles des ministères en charge de l'éducation. Et ils ne seront pas toujours déçus. La langue est la clé de toute culture. En plus de son intérêt proprement linguistique, la lutte pour la promotion des langues camerounaises a aussi un intérêt culturel. L'homme est un animal culturel. Perdre sa langue c'est perdre sa culture. Perdre sa culture c'est se perdre soi-même, c'est-à-dire, perdre ce qui fait son originalité, son identité, sa richesse, son utilité pour les autres, en dehors de leur servir d'esclaves, et de « singes folkloriques ». Les robots et les machines de toutes sortes font maintenant beaucoup de travaux manuels mieux que l'homme. Si les Africains arrivent à perdre leur culture, ils seraient traités moins que les machines dans les siècles à venir. Or comment valoriser la culture africaine dans des langues étrangères ? La valorisation du patrimoine culturel africain passe par la revalorisation des langues africaines. Ce sont les langues africaines qui sont les mieux placées pour faire découvrir les valeurs culturelles africaines. A-t-on besoin d'être très intelligent pour le reconnaître ? Même les loups savent qu' « *il faut hurler avec les loups* ». **L'Ethnolinguistique,** cette science qui étudie les relations entre la culture et la linguistique, a sûrement un avenir radieux en Afrique. Mais comment se fait-il que certains constructeurs de l'Afrique ne comprennent pas encore que c'est au moyen des langues africaines que l'Afrique doit être comprise ? Si du moins on veut sincèrement la comprendre dans ce qui fait sa substantifique moelle : sa culture. On ne le dira jamais assez, on ne peut pas entrer dans une culture sans passer par la langue qui la véhicule. Comment tuer les langues africaines en ne les parlant plus, en ne les écrivant pas (et pire encore en les écrivant mal), en défendant même de les enseigner, et vouloir un jour comprendre l'Afrique, aider l'Afrique, développer l'Afrique, construire l'Afrique ? L'avenir du monde se forgeant aujourd'hui à l'école, c'est à l'école que le problème linguistique africain doit être résolu par l'insertion des langues africaines dans toutes les écoles en Afrique.

1.4.1.9- Le ministère de la Communication (MINCOM)

La communication à l'intérieur du territoire national est tout simplement impossible sans l'usage des langues nationales. Les autorités du pays l'ont reconnu, voilà pourquoi il y a des tranches d'antenne en langues nationales dans les stations provinciales de la radio nationale. Cependant, les animateurs de radio qui réalisent ces émissions n'ont pas de formation spécifique dans les langues qu'ils parlent. Ils rédigent pour la plupart leurs émissions en français et les présentent en langues nationales dans une sorte de « traduction simultanée ». Ceux qui connaissent les lois de la traduction peuvent se rendre compte de la difficulté de l'opération pour des gens qui n'ont pas une formation académique élevée. Il est souhaitable que les langues nationales soient enseignées à l'école au Cameroun et surtout à l'ESSTIC « *École Supérieure des Sciences et Techniques de l'Information et de la Communication* » pour aider ceux qui présentent les émissions en langues nationales à être plus professionnels. Cela améliorera la qualité de leurs prestations pour la bonne information du peuple camerounais.

L'histoire raconte que c'est dans la Grèce antique, lorsqu'un roi tyran interdit à ses sujets l'usage de la parole qu'il s'était réservé seul, que les hommes ont commencé à réfléchir sur l'importance du langage humain. On peut dire que sans le langage rien n'est possible. La *fable* d'Esope, cuisinier, avec ses « langues de porc » est aussi très instructive à ce propos. Dans tous les cas, *l'homme est un animal qui parle*, et l'on peut même dire que ce qui différencie le plus l'homme de l'animal c'est le *langage articulé*. La langue touche tous les domaines de l'activité humaine. Ceux qui maîtrisent cet instrument de communication passent aussi pour les maîtres du monde. D'où un engouement grandissant autour des médias. Et certains lancent déjà des slogans du genre « le troisième millénaire sera médiatique où ne sera pas ! ». Même si l'on ne veut pas s'emporter par ce genre de pensée, nul ne peut nier l'importance de la communication dans la société des hommes d'aujourd'hui et de toujours ainsi que du langage qui en est le moteur. Voilà pourquoi la linguistique, qui est la science du langage, redore aujourd'hui son blason, car elle touche à toutes les sciences et dans ces conditions elle nous apparaît même comme la « mère » de toutes les sciences dans la mesure où aucune science ne peut exister sans langage. La plupart des sciences commencent même toujours par la définition de leurs termes. Les mots n'ont pas toujours la même signification d'une science à l'autre étant donné que « *vérité en deçà des Pyrénées, erreur au-delà* ». L'Afrique peut difficilement se développer et lutter efficacement contre la pauvreté sans les langues nationales d'origine africaine. Ces langues nationales ont des relations étroites avec la politique (*propagande électorale*), l'économie (*marketing*), la sociologie *(sociolinguistique)*, la culture (*l'ethnolinguistique*), la religion (la *théolinguistique*[2]), la psychologie (*psycholinguistique*), etc.

Plus de la moitié des Camerounais s'expriment encore en langues nationales, quoique la concurrence soit rude avec les langues étrangères même dans les familles. Néanmoins, dans les villages, la plupart des gens s'expriment en langues locales. Or, la presse écrite, la radio et la télévision ont des informations qui concernent tout le monde, les analphabètes comme les lettrés, les citadins, comme les paysans. Avoir des journalistes formés et diplômés en langues nationales aidera beaucoup l'information officielle à atteindre toutes les couches de la population dans un temps record et avec une efficacité certaine. La radio est écoutée au village, mais il n'y a que quelques émissions en langues nationales et pas toujours aux heures où le paysan a les meilleures conditions d'écoute.

La Communication serait affaiblie à l'intérieur du Cameroun si les langues nationales n'y étaient pas impliquées. Dans beaucoup de familles encore dans les villes, dans presque la totalité des familles en milieu rural sur toute l'étendue du territoire national, dans les bars et autres lieux de loisir, dans la rue, au champ et dans beaucoup de lieux de service, les Camerounais utilisent les langues nationales.

Tout cela nous amène à noter que les langues nationales sont incontournables pour les services de la communication au Cameroun. Leur insertion dans l'enseignement ne pourra qu'enrichir le système communicatif camerounais. Le MINCOM a forcément un rôle important à jouer à trois niveaux : avant cette insertion, pendant son déroulement et après un temps suffisant pour évaluation. Le peuple camerounais a encore besoin d'être sensibilisé sur l'importance de l'enseignement des langues nationales. Le MINCOM doit entrer dans le débat de façon positive, au lieu d'avoir des journalistes camerounais qui ont manifestement honte de dire un mot à l'antenne en langue camerounaise. Nos médias participent au mépris des langues africaines qui existent aujourd'hui. La radio donne quelques tranches d'antenne à ces langues. Mais la télévision semble ne pas connaître leur existence. La presse écrite officielle est presque totalement analphabète en langues camerounaises. Dans une bonne complémentarité médiatique, la radio annonce l'évènement en le commentant presque au feu de l'action. La télévision montre les images sur le même évènement et la presse écrite explique en profondeur pour noter et fixer ce qui doit l'être en l'éternisant, en l'immortalisant par l'écriture. Les langues camerounaises sont inexistantes dans

---

[2] Certes cette science n'existe pas encore en tant que telle, mais nous allons nous occuper à la créer pour mettre en lumière la relation étroite qui existe entre le langage et la religion. Car c'est au moyen du langage humain que Dieu parle à l'homme et c'est par le langage humain que l'homme répond à Dieu.

la presse et la télévision officielles et la place qu'elles ont à la radio est ridicule. S'il y avait des journalistes formés en langues camerounaises, la situation serait autrement. Il est donc souhaitable que le MINCOM forme des spécialistes de l'information et de la communication en langues nationales aussi.

1.4.1.10- Le ministère de l'Administration territoriale et de la Décentralisation (MINATD)

Lorsque la loi sur la régionalisation prendra effet au Cameroun, il serait préférable que les employés des communes, surtout rurales, puissent maîtriser à l'écrit et à l'oral la ou les langue(s) nationale(s) existant dans leur circonscription pour les besoins de l'administration. En attendant cette régionalisation, les populations sont plus sensibles quand les autorités leur parlent la langue qu'elles comprennent. L'usage d'un interprète dans les villages aujourd'hui est vraiment anachronique. Avec la régionalisation il est possible d'avoir des Langues Officielles Locales (LOL). Cette possibilité supplémentaire de valoriser les langues nationales nécessitera le travail de plusieurs personnes spécialisées en langues camerounaises pour son effectivité. Le travail ne manquera pas au MINATD pour les diplômés en langues nationales. L'ENAM (École Nationale d'Administration et de Magistrature) doit aussi ouvrir officiellement ses portes aux langues nationales afin que les futurs gouverneurs, préfets, sous-préfets et assimilés apprennent plusieurs langues camerounaises. Ce bagage linguistique leur sera utile dans l'administration de leur unité de commandement, quel que soit leur lieu d'affectation sur le triangle national. Une fois de plus, les populations apprécient que leurs administrateurs utilisent la langue locale, quelles que soient leur origine, leur ethnie ou leur tribu. Mais si l'on s'adresse aux populations en langues étrangères, quelles qu'en soient les raisons, automatiquement la relation de complicité, de cohésion, d'harmonie et d'unité entre les administrateurs et les administrés autochtones est rompue.

Nous savons que nos langues officielles : le français et l'anglais qui sont des langues d'origine étrangère au Cameroun sont très utiles actuellement pour l'unité nationale. Car, comment deux Camerounais ayant pour seuls moyens de communication les langues camerounaises peuvent-ils communiquer, à leur première rencontre, si l'un ne connaît pas la langue de l'autre ? À ce niveau, nos langues officielles sont presque indispensables de nos jours pour assurer la communication au niveau de toute la nation.

Cependant, l'usage des langues étrangères rend étranger et constitue une vraie barrière à l'unité lorsque l'un des interlocuteurs ne maîtrise pas ces langues étrangères. Tel est le cas des populations villageoises.

Le Cameroun ayant beaucoup de langues nationales, les futurs administrateurs civils sortis de l'ENAM ne peuvent pas apprendre toutes ces langues. Mais en apprendre celles d'entre elles qui sont véhiculaires et que l'on peut retrouver dans de larges régions du pays doit être fortement recommandé. Il suffit pour cela de mettre nos langues nationales véhiculaires dans les grandes écoles du pays. Quant à savoir quelles sont les langues véhiculaires à enseigner dans les grandes écoles au Cameroun, la question sera abordée dans la deuxième partie de cette étude, partie plus linguistique que celle-ci qui est plutôt politique. Parlant de politique, est-ce que tous les Camerounais ont les mêmes droits et devoirs ? Un citoyen camerounais qui ne sait pas parler français ou anglais peut-il se défendre en justice ?

1.4.1.11- Le ministère de la Justice

Donner la possibilité réelle à tout Camerounais traduit en justice de se défendre dans la langue qu'il maîtrise le mieux est un atout pour notre pays. Mais les langues nationales ne sont pas officiellement enseignées. Elles apparaissent comme réservées aux personnes à une mentalité prélogique. En mettant ces langues dans la Faculté de Droit par exemple, les diplômés qui en sortiront pourront trouver du travail dans les secteurs où s'exerce la justice du Cameroun pour ne pas écraser les droits de ceux et celles dont les langues n'ont plus droit de cité dans les instances nationales grandes ou petites. Il est vrai que « *nul n'est censé ignorer la loi* ». Mais la loi civile qui est plus occidentale qu'africaine devrait aussi être traduite en langues africaines afin que les paysans africains puissent la connaître pour mieux l'appliquer. Ce travail de traduction de la loi en langues nationales ne peut être fait de façon adéquate que par des personnes qui maîtrisent d'une part le droit et d'autre part les langues africaines. La multiplicité des langues camerounaises ne doit plus être évoquée comme blocage à l'enseignement de ces langues. Il suffit de déterminer les grandes langues par région comme nous le verrons dans ce travail, et autoriser l'utilisation officielle de ces langues pour sortir de l'impasse. Et cela rend le travail administratif plus efficace. Un magistrat, un juge, un avocat, un greffier formé en langues camerounaises seront plus utiles dans les tribunaux camerounais que son homologue qui ne connaît que les langues européennes. Il en va de même d'un médecin, d'un théologien, d'un professeur de quelque science que ce soit, à plus forte raison d'un homme politique et même d'un homme ou d'une femme de l'armée à l'intérieur comme à l'extérieur du pays.

1.4.1.12- Le ministère des Relations extérieures (MINREX)

Lorsque Sa Majesté Charles ATANGANA NTSAMA, chef supérieur des Ewondo et des Bene, enseignait l'ewondo en Allemagne, cela a permis à certains colons curieux et astucieux en direction du Cameroun d'apprendre cette langue pour avoir déjà une idée du pays où ils allaient. À partir de son travail nous est donné : *La preuve de l'efficacité du partenariat scientifique Nord-Sud* comme l'affirme Jacques FAME NDONGO (ESSONO J.M et LABURTHE-TOLRA Ph. 2005 : 5)

Nous pouvons et devons continuer dans la même direction aujourd'hui. Les futurs diplômés en langues nationales peuvent aussi sillonner tous les pays du monde pour initier tous ceux qui s'intéressent aux pays africains aux langues africaines. Et la plupart des enfants de Camerounais qui sont nés à l'étranger et qui y demeurent, ignorent tout de leur origine culturelle et parfois même ne peuvent pas dire trois mots en une langue camerounaise. *S'il y a des centres d'apprentissage des langues européennes au Cameroun, il peut aussi avoir des centres pilotes de l'enseignement des langues camerounaises en Europe.* Et c'est le ministère des Relations extérieures qui peut le mieux organiser cela. S'il a des diplômés en quantité et qualité suffisantes à sa portée, la tâche est facile. Les diplômés en langues nationales trouveront à n'en pas douter du travail au MINREX.

Par ailleurs, les Africains d'aujourd'hui sont très heureux et fiers de leur compétence en langues européennes. Dans le grand rendez-vous du donner et du recevoir qu'est la rencontre des cultures, que donnent-ils en échange aux Européens qui leur ont tant donné ? Les Européens se servent sur le sol africain : bois, pétrole, cerveau, par la fuite des intelligences sous couvert d'« **immigration choisie** ». Mais beaucoup d'Européens aimeraient aussi connaître les valeurs culturelles africaines. Et qu'est-ce qui peut mieux exprimer la culture que la langue qui véhicule cette culture ? L'un des plus grands bénéficiaires de l'insertion des langues camerounaises dans le système éducatif sera l'étranger qui aura ainsi à sa portée et à tous les niveaux des ouvrages didactiques, des formateurs adéquats, des cadres convenables, bref tout ce qu'il faut pour apprendre les langues camerounaises.

Même les Camerounais à l'étranger auront la possibilité d'avoir sous la main le nécessaire pour apprendre leur langue maternelle même à distance grâce à l'Internet.

Un autre atout économique de l'insertion des langues nationales à l'école c'est l'arrêt de l'exode africain, cette sorte de **traite négrière à l'envers** parce que cherchée par les Africains eux-mêmes malgré toutes les mesures dissuasives que leur imposent les ambassades occidentales par les difficultés d'obtention d'un visa même touristique.

Beaucoup de pays européens disent souffrir de l'émigration clandestine et semblent ne pas savoir réellement comment y mettre un terme. Il est vrai que beaucoup d'immigrés sont relativement utiles dans les pays où ils se trouvent à telle enseigne que les habitants de ces pays bénéficient et apprécient tellement leur travail qu'ils ne veulent vraiment pas les laisser rentrer chez eux, mais en même temps ne régularisent pas leur situation, afin de les exploiter parce qu'ils sont en situation irrégulière.

Or, la meilleure manière de réduire sensiblement l'immigration clandestine c'est de développer les pays de ces immigrés. Car c'est souvent la recherche d'un bout de pain qu'on n'a pas chez soi qui pousse l'homme à aller chercher fortune ailleurs. C'est dans ce sens que l'insertion des langues camerounaises dans le système éducatif va réduire l'immigration clandestine en améliorant les conditions de vie au Cameroun par tous les avantages qui y sont attachés.

Enfin, s'il est vrai que le monde n'appartient pas à celui dont la langue est la plus parlée, mais à celui qui parle le plus de langues, aménager les langues camerounaises et créer des cadres où même les étrangers peuvent les apprendre enrichit culturellement ces étrangers. Si les Africains, surtout ceux adeptes de la **francophonie** sont si fiers de connaître la langue de Molière jusqu'à déclarer *le français langue africaine* (MENDO ZE (dir.) 1999 : 30), ils doivent aussi permettre aux étrangers de connaître la langue de J.M.ESSONO, de telle manière que des Français dans le cadre de l'**ewondophonie** puissent aussi déclarer fièrement et sincèrement un jour : *l'ewondo langue européenne.* Pourquoi doit se perpétuer le fait que dans le partenariat entre l'Afrique et l'Occident, la première ne puisse que recevoir et le second ne puisse que donner ? L'ironie du sort veut que ce soient encore les Européens qui, après avoir enseigné leurs langues aux Africains, montrent encore aux mêmes Africains l'intérêt de l'apprentissage des langues africaines. Et les Africains sont tellement intéressés par les langues européennes et méprisent tellement les leurs qu'ils n'ont presque rien à apporter dans le rendez-vous du donner et du recevoir linguistique. Il est grand temps que la situation change réellement pour le bien de tous les partenaires.

L'homme est un tout, il ne peut pas avancer trop loin au niveau politique et économique alors que son niveau culturel, moral et spirituel, reste en arrière. En Europe occidentale, la révolution industrielle au 19e siècle a été précédée par plusieurs révolutions culturelles. Il y a d'abord eu l'humanisme au 16e siècle, suivi du classicisme au 17e siècle et enfin la Révolution française de 1789 au 18e siècle. D'où l'urgence d'œuvrer pour un renouveau culturel au Cameroun pour le démarrage économique du pays. Un pays qui n'est pas en paix, un pays dont l'intégrité territoriale est menacée, un pays sans défense peut-il se développer même culturellement ?

1.4.1.13- Le ministère de la Défense (MINDEF)

Pour la défense d'un pays, il faut que son peuple soit uni. Les ennemis du pays sont plus forts lorsqu'ils ont des complices à l'intérieur du pays à attaquer. C'est par le moyen de la langue que les hommes communiquent le plus. Comment renforcer l'unité et la solidarité entre l'armée et les populations du pays dans l'exclusion totale des langues locales ? Les langues camerounaises sont utiles à l'armée camerounaise. La gendarmerie nationale est chargée entre autres d'assurer la paix et la sécurité à l'intérieur du triangle national. Les gendarmes ne peuvent pas faire ce travail sans les langues nationales. Beaucoup de gendarmes reconnaissent la nécessité de recourir aux langues nationales pour la plupart des enquêtes lorsque l'interlocuteur ne s'exprime pas en langues officielles.

Bien plus, les sociétés traditionnelles avaient leurs moyens, méthodes et tactiques d'attaque et de défense. La seule force brute ou supériorité technique et militaire ne suffisent pas toujours. Il faut souvent y ajouter d'autres ingrédients pour mieux se défendre des ennemis extérieurs et surtout intérieurs. La plupart des guerres fratricides qui pullulent en Afrique viennent souvent du fait que les individus n'ont plus le même langage d'amour. Les langues africaines peuvent aider au rapprochement des peuples africains à l'extérieur comme à l'intérieur des États, et réduire les risques de conflits armés ; les apprendre peut mieux souder les citoyens et l'armée dans un même pays. Les diplômés en langues nationales trouveront aussi à faire au ministère de la Défense.

Il y a les secrets d'État qu'on doit garder. L'enseignement des langues nationales à l'école semble exposer tous les secrets du pays à l'extérieur, car si tout le monde connaît les langues camerounaises, on ne peut plus rien cacher, et tout le pays est à la merci du premier venu, peuvent penser certains. Or depuis que la francophonie existe, la France a-t-elle déjà été détruite parce que beaucoup de pays parlent français dans le monde ? Ce qui est plus grave c'est quand on ne pourra parler que français ou anglais dans les pays africains, *il ne sera même plus possible d'être chez soi même chez soi*. Les langues nationales ont à occuper leur place à l'EMIA (École Militaire Inter Armées) et dans toutes les autres structures où se forment les défenseurs du pays pour plus d'efficacité dans leur action.

1.4.1.14- Le ministère de l'Agriculture et du Développement rural (MINADER)

Si la plupart des pays africains demeurent sous-développés, l'une des raisons essentielles est qu'ils n'ont pas encore trouvé de solution adéquate à leur problème linguistique. Prenons le cas du Cameroun, si les agents de développement parlent en anglais et en français aux paysans analphabètes, quel développement peut en sortir ? Or, c'est la triste réalité. Car le mépris des langues camerounaises par une certaine élite dépositaire d'un savoir moderne, mais ignorant leurs langues maternelles fait en sorte que, pour passer leur savoir aux paysans, qui doivent le mettre en pratique, cette élite utilise, soit l'aide des traducteurs (souvent traîtres malgré eux), soit tout simplement celle du français ou l'anglais. Le résultat dans tous les cas est que les paysans ne comprennent pas tout, pas du tout, ou même rien du tout de ce qu'on attend d'eux, et ce n'est donc pas de leur faute si les résultats ne peuvent pas être satisfaisants.

Des raisons économiques militent pour l'enseignement des langues camerounaises. Ces langues sont des facteurs de développement incontournables. Mais pour bénéficier de tous leurs atouts, il faut d'abord, les développer, les moderniser, les normaliser elles-mêmes. Et il n'y a que leur introduction dans l'enseignement qui peut permettre au mieux toutes ces opérations.

Comment les paysans peuvent-ils intégrer dans leur système agricole les nouvelles techniques agropastorales plus rentables si tout cela n'existe qu'en langues étrangères ? Certes, il y a des moniteurs agricoles qui essaient de faire de leur mieux par le biais de la traduction pour expliquer l'utilisation des engrais par exemple. Cependant, ceux-ci seront plus efficaces s'ils étaient formés en langues nationales. Ils pourront mieux expliquer aux paysans analphabètes les procédés de l'agriculture moderne. Les diplômés en langues nationales trouveront fort à faire dans le domaine de l'agriculture.

1.4.1.15- Le ministère des Affaires sociales (MINAS)

L'une des missions de ce ministère est de s'occuper du troisième âge : les personnes âgées. La plupart de ces personnes n'ont pas été à l'école. Elles ne parlent et ne comprennent par conséquent que les langues camerounaises. Comment peut-on honnêtement s'occuper d'elles si on ne peut pas communiquer avec elles dans les seules langues qu'elles maîtrisent ? Bien sûr, on peut faire appel à des traducteurs qui peuvent être les membres de la famille, des fonctionnaires du MINAS ou toute autre personne. Mais, il est certain que si tous les employés du ministère des Affaires sociales qui doivent s'occuper des personnes âgées maîtrisaient, à l'oral comme à l'écrit, certaines langues camerounaises, ils seraient plus efficaces dans leur travail. Car, ceux d'entre eux qui ont une compétence en langues camerounaises sont sûrement plus appréciés par les personnes âgées qu'ils servent mieux que ceux qui ne font que balbutier ces langues.

Voilà pourquoi les diplômés en langues camerounaises trouveront aussi facilement du travail en frappant à la porte du MINAS sans avoir besoin de corrompre qui que ce soit.

Nous savons que ce sont les personnes âgées qui sont les dépositaires du savoir ancestral. Un pays comme le Cameroun peut-il vraiment se développer sans puiser dans cette sagesse séculaire engrangée par nos ancêtres ? Mais comment entrer dans ces bibliothèques orales et portatives que sont nos vieux des villages si on ne connaît pas les langues qu'ils parlent ? Le MINAS a un atout majeur et incontournable en la personne des vieilles personnes dont il a la charge. Mais le manque de considération officielle accordée aux langues camerounaises fait que nos personnes âgées sont très peu et très mal exploitées. Elles ne nous apparaissent plus maintenant que comme des fardeaux difficiles à porter. Pourtant, Madame Marie Madeleine FOUDA, ancienne ministre des Affaires sociales, a déclaré un jour dans une conversation privée alors qu'elle était encore ministre que :

> *« Ce sont les personnes âgées qui ont la solution à la lutte contre la pauvreté ».*

Lorsqu'on lui a demandé, pourquoi ? Elle a répondu que :
« *Parce que c'est elles qui ont la sagesse* ».

On comprend bien que c'est de la sagesse ancestrale dont il s'agit, celle que d'aucuns confondent avec la sorcellerie. Monseigneur Jean ZOA, le très regretté Archevêque de Yaoundé, parlant de l'inculturation, a demandé à ses prêtres de bien étudier les traditions africaines parce que pour lui, elles avaient des « *prémices en tout : économie, politique…et même en théologie* » concluait-il ! Le MINAS doit organiser un vrai pèlerinage au pays de nos ancêtres grâce aux personnes âgées avec qui il est en contact. Ainsi, au lieu d'être un handicap, la vieillesse serait désormais un atout réel. Mais cela est impossible sans les langues nationales. Il est donc anormal d'attendre que tous les vieux meurent pour nous débarrasser de leurs langues et traditions comme une certaine mentalité moderne le veut.

1.4.1.16- Le ministère du Tourisme

Beaucoup de pays à travers le monde s'enrichissent à partir du tourisme. Beaucoup de choses se font de plus en plus pour exploiter les potentialités touristiques énormes dont regorge cette Afrique en miniature qu'est le Cameroun. La mission essentielle du ministère du Tourisme est justement d'exploiter le potentiel touristique camerounais pour en faire un atout économique majeur et un moyen de développement incontestable. Alors, peut-on faire du tourisme au Cameroun sans aller dans l'arrière-pays ? Les touristes étrangers auront naturellement besoin des traducteurs s'ils veulent communiquer avec les populations villageoises. Mais si les fonctionnaires du ministère du Tourisme eux-mêmes ne parlent pas la langue locale, ils auront encore recours à un autre traducteur. Même si les touristes ne passent pas d'habitude par les ministères, certains peuvent s'y hasarder et solliciter son concours pour aller à l'intérieur du pays, ce qui n'est pas interdit. Nous aurons alors le cas où le touriste s'adresse d'abord au fonctionnaire du ministère du Tourisme qui l'accompagne pour lui dire ce qu'il aimerait savoir ; celui-ci à son tour cherche un traducteur occasionnel, et c'est ce dernier qui parle directement à la personne interrogée. La réponse doit encore faire le même voyage par transition. Sachant comme dit l'adage que « **tout traducteur est traître** », on imagine tout ce qui peut se passer en termes de quiproquo, malentendu… Alors que si le ministère du Tourisme était rempli de fonctionnaires parlant la plupart des langues du Cameroun, le service de la traduction serait aisé et faciliterait le travail dans ce ministère.

Tout ceci pour signifier que les diplômés en langues camerounaises trouveront aussi du travail au ministère du Tourisme sans trop d'effort. Et ceux qui auront une compétence appréciable en plusieurs langues camerounaises auront encore plus de facilité à se faire embaucher que les autres. D'où l'intérêt apprendre plusieurs langues camerounaises à la fois pour l'avenir qui est au multilinguisme.

1.4.1.17- Le ministère du Commerce

La langue est un produit commercialisable. Il faut donc pouvoir la vendre. Il y a nécessité de faire l'étude du marché. Ce marché linguistique s'étend sur toute l'étendue du territoire national et au-delà. Nous pouvons et devons exporter nos langues comme des produits commerciaux. Les autres pays vendent bien leurs langues pourquoi pas nous ? Mais le marché a ses lois, et il y a des personnes compétentes dans ces domaines. Raison pour laquelle le ministère du Commerce doit s'intéresser aux langues camerounaises comme produits économiquement rentables. C'est ce ministère qui peut aussi mieux étudier les lois du marché linguistique tant au niveau national qu'au niveau international pour aider le Cameroun à vendre ses langues qui sont des richesses incontestables.

Les diplômés en langues et cultures camerounaises peuvent se faire recruter au ministère du Commerce en vue d'étudier les conditions de possibilité de la mise sur pied d'un véritable marché linguistique camerounais suivant les lois de l'offre et de la demande. Et même si la demande n'est pas forte, on peut la créer, nous pensons que c'est à cela que servent la publicité et le marketing. C'est nous-mêmes qui devons mettre nos richesses en valeur. Les langues camerounaises sont des richesses culturelles commercialisables, le ministère du Commerce doit se saisir de ce dossier à l'ère de la décentralisation et dans la mouvance des grands chantiers pour nourrir les grandes ambitions des linguistes camerounais de codifier et de développer toutes les langues camerounaises qui le méritent.

1.4.1.18- Le ministère de l'Industrie, des Mines et du Développement technologique

Nous avons dit en amorçant cette étude que l'exploitation des langues camerounaises est « *une entreprise industrielle et commerciale* ». Il s'agit maintenant de le prouver. Pour insérer les langues camerounaises dans le système éducatif national, il faudra produire beaucoup de livres en langues camerounaises. Or, les machines actuelles ne sont pas encore vraiment adaptées à l'écriture des langues camerounaises. Il faut encore faire beaucoup d'opérations pour noter les tons et écrire les caractères spéciaux (souvent les signes de l'Alphabet Phonétique International) dont nos langues ont besoin pour être bien écrites. Même avec un ordinateur doté d'un logiciel spécial pour les langues africaines, on perd encore plus de temps pour produire un texte en langues camerounaises que de produire un texte équivalent en langues européennes. Ceci parce qu'il faut des claviers d'ordinateurs qui intègrent dans leurs touches, les caractères spéciaux (ə, ɛ, ŋ, ɔ...) qui sont nécessaires pour l'écriture moderne des langues camerounaises. Nous avons vu au Gabon, une machine à écrire ayant déjà ces caractères. Il est alors question que les spécialistes de la technologie se penchent sur la fabrication des ordinateurs aptes à écrire les langues camerounaises sans trop de complications et surtout qu'ils les fabriquent en quantité industrielle et à des prix dignes des pays pauvres et très endettés comme le nôtre.

Pour développer les langues camerounaises grâce à l'informatique, les informaticiens auront besoin de l'aide des linguistes et autres spécialistes en langues camerounaises. Les futurs diplômés en langues camerounaises seront facilement embauchés au ministère de l'Industrie, des Mines et du Développement technologique pour participer à cette entreprise de modernisation des langues camerounaises. Il est vrai qu'il faudra d'abord convaincre ce ministère de s'investir dans ce domaine. Mais nous pensons que cela ne saurait tarder, car ses responsables seront sûrement influencés par ce qui se fera dans les autres départements ministériels au sujet des langues camerounaises.

1.4.1.19- Le Premier ministère (PM)

Le Premier ministère est le département gouvernemental qui coordonne l'activité des autres ministères. Il n'est pas possible que les langues camerounaises imprègnent un grand nombre de départements ministériels comme nous venons de le voir sans que le PM lui-même soit au cœur de cette révolution culturelle. Nous proposons plus loin la création d'un **Organe inter ministériel** pour coordonner toutes les activités liées à l'insertion des langues camerounaises dans le système éducatif national. Nous pensons que c'est au sein du Premier ministère que cet Organe gouvernemental pour la gestion académique des langues nationales doit loger.

Les diplômés et les spécialistes en langues camerounaises pourront donc aussi frapper avec succès aux portes du Premier ministère.

Nous pouvons même avoir la témérité de penser que la Présidence de la République, qui a bien un service de traduction (des langues étrangères), peut aussi s'intéresser aux langues camerounaises de façon à créer une **Direction** ou un **Service** en son sein à cet effet. Mais nous nous limitons pour l'instant au Premier ministère en nous interdisant d'avoir de **très grandes ambitions.**

Le point sur les ministères du Cameroun face à la politique linguistique gouvernementale en faveur de l'insertion des langues nationales dans le système éducatif

En faisant le tour de quelques ministères comme nous venons de le faire, il ne se trouve pas un seul qui n'aurait pas besoin des futurs diplômés en langues nationales. Ne pouvant passer en revue toutes les possibilités d'emplois qui s'ouvrent, rien que dans les ministères du Cameroun, à tous ceux et celles qui se lanceront dans une formation de quelque niveau que ce soit en langues nationales, arrêtons ici cette énumération déjà **fastidieuse** en restant avec la conviction que les diplômés en langues nationales ne connaîtront pas le spectre du chômage quelle que soit la conjoncture sociale de l'heure et quel que soit le gouvernement en place.

1.4.2- LES AMBASSADES

Si par le ministère des Relations extérieures l'État propose aux diplomates camerounais qui le désirent, pour leurs enfants ou pour eux-mêmes, d'enseigner les langues camerounaises dans les ambassades du Cameroun à l'étranger, il peut aussi proposer l'enseignement de ces mêmes langues aux diplomates des pays étrangers qui sont au Cameroun. Cela pour permettre une meilleure intégration et compréhension de la société camerounaise. On ferait difficilement du bon travail dans un pays étranger sans savoir un seul mot de la langue de ce pays. Même si au Cameroun le français et l'anglais sont langues officielles, il n'est pas inutile de proposer aux ambassades qui le souhaitent une initiation aux langues camerounaises. Que les étrangers en terre camerounaise ne s'arrêtent plus paresseusement à cet argument séculaire qu'il y a tellement de langues au Cameroun qu'on ne sait pas laquelle apprendre ni laquelle enseigner. Toutes les langues camerounaises ne se parlent pas tous les jours dans tous les coins de la rue. Il y a des langues véhiculaires, qu'on apprenne au moins celle de sa Région. Dans tous les cas, c'est un handicap culturel pour tous ceux qui séjournent plusieurs années en Afrique de rentrer chez eux sans connaître un mot des langues des pays où ils ont vécu. Il est vrai que tôt ou tard, c'est eux qui le regretteront. Mais par amour pour ces étrangers qui ont choisi la destination Afrique, et surtout camerounaise alors que d'autres choix étaient possibles, il faut mettre à leur portée une possibilité de s'initier à la culture africaine en général et camerounaise en particulier à travers les langues camerounaises.

C'est un peu curieux de voir fleurir un peu partout au Cameroun des Centres Linguistiques où l'on n'apprend que le français ou l'anglais. Or il n'y a pas que ces deux langues au Cameroun. On peut bien enrichir ces Centres Linguistiques en y introduisant aussi l'enseignement des langues camerounaises elles-mêmes. Si cela n'est pas possible pour des raisons techniques, pédagogiques ou autres, on peut alors créer des **Centres Linguistiques où l'on enseignera les langues camerounaises**. Et cela, soit au Cameroun ou à l'étranger.

1.4.3- LES ORGANISATIONS NON GOUVERNEMENTALES

Il en va des ONG comme des Ambassades. Prenons par exemple la SIL (Société Internationale de Linguistique), ou l'ONU (Organisation des Nations Unies)… Les membres des ONG habitant sur le sol camerounais peuvent s'intéresser à la maîtrise des langues nationales. Mais qui peut se charger de les leur apprendre ? Nos diplômés en langues nationales trouveront sûrement là un terrain fertile qui peut même leur ouvrir, de façon légale, loyale et même rentable, les portes de la coopération internationale. Les langues nationales par leur enseignement peuvent ainsi apporter leur contribution dans le débat actuel sur **l'immigration choisie ou contrôlée** dans le but d'éviter une immigration clandestine ou non choisie qui n'est souvent utile ni aux pays d'origine ni au pays d'accueil. Un immigré clandestin à qui on demandait d'être utile à son pays même et surtout tant qu'il est à l'extérieur de celui-ci répondit violemment : *Qu'est-ce que mon pays a fait pour moi quand je partais à l'étranger ?* D'après lui, comme son pays n'avait rien fait pour faciliter son départ illicite à l'étranger et qu'il a réussi par ses propres moyens, il est en droit de ne rien faire pour son pays. Un tel immigré peut-il vraiment être utile même pour le pays qui l'accueille, puisque même celui-ci n'a dû rien faire pour lui faciliter son immigration en marge de la loi ?

Il faut donc reconnaître que l'enseignement des langues camerounaises à l'intérieur et à l'extérieur du Cameroun est un atout majeur dans le dialogue Nord-Sud où les Camerounais arriveront avec une autre richesse, linguistique celle-là, à proposer au grand concert des langues humaines.

1.4.4- LES INSTITUTIONS NATIONALES

Certains services nationaux comme la Police et l'Assemblée nationale peuvent aussi embaucher les futurs diplômés en langues nationales. Si les langues nationales sont insérées officiellement dans les programmes scolaires, elles auront aussi droit de cité à l'Assemblée nationale. Un Député pourra s'exprimer en langue nationale, il faudra alors beaucoup d'interprètes qualifiés disponibles pendant les sessions parlementaires, non pour rendre la communication plus compliquée avec l'introduction de plusieurs langues, mais pour l'enrichir avec l'art oratoire camerounais qui doit quand même être chez lui dans l'Assemblée nationale camerounaise. L'Assemblée nationale étant le lieu par excellence où l'on débat de ce qui concerne tout le peuple camerounais, les langues nationales font partie de ce dont l'Assemblée doit débattre. Les députés peuvent obtenir de l'Assemblée nationale que les langues camerounaises soient utilisées officiellement ne serait-ce que dans les Communes, les Arrondissements, les Préfectures et les Régions. Ainsi, nul ne serait taxé de tribaliste pour avoir parlé une langue camerounaise dans une Région où cette langue est reconnue comme Langue officielle locale. Un maire, un sous-préfet, un préfet ou un gouverneur pourra en toute quiétude s'adresser à ses administrés en utilisant la langue locale du coin sans se faire trop de scrupules, le seul souci étant que le message passe le mieux possible au maximum de personnes concernées.

En ce qui concerne la police, lorsqu'elle recherche un bandit des grands chemins dans un village, si les villageois analphabètes ne comprennent pas la langue officielle, ils ne peuvent pas l'aider efficacement. Mais si elle leur parle dans la langue qu'ils comprennent, leur complicité devient parfaite. Ainsi, un policier qui parle plusieurs langues nationales serait plus efficace dans certains services de la police que celui qui ne connaît aucune langue nationale. Autrement dit, les futurs diplômés en langues nationales auront les portes de la police grandement ouvertes. Et ici comme partout ailleurs, plus on parlera de langues camerounaises, plus on aura des facilités pour trouver du travail. En plus, la connaissance et surtout la maîtrise des langues locales permettront d'exercer son travail avec plus d'efficacité étant plus intégré dans le milieu.

Voilà comment on peut, par le développement de la science linguistique, œuvrer pour **l'intégration nationale** et détruire scientifiquement et efficacement le tribalisme en construisant un pays uni dans et par sa diversité culturelle où les différences sont plus vues sous l'angle de la complémentarité que de celui de l'adversité. Un pays où l'autre est un frère à connaître pour l'aimer et non un étranger à ignorer ou à combattre. La connaissance des langues nationales ouvre ainsi à la connaissance tout court et il vaut mieux d'abord connaître un fait pour avoir un comportement juste par rapport à lui. La connaissance des langues camerounaises inclinera plus à les aimer qu'à les haïr. Il en ira de même des personnes qui les parlent : les langues nationales.

1.4.5- LES PARTIS POLITIQUES

Un parti politique peut avoir besoin d'un ou de plusieurs spécialistes en langues nationales pour l'aider à traduire son programme d'action en ces langues afin d'être accessible à la majorité des Camerounais. Un diplômé en langue nationale peut ainsi trouver du travail dans l'un ou l'autre parti politique d'envergure nationale. Ceux et celles qui parlent, lisent et écrivent beaucoup de langues camerounaises ont plus de chance de se faire embaucher dans ce secteur d'activité, car les partis politiques se voulant nationaux, chercheront à couvrir toute l'étendue du triangle national, ce qui nécessite des linguistes camerounais polyglottes. La solution de mettre tout le monde au français ou à l'anglais est non seulement irréalisable jusqu'à présent – près de cinquante ans après l'indépendance –, mais en plus c'est un massacre culturel, un crime contre l'humanité linguistique de rayer toutes les 248 langues nationales camerounaises de la surface de la Terre. Heureusement tout le monde n'est pas *afroglottocide* et *cameglottophobe* comme beaucoup d'Africains et de Camerounais eux-mêmes le prouvent. Une Camerounaise nous a déclaré que si l'on remet sa langue maternelle dans l'école de son quartier à MESSA MENDONGO, elle enlève son enfant de cette école-là. Pour elle, c'était injuste d'enseigner le français et l'anglais aux enfants du Centre-ville à Yaoundé et d'enseigner l'ewondo à ceux de la périphérie (A. OWONA 1997 : 64). Elle ne comprenait visiblement pas encore l'importance de l'enseignement des langues camerounaises aux enfants camerounais. Il est vrai que ce ne sont pas les plus nombreux, mais il convient de savoir pour s'en inquiéter qu'il existe encore un nombre non négligeable de Camerounais à tous les niveaux, qui sont hostiles à l'enseignement des langues camerounaises dans les établissements scolaires du pays et qui sont souvent prêts à tout pour faire échouer toute initiative qui est en faveur cet enseignement.

1.4.6- LES ÉGLISES ET LES AUTRES RELIGIONS

Nous ne pouvons passer sous silence, l'importance des langues nationales pour la religion. Ce sont d'ailleurs les missionnaires européens qui ont été les premiers non seulement à mettre ces langues par écrit, mais aussi à les mettre à l'école pour les besoins de l'évangélisation. Cette évangélisation qui continue aujourd'hui ne peut pas se passer des langues nationales. Mais comment approfondir les Saintes Écritures, traduire la Bible, écrire les chants religieux, à l'avenir si les enfants et les jeunes ne savent pas lire ni écrire leur langue maternelle ? Les condamne-t-on à n'utiliser que les langues étrangères pour louer Dieu alors que Dieu demande de le louer en langue nationale, comme cela apparaît clairement au jour de la Pentecôte (Ac 2, 7-12) ? Comment les jeunes du Cameroun peuvent-ils connaître leurs langues maternelles si ces langues sont absentes des écoles où l'essentiel de leur éducation se fait ?

Les partis politiques sont au service d'un leader qui a un projet de société pour le bien-être de la majorité de la population. Les Églises et les Religions se veulent au service de Dieu qui veut le bien-être de la terre entière. Les diplômés en langues nationales trouveront naturellement du travail dans les Églises qui pullulent en Afrique en général et au Cameroun en particulier. Une meilleure compréhension des Saintes Écritures pour les populations autochtones exige leur traduction en langues nationales. La prédication ne peut pas se faire en une langue que les auditeurs ne comprennent pas, même à l'époque missionnaire, le prédicateur qui ne maîtrisait pas les langues locales était obligé d'avoir recours à un interprète, ce qui montre que les langues camerounaises sont incontournables pour l'évangélisation du pays. Le métier d'interprète liturgique étant en perte de vitesse, il y a beaucoup de travail dans ce domaine. On ne doit pas continuer à s'appuyer sur une interprétation erronée du mythe de la ***Tour de Babel*** (Gn 11, 1-9), pour voir dans la multiplicité des langues une punition divine. Il faut savoir que ce mythe est théologico-politique à l'origine. Le problème linguistique y est secondaire, comme partout d'ailleurs. La langue en elle-même est neutre. C'est l'utilisation qu'on en fait qui peut la transformer en une arme très puissante et très efficace autant pour faire le plus grand bien que pour réaliser les pires des maux. Les habitants de la terre voulaient se passer de Dieu en ne comptant que sur les forces humaines par des alliances politiques. L'auteur biblique veut critiquer ce comportement humain assez athée qui veut évacuer Dieu de son rayon d'action. Il met donc sur scène le mythe de la Tour de Babel qui est voué à s'effondrer par l'impossible communication des constructeurs puisqu'ils ont rompu toute communication avec le Tout Autre qu'est Dieu. Il ne faut donc pas croire que Dieu est contre la multiplicité des langues. Et même si, faisant fi de l'herméneutique orthodoxe que nous venons de présenter à propos de ce mythe, on décide que Dieu est antimultilingue dans l'Ancien Testament, il n'est plus contre la multiplicité des langues dans le Nouveau Testament. À partir de l'épisode de la Pentecôte, c'est en toutes les langues que seront désormais proclamées les merveilles de Dieu (Ac 2, 1-13). En ce qui concerne la religion chrétienne, religion de la Parole et de l'Écriture, la multiplicité des langues est plus un atout, une richesse qu'un handicap. Les missionnaires chrétiens ont souvent été les premiers à mettre par écrit certaines langues sans écriture. C'est pourquoi la **Bible** est le premier livre qui a été imprimé et il demeure le livre le plus traduit et le plus vendu dans le monde.

La réduction des langues nationales à la seule utilisation orale et informelle n'assure pas leur longévité et appauvrit en même temps le dialogue entre les générations et les citoyens. Pire encore, la mort des langues nationales, qui est certaine si elles ne sont pas écrites, entraînera la fin du dialogue entre les croyances ancestrales et les religions d'aujourd'hui. Car la langue a des liens avec la spiritualité et la religion du peuple qui la parle. Et lorsqu'on connaît l'impact de la religion sur certaines catégories de personnes dans la société, on ne peut s'empêcher de réfléchir aussi sur les relations qui existent entre la langue et la religion. Si la langue ouvre au dialogue avec l'autre, la religion ouvre au dialogue avec le Tout Autre qui est Dieu. Les théologiens diront que l'homme est un animal religieux dans la mesure où il sait qu'il n'est pas son propre créateur parce que cette *horloge* qu'est le monde a un *Grand Horloger* quelque part. Que la religion soit celle du Livre comme l'Islam et le Judaïsme ou celle du Livre et de la Parole comme le Christianisme, la langue joue un rôle irremplaçable dans toutes les religions du monde. Les langues africaines parmi lesquelles se trouvent les langues camerounaises ne font pas exception à cette règle. Il est donc utile de faire allusion aux relations qui existent entre les langues et les religions.

Sans la religion, la plupart des langues nationales camerounaises ne seraient pas encore et peut-être même jamais écrites. Car, dans la plupart des cas, les missionnaires chrétiens protestants et catholiques ont toujours été les premiers à mettre des langues non écrites par écrit pour traduire les Saintes Écritures. Le duala, et l'ewondo par exemple sont de celles-là. Ainsi, concilier les langues et les religions est une nécessité, car « *Au commencement était le Verbe...* » dit la Bible (Jn 1, 1). C'est pourquoi ce travail nous a amené à concevoir une science qui étudierait les relations entre la Théologie et la Linguistique que nous avons baptisée du nom de **Théolinguistique**. Cette science qui naît à l'Université de Yaoundé I sera développée et présentée à l'Université Catholique d'Afrique Centrale encore appelée l'Institut Catholique de Yaoundé.

Conclusion sur la nécessité de l'insertion des langues nationales dans le système éducatif

Il nous a paru très important de passer en revue ces domaines essentiels de la vie de l'homme (le langage, la politique, l'économie, la culture, la société et la religion…) pour situer l'importance du problème des langues nationales que nous traitons. Par ailleurs, ceux qui vont bénéficier de l'insertion des langues nationales dans le système éducatif camerounais sont tellement nombreux qu'il n'y a plus à hésiter à réaliser cette insertion.

Bien plus, les lois du pays sont favorables à la promotion des langues nationales. Les Camerounais soucieux du bien commun véritable de la nation attendent. Aux savants maintenant, chercheurs de toutes les disciplines et surtout aux linguistes de réfléchir sur les conditions de la mise en pratique de cette politique linguistique camerounaise afin de proposer aux décideurs le fruit de leurs travaux pour que ceux-ci, éclairés par les recherches scientifiques, spécialement ici de la sociolinguistique et de la pédagogie, prennent les mesures qui s'imposent pour l'application des décisions qu'eux-mêmes ont prises au sujet de l'enseignement des langues nationales.

En apprenant leurs langues maternelles à l'école, en découvrant toutes les valeurs culturelles, sociales, religieuses et humaines contenues dans ces langues, en comprenant l'humanité de l'homme noir exprimée par ses langues qui ont des prémices en tout : philosophie, économie, politique, théologie…les jeunes Camerounais seront moins tentés de croire qu'il n'y a pas de salut dans leur pays et rêveront moins d'aller définitivement à l'étranger. C'est encore l'administration camerounaise qui aura ainsi à sa disposition une main-d'œuvre qualifiée qui pourra efficacement œuvrer pour la construction de la nation. Il faut bien comprendre que le mépris des cultures africaines, jugées à tort incapables d'assurer leur bonheur, est la principale raison qui vide les pays africains de leurs jeunes habitants. En déplorant les méfaits de la Traite négrière qui a vidé l'Afrique pendant des siècles de ceux-là qui auraient pu la construire, déplorons aussi la fuite des intelligences africaines en quête du mieux-être hors de l'Afrique, encouragées en cela par la théorie d'une *immigration choisie.* Il faut chercher l'origine du mal qu'est l'exode africain qui vide les pays africains de ses cerveaux de demain. Si pendant la Traite négrière, beaucoup d'ancêtres africains embarquaient *manu militari*, malgré eux, dans les bateaux des négriers, aujourd'hui, c'est à leurs risques et périls que les jeunes Africains (et même des moins jeunes) font tout ce qui est à leur pouvoir pour embarquer pour la France, l'Allemagne… C'est une révolution historique qui se prépare. L'introduction des langues camerounaises dans le système éducatif réduira de façon sensible l'exode des jeunes Camerounais en leur ouvrant des possibilités nouvelles d'un avenir meilleur possible dans leur pays. Le cas du Cameroun pourra inspirer beaucoup d'autres pays africains, à moins que ce ne soit le contraire dans la mesure où en ce qui concerne l'enseignement des langues nationales à l'école, *le Cameroun n'est pas du tout un exemple à suivre.* Il est en retard sur beaucoup d'autres pays africains à ce sujet. L'insertion des langues camerounaises dans l'enseignement est une préparation lointaine de la fin de **l'exode camerounais** en particulier et un exemple pour l'arrêt de **l'exode africain *en général.*** *Mieux vaut tard que jamais*, pouvons-nous dire aux Camerounais en ce qui concerne l'insertion de leurs langues nationales dans l'enseignement formel du pays. Beaucoup de problèmes hantent l'esprit de ceux qui veulent introduire les langues nationales à l'école. Mais aucun des problèmes soulevés n'est insoluble. Il ne faut pas attendre d'avoir trouvé des solutions définitives à tous les problèmes que pose l'insertion des langues camerounaises dans le système éducatif pour la réaliser. Il y aura toujours des problèmes. Plus on attend, des problèmes nouveaux se posent, par exemple, les langues évoluent. On a fini de mettre un système d'écriture d'une langue sur pied, plus le temps passe, plus ce système est susceptible de changement, surtout lorsque la langue n'est pas encore largement utilisée sous sa forme écrite, et il faut encore recommencer à travailler sur son système d'écriture. Il faut donc faire vite pour insérer les langues camerounaises dans le système éducatif camerounais. Cependant, malgré le retard accumulé et l'urgence avec laquelle l'enseignement des langues camerounaises doit s'effectuer, parmi les obstacles qui empêchent encore l'insertion des langues nationales dans le système éducatif camerounais, une question capitale mérite d'être traitée à part, il s'agit de la *manière* d'insérer les langues nationales dans les programmes scolaires et universitaires. Il y va de la réussite de cette insertion. Car si elle est faite dans la précipitation et sans une préparation scientifiquement rigoureuse, elle peut échouer, et il sera difficile de recommencer.

DEUXIÈME PARTIE

LES PERSPECTIVES DE L'INSERTION DES LANGUES CAMEROUNAISES DANS LE SYSTÈME ÉDUCATIF NATIONAL

INTRODUCTION

Les questions qui se posent sur la manière d'organiser l'insertion des langues nationales dans le système éducatif camerounais de façon efficace sont nombreuses, pertinentes et intéressantes, mais elles ne sont pas insolubles. Certains *cameglottophiles* jusqu'à présent ont été découragés devant ces questions. Comment insérer les langues nationales dans le système éducatif camerounais ? Le terrain est déjà occupé par les langues officielles et en plus, les langues camerounaises sont si nombreuses, sans livres adéquats ni maîtres compétents. À qui enseignera-t-on les langues nationales ? Pendant combien de temps ? Que va-t-on enseigner en langues camerounaises, l'informatique, l'agriculture… ?

Quelles sont les conditions de faisabilité de cet enseignement pour assurer son plein succès ? Voilà le style de questions affrontées dans cette étape. Le moment est venu de leur trouver des solutions.

Résolvons d'abord les problèmes les plus déterminants avant de présenter la meilleure manière d'insérer les langues nationales dans le système éducatif camerounais actuel, nous montrerons alors enfin les différentes étapes ou phases que cette insertion doit suivre.

CHAPITRE 5

LES PROBLÈMES À RESOUDRE

Les difficultés à résoudre pour insérer les langues camerounaises dans le système éducatif sont nombreuses et réelles, ce qui peut décourager les militants, même les plus passionnés de cette insertion. Il est vrai que tous les problèmes n'ont pas la même valeur. Il y a des questions prioritaires, d'autres secondaires et enfin des questions mineures. Le choix des langues à enseigner est une question prioritaire alors que le sexe de l'enseignant des langues nationales est secondaire et que la couleur de la couverture du manuel didactique est un problème mineur.

Bien plus, si les langues camerounaises devaient être introduites dans le système éducatif uniquement comme une matière à enseigner, comme le sont les langues étrangères comme *l'allemand et l'espagnol,* les difficultés seraient moindres. Mais, comme les langues camerounaises doivent intégrer le système éducatif camerounais non seulement en tant que **matières d'enseignement** apparaissant dans les examens officiels, mais, à long terme, comme **médiums d'enseignement**, les obstacles et difficultés deviennent presque insurmontables pour le moment. Et, quelles que soient les convictions personnelles de chacun, nul, à moins d'être de mauvaise foi, ne peut nier l'importance des obstacles à vaincre si l'on veut que l'enseignement des/en langues camerounaises soit une réussite.

Il ne s'agit pas de mettre la charrue avant les bœufs. S'il faut vraiment mettre les langues camerounaises dans l'enseignement aujourd'hui, a-t-on un corps enseignant compétent, suffisant et disponible ? Quant au matériel didactique, où est-il ? Les livres sont-ils adaptés à la psychologie des enfants, à des prix abordables, disponibles ? En ce qui concerne la qualité du matériel didactique en langues nationales, nous avons relevé plus haut que la couleur de la couverture du livre est un problème mineur, mais c'est un problème quand même. Nous sommes dans un contexte de concurrence linguistique, si les livres en langues officielles sont en couleur et en qualité supérieure alors que ceux des langues nationales tombent en lambeaux, les élèves dénigreront les langues camerounaises en même temps que les enseignants de ces langues. Ceux-ci apparaîtront comme les enseignants les plus villageois des établissements où ils exercent. D'où l'intérêt d'assurer une qualité digne pour le matériel didactique en langues nationales. Or, une qualité supérieure nécessite aussi des moyens subséquents. D'où viendra l'argent pour procurer aux livres en langues camerounaises la qualité appréciable qu'ils méritent ? Nous avons déjà vu tous les débouchés auxquels l'enseignement des langues camerounaises donne droit. Mais pour rendre cela effectif, pour que ces diplômés en langues camerounaises ne connaissent pas le spectre du chômage, il faut que le ministère de la Fonction publique, le ministère de l'Économie et des Finances et même le Premier ministère n'y trouvent pas d'inconvénients ? Sans vouloir décourager ceux qui militent pour l'insertion des langues nationales dans le système éducatif, il ne faut cependant pas fermer les yeux devant ces problèmes réels sur lesquels s'appuient les opposants à l'enseignement des langues nationales pour empêcher cet ordre d'enseignement par tous les moyens. Il faut bien noter que parmi ceux qui refusent l'insertion des langues nationales dans le système éducatif camerounais, tous ne sont pas d'obscurs colonisés. Il y a des responsables qui veulent d'abord réunir toutes les conditions pour la réussite d'une telle opération révolutionnaire avant de se lancer dans sa réalisation. C'est ainsi que l'on peut se retrouver devant une personne qui bloque l'insertion des langues camerounaises dans le système éducatif non parce qu'elle n'aime pas ces langues, mais justement parce qu'elle ne veut pas que l'opération échoue de façon irrémédiable. Il nous revient alors de nous pencher sérieusement sur les problèmes que l'enseignement des/en langues camerounaises pose, et tenter d'y apporter des solutions satisfaisantes.

Pour ce faire, voici une liste non exhaustive des problèmes qu'il faut avoir le courage et la détermination d'affronter honnêtement :

1- l'implication réelle du gouvernement et la conscientisation des parents et du public ;

2- le statut académique des langues nationales à enseigner ;

3- le choix des langues à enseigner en ville et dans les zones rurales ;

4- l'harmonisation des systèmes d'écriture ;

5- la production du matériel didactique ;

6- la formation des formateurs ;

7- la planification de l'enseignement ;

8- le problème des affectations des fonctionnaires.

Reprenons chacun des problèmes ci-dessus pour essayer de lui trouver une solution.

2.5.1- L'Implication réelle du gouvernement et la conscientisation des parents et du public

Le premier problème à résoudre pour rendre l'enseignement des/en langues camerounaises opérationnel est celui de l'implication effective du gouvernement camerounais de qui dépend en grande partie la sensibilisation des parents et celle du grand public. Car, tant que les parents et le grand public ne voient pas l'implication réelle du gouvernement dans la promotion des langues camerounaises par leur insertion dans le système éducatif à tous les niveaux, et les débouchés administratifs et financiers y relatifs, cette insertion manquera toujours l'enthousiasme nécessaire. Ce n'est donc qu'un rappel ici, nous avons insisté longuement sur ce point dans la première partie de ce travail. Le problème linguistique au Cameroun est avant tout un problème politique. Comme dans chaque pays d'ailleurs, c'est le gouvernement qui définit la politique linguistique même dans le cas où il décide de ne rien dire officiellement étant donné que *choisir de ne pas choisir c'est encore choisir*. Il revient au gouvernement camerounais de prendre ses responsabilités et d'insérer les langues camerounaises dans son système éducatif. Mais il faut avouer que la tâche n'est pas aisée à ce niveau. Le gouvernement camerounais ne peut pas et ne doit pas s'engager dans un chemin incertain. Les militants pour l'enseignement des/en langues camerounaises voudraient déjà voir cet enseignement effectif sur toute l'étendue du territoire. Mais les décideurs politiques ne peuvent pas mettre la charrue avant les bœufs. Ils doivent d'abord s'assurer d'une part que toutes les conditions sont réunies pour que cet enseignement puisse se mettre en route sans dommage et dans de bonnes conditions, et que d'autre part, l'insertion des langues camerounaises dans le système éducatif ne provoque aucun trouble, aucun chamboulement, aucune perturbation politique et socio-économique négative. À cet effet, nous devons avouer qu'aujourd'hui, toutes ces conditions ne sont pas encore réunies de manière parfaite. Les membres du gouvernement responsables du secteur éducatif doivent passer de la parole aux actes. Le gouvernement doit maintenant produire les textes d'application des lois demandant l'enseignement des langues camerounaises à l'école. Pour que l'enseignement effectif de ces langues touche toute l'étendue du territoire, c'est le gouvernement seul qui peut le décider. Et il est temps qu'il le décide. On le répètera inlassablement tant qu'il ne l'a pas encore fait. Il convient donc de saluer à ce niveau la correspondance (Cf. Annexe) que le ministre des Enseignements secondaires a adressée au ministre de l'Enseignement supérieur, relative à l'ouverture d'une filière en langues et cultures nationales à l'École Normale Supérieure pour préparer les futurs Enseignants des langues et cultures nationales dans les Lycées et Collèges. Il y a donc une implication réelle du gouvernement pour l'insertion des langues et cultures camerounaises dans le système éducatif. La création d'un Département et d'un Laboratoire de Langues et Cultures Camerounaises le 3 septembre 2008 ouvre une ère nouvelle dans le paysage éducatif national du Cameroun. Le bout du tunnel n'est pas encore atteint. Il est à espérer que nous verrons bientôt le bout de ce long tunnel qui mène à la réinsertion des langues camerounaises dans le système éducatif national formel. La honte et le mépris de certains Camerounais ne seront plus qu'un triste souvenir.

C'est aussi le gouvernement qui est habilité à définir le statut des langues camerounaises qu'on enseignera.

2.5.2- Le Statut académique des langues nationales à enseigner

Une question divise les adeptes et surtout les responsables de l'éducation nationale au sujet de l'enseignement des langues nationales, il s'agit de savoir si ces langues seront utilisées comme **langues d'enseignement et/ou matière dans l'enseignement.** Le débat est houleux dans les milieux avertis entre ceux qui veulent que les langues nationales soient les vecteurs de connaissances et ceux qui estiment qu'il leur suffit d'être introduites comme une matière dans l'enseignement qui se fera en langues officielles (français ou anglais).

Dans ce débat, notre position est simple, réaliste et naturelle, nous l'avons exposé au début de ce travail à propos de la problématique. On ne peut instruire quelqu'un que dans une langue qu'il connaît. Va-t-on créer nuisiblement des quiproquos et des contresens en s'adressant aux apprenants en une langue qu'ils ne connaissent pas ? Dans une bonne communication, il faut que l'émetteur et le récepteur utilisent tous les deux le même code qu'ils doivent maîtriser. Par ailleurs, « ***pour apprendre l'anglais à John, c'est John qu'il faut d'abord connaître et non l'anglais*** », dit l'adage populaire. L'enseignant doit bien connaître l'apprenant et son milieu de vie, sa culture, ses forces et ses faiblesses pour le succès de l'enseignement. L'apprenant doit aussi connaître son enseignant, au moins connaître la langue qu'il utilise pour comprendre ce qu'il dit. C'est la raison pour laquelle nous pensons que dans les trois premières années du primaire, en milieu rural, la langue d'enseignement doit être la langue maternelle des enfants qui est partout une langue camerounaise. Ainsi au fur et à mesure que l'enfant progresse dans le cursus scolaire et qu'il est en contact avec les autres langues, les langues officielles peuvent s'insérer progressivement jusqu'à prendre la place de la langue nationale qui sera déjà maîtrisée à l'oral et à l'écrit.

Le problème du statut académique des langues nationales à enseigner se résout donc de la manière suivante : les langues nationales entrent à l'école dès la maternelle comme langue d'enseignement et le demeurent dans les trois premières années du primaire en milieu rural. Toutes les matières sont par conséquent enseignées en langues nationales. Progressivement au CE2, la langue nationale change de statut académique et devient matière d'enseignement alors que la première langue officielle (LO1) du milieu prend la place de langue d'enseignement. À partir du Secondaire jusqu'à l'enseignement supérieur, les langues camerounaises sont enseignées comme matières. Cependant, il est recommandé d'enseigner les langues camerounaises en langues camerounaises. Ce qui fait que les langues camerounaises seront des langues d'enseignement pour leur propre enseignement, et elles seront aussi des vecteurs de connaissances pour d'autres matières dont elles remplissent les conditions exigées. Plus loin nous verrons en pratique comment se fait la transition. Qu'il nous suffise de dire ici que les langues nationales entrent à l'école primaire comme vectrice d'enseignement et deviennent matière d'enseignement dans les dernières classes du primaire, au Secondaire et dans l'enseignement supérieur pour l'instant en attendant qu'au moins certaines de ces langues puissent encore être assez développées pour être vecteurs d'enseignement même au niveau secondaire et supérieur. Pour le moment, elles ne peuvent pas encore le faire comme nous l'avons vu, mais plus tard, certaines le pourront. Car, à long terme, l'objectif est que les langues camerounaises restent langues d'enseignement ne serait-ce que pour leur enseignement propre. D'où la nécessité de créer un métalangage convenable dès à présent dans cette optique.

Une fois le statut académique des langues à enseigner déterminé, il faut aussi déterminer le nombre de langues nationales à introduire à l'école. C'est cette question qui semble être l'équation la plus difficile en ce qui concerne l'insertion des langues camerounaises dans le système éducatif.

2.5.3- Le choix des langues nationales à enseigner en ville et dans les zones rurales

Comme nous le savons déjà, d'après les résultats du deuxième inventaire de l'Atlas Linguistique du Cameroun réalisé en 1993, on dénombre 248 langues nationales comme l'ont confirmé M. A BOUM NDONGO-SEMENGUE et Etienne SADEMBOUO in MENDO ZE (dir.) (1999 : 71). En y ajoutant le français et l'anglais, le total donne 250 langues en présence au Cameroun. D'autres chercheurs ont même revu ce chiffre à la hausse à l'instar de BITJAA KODY (2004 : 476) qui affirme que :

> *L'état actuel des recherches sociolinguistiques sur la détermination des unités-langues au Cameroun nous a permis de recenser 284 langues locales parfaitement distinctes, utilisées ou ayant été utilisées il y a quelques années, par des communautés de locuteurs natifs localisables sur le territoire camerounais.*

La différence entre le nombre de langues nationales recensées par les auteurs de l'Atlas Linguistique du Cameroun et celui de BITJAA KODY s'explique entre autres raisons par le fait que ce dernier a pris en compte même les langues qui ne sont plus en usage, mais qui l'ont été il y a quelques années.

Le français et l'anglais sont déjà enseignés en principe sur toute l'étendue du territoire national. S'il faut introduire les langues camerounaises à l'école, il faut faire des choix, car toutes les langues camerounaises ne peuvent pas être introduites à l'école à la fois. Mais lesquelles choisir et selon quel(s) critère(s) ? Voilà un problème sérieux à résoudre. Et cela doit se faire de façon scientifique, sans passion incontrôlée ni à priori.

Le choix des langues à enseigner dans les zones rurales et en ville

- en zone rurale

Le choix des langues camerounaises à insérer dans le système éducatif en zone rurale ne pose pas de problème majeur étant donné que l'homogénéité linguistique est presque totale dans ces zones. Dans chaque zone rurale, tout le monde parle presque la même langue, les élèves comme les enseignants. Ici, il faut choisir la langue du lieu.

- en ville

C'est en ville, à cause du mélange des populations, que le choix des langues camerounaises à enseigner officiellement va se poser. Les langues standardisées auront plus de chance à être insérées dans le système éducatif que les autres. La stratégie ici consiste alors à organiser les enseignements de manière à avoir des cours de Tronc commun où tous les élèves sont ensemble, et les cours de Travaux Pratiques où l'on rassemble dans une salle les élèves de même niveau par groupe linguistique pour leur dispenser un enseignement ciblé sur la langue concernée. C'est comme l'application du principe des Cours Complémentaires déjà en vigueur à L'Université de Yaoundé I où les étudiants de même niveau viennent de tous les Départements de la Faculté des Arts Lettres et Sciences Humaines pour suivre des cours de basaa, de duala, d'ewondo ou de fulfulde au Département de Langues Africaines et Linguistique. Il y a un enseignant pour chacune de ces langues pour s'occuper de ces étudiants.

Nous avons vu plus haut que le choix de la langue camerounaise à insérer dans le système éducatif est relativement facile en milieu rural où tout le monde parle presque la même langue. Nous venons de voir comment on doit organiser l'enseignement des langues camerounaises en milieu urbain. Il s'agit maintenant de poser les conditions qu'une langue doit remplir pour avoir la chance d'être insérée officiellement dans le système éducatif national. Il faut dire que ce sont les langues standardisées qui auront plus de chances à être insérées dans l'enseignement avant les autres.

Une langue est un ensemble de dialectes intercompréhensibles. La standardisation est le processus par lequel un dialecte ou une des variantes locales ou sociales de la langue s'impose au point d'être employée couramment, comme le meilleur moyen de communication, par des gens susceptibles d'utiliser d'autres formes de la langue ou dialecte. Ceci concerne généralement la langue écrite. On peut donc dire qu'au niveau scientifique, **toute langue est standardisable**. Il suffit que des linguistes s'occupent de son aménagement et de sa normalisation. On a des **critères primordiaux**, des **critères secondaires** et même des **critères marginaux** qui doivent guider ceux qui s'occupent de l'aménagement des langues. SADEMBOUO E. (2001 : 409) donne un certain nombre de ces critères :

1- Le nombre de locuteurs
2- Le prestige de la langue
3- La revue de la littérature
4- Sa centralité (la distance avec les autres dialectes ou l'intercompréhension).
5- La vitalité du peuple qui la parle.

2.5.3.1- Le nombre de locuteurs

C'est un critère primordial. Pour se lancer dans la lourde tâche de standardisation, d'aménagement, de normalisation d'une langue pour la rendre apte à être enseignée à l'école et même hors de l'école, il faut d'abord connaître le nombre de ses locuteurs. Car si la langue en question est parlée par quelques vieillards en voie de disparition dans des quelques montagnes perdues du pays, il n'y a pas vraiment un intérêt sérieux de mobiliser les fonds, les énergies, le temps… pour la moderniser. Il faut peut-être avoir un nombre minimal de locuteurs au-dessous duquel il est déconseillé de s'investir sur la langue, sauf pour un intérêt purement scientifique. Ainsi, dans le choix des langues à enseigner, le nombre de locuteurs est un critère très important. Car à lui seul, il peut déjà militer pour le choix ou non de telle ou telle langue.

2.5.3.2- La revue de la littérature

Pour insérer une langue dans le système éducatif, il faut savoir ce qui a déjà été écrit sur/en cette langue. La langue ne saurait être enseignée uniquement de façon orale. Il lui faut un support écrit. La plupart des langues africaines sont en voie de disparition à cause de ce manque d'un support écrit. S'il faut aujourd'hui mettre ces langues à l'école, c'est pour qu'elles ne disparaissent pas. Or, sans support écrit, elles risquent de disparaître plus rapidement. Ainsi pour choisir une langue à mettre à l'école, la quantité ainsi que la qualité des livres produits en cette langue sont déterminantes.

Nous disons d'une part qu'au niveau scientifique, on peut développer enseigner n'importe qu'elle langue. Il suffit qu'il y ait des moyens et des personnes pour le faire. Mais au niveau pratique, par souci de réalisme et d'efficacité, on ne peut pas enseigner toutes les langues camerounaises, à court, à moyen même à long terme. Il faut faire des choix. Et il y a des critères pour réaliser ce choix. Ainsi, une langue qui a une abondante littérature, c'est-à-dire, une langue dans laquelle beaucoup de choses ont déjà été écrites et qui a déjà fait l'objet de plusieurs études de manière à avoir des ouvrages didactiques : dictionnaire, grammaire, livre de calcul… a plus de chance d'être retenue par rapport à celle où rien n'a encore été écrit. Car pour cette dernière, il faudra tout commencer à zéro, alors que pour l'autre, le travail aura déjà été fait en grande partie.

Bien plus, la qualité de la littérature compte aussi. Autrement dit, il ne suffit pas qu'une langue soit écrite pour qu'elle soit apte à l'enseignement à l'école. Il faut encore voir la qualité de ces écrits. Par qui ont-elles été faites ? Y a-t-il des linguistes de renom qui ont présidé à sa mise par écrit ou bien c'est chacun qui se levait et écrivait la langue comme il voulait ? Parmi les écrits qui existent sur la langue en question, trouve-t-on des grammaires, des dictionnaires, des lexiques… ? Voilà autant de questions qui facilitent le choix ou le refus de telle ou telle langue.

2.5.3.3- Le prestige de la langue

Certaines langues ont plus de prestige que d'autres. Cela vient justement des écrits de la langue en question. Quand de grands auteurs ont utilisé telle langue pour immortaliser certaines idées du fonds commun de l'humanité, cette langue gagne du prestige. Elle est connue. La choisir pour être enseignée devient plutôt normal et presque inévitable.

2.5.3.4- La centralité

Celle-ci est à deux niveaux : au niveau géographique et au niveau linguistique.

- **au niveau géographique**

Les langues comme des hommes occupent un territoire et elles ont des parentés entre elles. Une langue est en fait un ensemble de dialectes qui se comprennent entre elles à des degrés divers. Ainsi, le dialecte (A), qui est au centre de la superficie couverte par un groupe de dialectes a plus de chance d'être compris par une majorité de locuteurs qui partagent cet espace linguistique que le dialecte (Ax) du même groupe, mais qui est placé à l'extrémité de cet espace linguistique. La géographie joue donc à ce niveau.

- **au niveau linguistique**

On parle ici d'intercompréhension. Il s'agit de mesurer le degré de compréhension des différents dialectes du groupe pour voir le plus compréhensible par la majorité des différents locuteurs de la langue en question. S'il y a un ensemble de neuf (9) dialectes qui composent une langue, il peut arriver que l'un des dialectes soit compréhensible par tous les locuteurs de la langue à un degré plus élevé que tous les autres dialectes. Les locuteurs de ce dialecte comprennent à un taux raisonnable les locuteurs des autres dialectes du groupe. Ainsi, dans un tel groupe, c'est le dialecte le plus central que l'on choisit de préférence à tous les autres. Ce dialecte devient donc le **dialecte de référence standard** de la langue en question.

2.5.3.5- La vitalité du peuple

Le choix d'une langue dépend aussi de la vitalité du peuple qui la parle. On ne saurait choisir de travailler pour le développement d'une langue dont le peuple n'est pas dynamique. Il faut une communauté linguistique capable et même désireuse d'utiliser la langue sous la forme écrite pour que les études sur cette langue soient porteuses de fruits.

Dans ce contexte, l'ewondo qui est la langue de la capitale, siège des institutions où la plupart des Camerounais ont souvent séjourné pour un temps plus ou moins long, est très bien placé pour aider les Camerounais à s'entendre s'il faut parler une langue commune en dehors du français et de l'anglais. Il faut que ceux qui ne sont pas d'origine ewondo, ou qui ne parlent pas et ne comprennent pas l'ewondo, reconnaissent cependant sa place privilégiée. Ce n'est pas parce que l'on est ewondophone que l'on peut facilement reconnaître les mérites de cette langue et sa place de choix dans le concert des langues camerounaises. À partir de son nombre de locuteurs, de sa place centrale, de son abondante littérature, du dynamisme de son peuple... il faut être de mauvaise foi pour ne pas reconnaître à l'ewondo sa place de choix parmi les langues nationales camerounaises. L'ewondo ici est choisi comme dialecte de référence standard du bətí-faŋ (OWONA A. 2004 : 43). On trouve aussi d'autres langues au Cameroun qui ont une région où elles dominent comme langue véhiculaire. On peut nommer le basaa, le fulfulde, le duala... Tout ceci pour dire que le choix des langues à enseigner à l'école pour le démarrage ne sera pas aussi difficile qu'on le croit si l'on se base sur des critères sociolinguistiques en dehors de toute passion incontrôlée.

Les premières langues à être introduites dans le système éducatif au Cameroun seront nécessairement choisies parmi les grandes langues camerounaises de *l'Atlas linguistique du Cameroun* dont parlent M. A BOUM SEMENGUE et Etienne SADEMBOUO in MENDOZE G. (dir) (1999 : 74) :

> *Il existe des langues qualifiées de grandes langues à cause du nombre important des locuteurs natifs qui les parlent. On en dénombre une cinquantaine. Ce sont par ordre alphabétique : le aghe, l'akɔɔsɛ, l'arabe, le bafut, le baka, le batanga, le beti-fang, le basaa, le daba, le dii, le dooyaayo, le duala, l'efik, le fe'fe', le fulfulde, le gbaya, le ghomala', le giziga, le gude, le haousa, le kanuri, le kom, le kwasio, le lamso', [...] wandala, le yemba, le zelgwa.*

Plusieurs de ces langues ont déjà été enseignées au primaire et au secondaire dans des établissements publics et privés du pays. On peut citer par exemple : le beti-fang, le duala, le basaa, le fe'fe', le yemba, le bafut, le kom, le lamso, le limbum, le ghomala', le mundani, le kako, le nugunu, le koonzime, le mekaa, le mafa, le guidar... Il y a environ une quarantaine de langues camerounaises qui ont défait fait l'objet d'un enseignement scolaire dans l'expérience PROPELCA.

Pour aider au choix des langues camerounaises à introduire dans le système éducatif national, nous proposons une liste des vingt premières langues qui sont pour nous prioritaires. Pour dresser cette liste, nous avons utilisé trois sources principales :

La Thèse de Doctorat d'État de BITJAA KODY (2004 : 476-520) ;

L'Atlas Linguistique du Cameroun (1983) ;

Les Résultats du Colloque organisé en 2007 par l'ACALAN (Académie Africaine des Langues) dont le thème était : « **Politiques nationales : le rôle des langues transfrontalières et la place des langues de moindre diffusion en Afrique centrale** ». Pour justifier notre liste, nous allons donner pour chacune des langues choisies les indications suivantes parmi lesquelles se trouvent nos critères de sélection :

- le **code**, nous allons adopter la classification de Joseph H. GREENBERG qui est la plus répandue ;
- le **poids numérique**, c'est le nombre approximatif de locuteurs ;
- le **nombre d'ouvrages** produits en cette langue à notre connaissance, ce qui suggère le degré de standardisation de la langue ;
- la **localisation** qui donne une idée de la superficie couverte par la langue en question au Cameroun ;

De l'Académie de langue

On ne saurait envisager le choix des langues camerounaises à insérer dans le système éducatif national sans parler de l'Académie de langue. Pour nous ici, l'Académie de langue est une structure composée de personnes motivées qui militent pour l'utilisation écrite de ladite langue. Parmi ces personnes, on doit nécessairement trouver au moins un linguiste ou un spécialiste de la langue en question, c'est-à-dire, quelqu'un qui est initié aux techniques de l'utilisation écrite de ladite langue. Cette personne est le premier *conseiller technique* de la structure. Ce conseiller technique, locuteur natif de cette langue ou non, doit travailler en étroite collaboration avec des auteurs qui aideront à la promotion de la langue en question par la production d'ouvrages pédagogiques (syllabaires, dictionnaires, grammaires…) et le développement de la littérature de la langue concernée. De plus amples informations à ce sujet se trouvent dans WIESEMANN U, E. SADEMBOUO et M. TADADJEU (1998 : 129-132) où sont définies les fonctions et la constitution de ce qu'ils appellent « Comité d'Étude de Langue ».

Celles des langues citées plus haut qui auront une Académie de Langue fonctionnelle et une source de financement sûre devront être les premières à être officiellement insérées dans le système éducatif national au Cameroun avec succès. Nous avons arrêté notre liste à vingt langues pour avoir un échantillon à la fois assez large, qui ne se cantonne pas sur une seule langue, mais en même temps assez précis et restreint pour ne pas avoir à passer en revue toutes les langues camerounaises.

Liste des vingt premières langues susceptibles d'être officiellement insérées dans l'enseignement formel par le gouvernement

N°)	Glossonyme	Code	Nombre de locuteurs	Nombre d'ouvrages	Localisation
1	fulfulde	001	6 668 700	144	Région de l'Extrême Nord, du Nord et de l'Adamaoua.
2	beti-fang	403	2 000 000	134	Région du Centre, du Sud et de l'Est.
3	yemba	952	300 000	49	Région de l'Ouest et du Sud-Ouest.
4	ghɔmala'	960	260 000	49	Région de l'Ouest.
5	basaa	401	230 000	84	Région du Littoral, du Centre et du Sud.
6	shupamem	991	215 000	30	Région de l'Ouest
7	mədúmba	997	210 000	10	Région de l'Ouest.
8	kom	822	170 000	40	Région du Nord-Ouest.
9	mafa	183	136 000	32	Région de l'Extrême Nord.
10	lamsɔ́	830	125 000	58	Région du Nord-Ouest.
11	tupuri	304	125 000	12	Région de l'Extrême Nord.
12	fe' efe'e	970	123 000	62	Région de l'Ouest.
13	kakɔ	440	100 500	11	Région de l'Est
14	masana	291	103 000	4	Région de l'Extrême Nord.
15	akɔɔsɛ	652	100 000	17	Région du Sud-Ouest et du Littoral.
16	ngyɛmbɔɔŋ	951	100 000	11	Région de l'Ouest.
17	gbaya	381	98 000	18	Région de l'Est et de l'Adamaoua.
18	məkaa	411	89 000	15	Région de l'Ouest.
19	duala	610	87 700	29	Région du Sud-ouest et du Littoral.
20	bafut	912	50 000	19	Région du Nord-Ouest.

Pour admettre une langue dans le système éducatif, il faudra aussi se pencher sur son système d'écriture.

2.5.4- L'harmonisation des systèmes d'écriture

Ici, il y a en général deux cas de figure :
- la langue qu'on veut enseigner n'a jamais été écrite ;
- la langue à enseigner est écrite et souvent mal écrite.

Dans le premier cas où il faut mettre pour la première fois une langue par écrit, les problèmes sont d'un tout autre ordre. Même si l'on est pour l'enseignement des langues camerounaises à l'école, on doit quand même se poser certaines questions qui empêchent cet enseignement. Par exemple, comment enseigner une langue qui n'a jamais été mise par écrit ? Cela est possible à l'école maternelle, mais au Primaire et au secondaire, peut-on utiliser une langue non écrite comme vecteur d'enseignement ou même comme matière d'enseignement ? C'est tout simplement impossible ou du moins très difficile. De nos jours, ce n'est pas le cas le plus courant. Il n'est pas demandé d'introduire dans tout le système éducatif camerounais des langues non écrites. Il est vrai que les chercheurs de la SIL s'emploient à mettre par écrit les langues sans écriture. Mais il nous apparaît un peu difficile aujourd'hui au Cameroun de choisir une langue camerounaise qui n'a jamais été écrite pour lui donner une écriture et l'introduire dans le système éducatif avant celles qui ont déjà une tradition écrite bien établie. Nous n'allons donc pas nous pencher sur ce cas limite.

Par contre, le deuxième cas observé plus haut est le plus fréquent. Au Cameroun, plusieurs langues sont susceptibles d'être enseignées à l'école, mais elles sont mal codifiées.

Prenons par exemple le cas de l'ewondo, les auteurs écrivent différemment le même mot comme le montre le tableau suivant :

Tableau n° 1 : la non-harmonisation orthographique dans l'ancienne écriture de l'ewondo

H. Nekes	Fr. PICHON	Fr-X. Arnara	Traduction
	mfye	mfie	*lumière*
mekiae	meka<u>è</u>	mëkia	*sorte de*
biem	byem	biem	*choses*
	abyali	abiali	*naissance*
mintie	mintye	mintie	*souffrance*
esia	esya	esia	*père*

À partir de ce tableau, on voit que les grands principes de *l'Alphabet général des Langues camerounaises* qui doivent guider tous ceux qui écrivent les langues camerounaises ne sont pas observés dans l'ancienne écriture de l'ewondo que ce soit dans la tendance allemande (H. NEKES) ou dans la tendance française (Fr. PICHON).

Par exemple d'après **le principe d'unification des graphèmes,** on doit avoir *(un seul son pour chaque signe et un seul signe pour chaque son)* dans la mesure du possible. Or ce premier principe n'est pas respecté dans l'ancienne écriture de l'ewondo, puisque nous y retrouvons un même son représenté de plusieurs manières différentes sans nécessité aucune. Voyons-le dans le tableau ci-dessous.

Tableau n° 2 : La non-unification des graphèmes dans l'ancienne écriture de l'ewondo

Son Phonétique	Fr. Pichon	H. Nekes	L. Manga	Th. Tsala
[ə]	ë, e	ë, e	ë, e	ë, e
[ɛ]	è	e	è	ē
[ɔ]	ò	o̱ o	ò	ō

(NEKES 1910 : 21) : « Amu Obëmë an' ā fo̱ ayi bode be bie a mo̱ » *(parce que* Obëmë *est effectivement avec de grosses griffes aux mains).*

Ici, nous voyons que le même son [ə] est écrit de deux manières différentes [e] et [ë] par le même auteur et dans une même phrase.

Bien plus, dans cette même phrase, la même voyelle /e/ représente [ə] dans (bode) et [e] dans (bie). Or un même signe ne doit pas représenter deux sons différents. Des cas comme ceux-là sont très nombreux dans l'ancienne écriture des langues camerounaises où la systématisation n'était pas encore de règle parce que les principes orthographiques n'avaient pas encore été clairement énoncés. Aujourd'hui, l'existence de l'Alphabet général des Langues camerounaises permet aux usagers de chaque langue camerounaise d'élaborer les principes orthographiques qui doivent guider tous ceux qui écrivent ladite langue. Il faut donc reconnaître aujourd'hui que les premières langues camerounaises à être mises par écrit ont été mal écrites.

La raison principale de cette mauvaise écriture des langues camerounaises vient du fait qu'elles ont souvent été mises par écrit par des non-linguistes, qui la plupart du temps étaient aussi des non-natifs. Il ne s'agit nullement pas de **xénophobie linguistique**. Un étranger peut maîtriser une langue à l'écrit plus qu'un natif. L'homme de la rue sait que l'ancien président sénégalais Léopold Sédar Senghor a enseigné le *français aux petits Français de France*, et que beaucoup de missionnaires européens ont enseigné les langues africaines aux Africains. Mais en ce qui concerne les *langues africaines à tons*, l'étranger fut-il linguiste, n'est pas le mieux placé pour *mettre la langue par écrit pour la première fois tant qu'il ne maîtrise pas encore ce phénomène qu'est le ton.* D'après P. ABEGA (1998), *la langue attache plus d'importance aux tons qu'aux sons*. La mauvaise écriture des langues camerounaises viendrait donc en grande partie du fait qu'elles ont été codifiées par des non-linguistes doublés de non-natifs. Ce sont les missionnaires allemands catholiques par exemple qui ont été les premiers à écrire la langue ewondo pour les besoins d'évangélisation. Et les protestants ont fait de même en ce qui concerne le búlu dans la partie sud du Cameroun.

Si nous reprenons le cas de l'ewondo parce qu'il est l'une des premières langues camerounaises à être écrite et enseignée à l'école, jusqu'à nos jours, deux systèmes d'écriture coexistent : **l'ancien** (initié par les missionnaires) **et le moderne** (préconisé par les linguistes camerounais), et le tout se subdivise en quatre tendances :

1- la tendance allemande avec H. NEKES comme chef de file ;

2- la tendance française dont le théoricien est Fr. PICHON ;

3- la tendance morpho phonologique initiée par P. ABEGA ;

4- la tendance actuelle, baptisée de phonético-phonologique préconisée par J.M. ESSONO.

Et toutes ces tendances utilisent au moins six alphabets différents coexistants (OWONA A 2004 : 15-43).

La révolution dans les systèmes d'écriture des langues camerounaises et africaines vient de l'introduction des signes de l'Alphabet Phonétique International (API) visant à mettre une certaine homogénéité dans l'écriture de ces langues. C'est ainsi que beaucoup de dispositions ont été prises pour améliorer les anciens systèmes d'écriture des langues africaines et camerounaises où chacun écrivait à peu près comme il voulait. Le résultat dans ces premiers systèmes était alarmant. C'est au prix d'efforts redoublés qu'on parvenait à lire un texte. En ewondo par exemple, il fallait regarder le texte de très près et seul avant de le lire à haute voix en public au risque de faire des contresens énormes. Car un ton mal placé peut signifier autre chose que ce que l'on veut dire. C'est la raison pour laquelle l'*Alphabet général des Langues camerounaises* (AGLC) a été adopté en 1979 à Yaoundé pour l'unification et l'harmonisation des alphabets des langues camerounaises. Ainsi, nul ne saurait écrire une langue camerounaise aujourd'hui sans tenir compte des principes de cet *Alphabet général* au risque de refaire les erreurs du passé. Il faut bien noter que l'AGLC donne les principes scientifiques généraux de la mise par écrit des langues camerounaises, et il revient aux locuteurs desdites langues réunis en comités de langue de travailler à l'application de ces principes généraux en tenant compte des particularités de chaque langue. Ce qui permet de sortir définitivement du cafouillage qui régnait dans certaines langues camerounaises avant l'apparition de cet Alphabet général et d'entrer une fois pour toutes sur le chemin de la modernité.

Ainsi, pour savoir comment écrire une langue camerounaise non standardisée, ou quel système d'écriture choisir, dans le cas où il y en a plusieurs, il faut se référer à *l'Alphabet général des Langues camerounaises* et écrire sa langue en respectant le plus possible les principes de cet *Alphabet*.

On peut terminer sur ce point de l'harmonisation de l'écriture des langues camerounaises en remarquant qu'il semble plus facile aujourd'hui de mettre une langue camerounaise par écrit pour la première fois que de corriger la mauvaise écriture des premières langues camerounaises qui sont déjà écrites depuis fort longtemps, mais qui ont été mal écrites. L'adage évangélique se vérifie alors à ce niveau en disant que « *les premiers seront les derniers et les derniers seront les premiers* » tel que cela se passa avec les ouvriers de la onzième heure (Mt 20, 16).

2.5.5- La production du matériel didactique

Les langues nationales qui seront introduites dans l'enseignement devront avoir un matériel didactique conséquent. De l'Université jusqu'à la Maternelle en passant par les Lycées et Collèges de l'enseignement technique et général, il va falloir produire pour un bon démarrage de cet enseignement des :

1- syllabaires
2- post-syllabaires
3- livres de transition
4- livres de calcul
5- lexiques de toutes sortes
6- dictionnaires
7- grammaires
8- recueils de poèmes
9- livres de lecture (contenant des textes sur la culture camerounaise)
10- livres de chant…

Certaines langues camerounaises disposent déjà de ces ouvrages pédagogiques. Parmi les langues camerounaises plus ou moins standardisées on peut citer, à titre d'exemple et par ordre alphabétique : **le bafut, le basaa, le beti-fang, le duala, le fe'fe', le fulfulde, le kom, le ghomala', le lamso, le yemba,** etc. Ainsi, moyennant quelques travaux de finition seulement et la formation des enseignants, ces langues sont en mesure de prendre officiellement le chemin de l'école sans trop d'appréhension quant à la qualité de leur matériel didactique.

L'objet de la linguistique en général c'est l'étude scientifique du langage humain, et cela ne peut pas se faire sans passer par la description minutieuse des langues humaines naturelles. Car, avant de produire le matériel didactique nécessaire pour l'enseignement des langues camerounaises, il convient de décrire ces langues en appliquant les recommandations des linguistes modernes pour ne pas refaire les erreurs du passé en écrivant par exemple les langues camerounaises sans marquer le ton de façon systématique. L'étude des langues camerounaises met en valeur leurs différences avec les langues européennes. Tel est le cas du duala par exemple.

2.5.5.1- Introduction à la morphologie nominale du duala

Au début du chapitre II, consacré à la Morphologie dans sa ***Grammaire du Duala***, ITTIMANN J. (1978 : 53) parlant des généralités sur le nom écrit :

> *Le Du appartient aux langues bantoues. Ces langues répartissent tous les noms en classes à l'aide de préfixes marquant des catégories conceptuelles... la différence de mots selon le <u>genre</u>, habituelle dans la plupart des langues européennes, est étrangère au Du., qui a pourtant des expressions spéciales pour père et mère, homme et femme, garçon et fille.*

Nos compétences limitées à cause de la difficulté de la tâche ne nous permettent pas de décrire toutes les langues camerounaises, même toutes celles qui sont standardisables dans cette étude, ce serait d'ailleurs très fastidieux. Pire encore, cela nous éloignerait de l'objet précis de notre étude qui plaide pour l'insertion officielle des langues camerounaises dans le système éducatif national, ce qui ne nous oblige pas à nous concentrer à la description détaillée de toutes les langues camerounaises susceptibles d'être enseignées de façon formelle dans les établissements scolaires et universitaires du Cameroun. Mais de l'autre côté, nous ne pouvons pas non plus traiter de l'insertion des langues camerounaises dans le système éducatif national sans passer par la description ne serait-ce que d'une seule langue camerounaise pour en montrer le fonctionnement interne. Étant donné qu'il y a des similitudes entre les langues, la description d'une langue camerounaise est déjà un pas vers la connaissance d'autres langues camerounaises de la même famille. Nous avons par exemple le **phénomène du ton** qui est commun à la plupart des langues camerounaises appelées à juste titre « **langues à tons** ».

2.5.5.2- La description d'une langue camerounaise : l'ewondo

Tout ce qui a été dit sur le duala ici peut s'appliquer à quelques nuances près sur le beti-fang et même sur le basaa, car **le basaa, le duala et le beti-fang** sont des langues de la même famille Benoue-Congo, appartenant à la sous-famille Bantoïde précisément à la branche Bantu. Entre ces trois langues, nous avons choisi pour expérimentation, la description de la langue beti-fang dont la forme de référence standard est l'**ewondo**. Plusieurs raisons ont motivé notre choix pour cette langue. Elle a été l'une des premières langues camerounaises à être enseignée. Elle bénéficie donc déjà de l'expérience de l'enseignement. Des dix genres d'ouvrages mentionnés ci-dessus, la langue ewondo détient de nos jours la presque totalité, il lui manque seulement un **dictionnaire** établi d'après les principes de la linguistique moderne, l'ancien *Dictionnaire ewondo-français* de l'abbé Théodore TSALA étant épuisé et celui, tant attendu, du J.M ESSONO n'étant pas encore disponible. L'ewondo a déjà sa standardisation pratiquement achevée. Cette langue a subi un aménagement en profondeur. Nous n'en présentons que quelques résultats ici, l'essentiel se trouvant dans notre Mémoire de DEA (OWONA A., 2004 : 43-72) et dans les ouvrages des linguistes camerounais ewondophones, en l'occurrence J.M ESSONO et P. ABEGA qui continuent d'ailleurs à travailler sur cette langue.

Les linguistes et d'autres usagers de l'ewondo ont ressenti l'urgence et la nécessité d'harmoniser son orthographe parce que l'ancien système de l'écriture de l'ewondo pratiqué à l'époque allemande et à l'époque française et qu'on trouve encore dans les manuels liturgiques aujourd'hui n'était pas satisfaisant. La plupart des principes de *l'Alphabet général des Langues camerounaises* (AGLC) n'y sont pas observés. Cela rend la lecture de l'ewondo difficile, car il faut regarder le texte plus d'une fois avant de le lire correctement, et il faut être locuteur de la langue pour savoir avec quel ton prononcer telle syllabe. Bien plus, comme chaque auteur écrivait comme il voulait, il régnait un désordre inadmissible dans l'écriture de l'ewondo.

Pour remédier à cela, les travaux ont été réalisés sur l'écriture de l'ewondo pour la rendre plus scientifique. L'alphabet que nous avons alors aujourd'hui est l'aboutissement d'un long cheminement. Il tient d'abord compte de tous les alphabets existants. C'est ainsi qu'il a le plus grand nombre de graphèmes (37) comparativement à tous les alphabets antérieurs. C'est là l'expression non seulement d'une volonté réelle de réconciliation entre les différents auteurs de la langue bətí-búlu-faŋ, mais aussi la prise en compte des considérations pratiques pour plus d'efficacité et d'expressivité.

L'ewondo a ainsi :
- huit voyelles (i, e,ə,ɛ,ɔ a, o, u),
- dix-huit consonnes simples (b, d, f, g, h, k, l, m, n, ñ, p, r, t, s, v, w, y, z.),
- onze consonnes complexes (dz, gb, kp, mb, mgb, mv, nd, ndz, ng, ny, ts).

Soit au total les trente-sept graphèmes suivants :

[a, b, d, dz, e, ə,ɛ, f, g, h, gb, i, k, kp, l, m, mb, mgb, mv, n,ŋ, nd, ndz, ng, ny, o,ɔ, p, r, u, t, ts, s, v, w, y, z].

Cet alphabet de l'ewondo sera maintenant détaillé en trois tableaux :

Tableau des voyelles, tableau des consonnes et tableau des tons qu'on n'a pas voulu marquer dans l'alphabet ci-dessus.

Nous allons passer en revue toutes les lettres de l'alphabet ewondo en donnant des exemples de mots qui contiennent ces lettres à différentes positions du mot (initiale, médiane et finale) successivement quand les occurrences existent.

Les voyelles

Symboles	Exemples	
[i]	bími	*frapper*
	mís	*yeux*
[e]	ebumá	*fruit*
	fén	*crépir*
	abé	*mal*
[ɛ]	abɛ	*cuisse*
	m̀fyɛ	*lumière*
[ə]	səm	*pleurnicher*
	səgəzə	*tamiser*
[a]	aló	*oreille*
	abám	*planche*
	Obama	*nom de personne*
[u]	ǹkúl	*Tam-tam*
	məku	*échec*
[o]	olɛ́s	*riz*
	eyóyób	*tapage*
	owondo	*arachide*
[ɔ]	aló	*oreille*
	m̀bɔ́m	*bru*

Quelques paires suspectes

[e -ə]	m̀fə́	*autre*
	m̀fé	*quel ?*
[o -ɔ]	kod	*gourmet*
	kɔd	*accumuler*
	kɔ́d	*tourner*
	kód	*sécher*
	ǹkŏl	*colline*
	ǹkɔ̆l	*corde*
	m̀bɔ́m	*bru*
	m̀bóm	*gueule*
[e -ɛ]	elé	*arbre*
	elɛ́	*verre à boire*
	abé	*mal*
	abɛ́	*mamelle*

[ɔ-u]	alɔ́	*oreille*
	alú	*nuit*
[u -ɛ]	m̀bú	*année*
	m̀bɛ́	*porte*
[o-u]	lóm	*envoyer*
	lúm	*atteindre*
	lom	*dépasser l'âge*
	lum	*se répandre en rumeur*

Tableau n° 3 : les voyelles de l'ewondo

	Antérieures	Médianes	Postérieures
1er degré	i		u
2e "	e		o
3e "	ɛ	ə	ɔ
4e "		a	

Les consonnes

Les consonnes en ewondo sont divisées en deux groupes : les consonnes simples et les consonnes complexes. Les consonnes simples sont composées d'un seul graphème alors que les consonnes complexes sont constituées de deux ou de trois graphèmes, mais se prononcent en une seule émission de voix.

- **Les consonnes simples de l'ewondo avec des mots illustratifs**

[b]	bod	*hommes*
	babi	*près*
	túb	*fuir, percer*
[d]	dɔ́b	*nombril*
	dudu	*tirer*
	bíd	*enduire*
[f]	fĩa	*avocat*
	efas	*morceau*
[g]	góro	*variété de cola*
	ǹsəg	*variété de serpent*
[k]	kod	*gourmet*
	ekodog	*champ (après la récolte)*
[l]	lod	*passer*
	olám	*piège*
[m]	mɔ́ngɔ́	*enfant*
	amalá	*malheur*
	məm	*avouer*

[n]	namba	*toucher légèrement*
	naná	*ma mère*
	ǹtáŋán	*homme blanc*
[ŋ]	diŋ	*aimer*
	mətúnuŋa	*sacrifice, offrande*
[p]	pəpá	*papa*
	opəb	*voiture pick up*
	Róma	*Rome*
[r]	góro	*variété de cola*
[t]	tɔ́le	*Poser*
	otan	*parapluie, chauve-souris*
[s]	sás	*ortie*
	osún	*mouche filaire*
	vus	*rater*
[v]	vam	*cogner*
	vuvú	*couscous*
[w]	wulu	*marcher*
	ǹwúwúb	*voleur*
[y]	yəm	*savoir*
	ayəmɔ́	*faire-part*
[z]	Zambá	*Dieu*
	suguzu	*secouer*

Paires suspectes des consonnes de l'ewondo

b	[b-d]	baŋ : *lier* daŋ : *enjamber*
d	[t-d]	tiŋ : *broder* diŋ : *aimer*
dz	[ts-dz]	tsaman : *se répandre* dzaman : *orner*
f	[f-v]	fam : *devenir bouillant* vam : *cogner*
g	[k-g]	ǹkál : *plaidoyer* ǹgál : *épouse*
gb	[kp-gb]	agbɔ̌ : *sorte de jeu* akpɔ̌ : *vipère*
k	[k-kp]	kad : *dire* kpad : *toucher légèrement*
kp	[kp-k]	okpəŋ : *céphalophe* okəŋ : *couteau*
l	[l-y]	láŋ : *compter* yáŋ : *frire*
m	[m-n]	ndəm : *indice* ndən : *sorte de roseau*
mb	[m-mb]	afumí : *récoltes* afumbí : *oranges*

mv	[mv-v]	mvúg : *mutisme* vúg : *épingle à nourrice*
mgb	[mgb-ng]	mgbə̂ : *être en saillie* ngə̂ : *être sur ses gardes*
n	[n-nd]	na : *ma mère* nda : *façon*
nd	[nd-mv]	ndi : *espérance* mvi : *piquet*
ndz	[ndz-nd]	ndzamba : *épouvantail* ndamba : *caoutchouc*
ny	[ny-dz]	nyaman : *trembler* dzaman : *orner*
ng	[ng-ny]	ngɔ́l : *pitié* nyɔ́l : *corps*
ŋ	[n -ŋ]	tɔn : *lancer* tɔŋ : *nourrir*
r	[r-l]	ǹkore : *sauveur* ǹkole : *prêteur*
s	[s-z]	sǎm : *fleur* zǎm : *lèpre*
t	[t-l]	tad : *gémir* lad : *coudre*
ts	[ts-t]	tág : *classer* tság : *piler*
v	[v-f]	fái : *égrener* vái : *déclencher*
w	[w-y]	wai : *se reposer* yai : *gratter*
y	[y-ny]	yali : *couvrir* nyali : *piétiner*
z	[z-s]	zombo : *supporter* sombo : *attendre inutilement*

La consonne [p] est peu utilisée en ewondo qui la remplace par [f] à l'initiale et [b] en finale. Mais on rencontre tout de même la consonne/p/en ewondo dans des onomatopées comme :

- pím pím : *coups klaxon*
- kə ḿbíl á pád pád pád : *courir à toutes jambes.*

La consonne [v] est utilisée en ewondo pour représenter [v] et [h].

Nous ne pouvons pas entrer dans les détails ici au risque de nous éloigner de notre sujet qui ne porte pas uniquement sur l'ewondo.

Tableau n° 4 : Tableau phonétique des graphèmes consonantiques de l'ewondo

Mode d'art. \ Point d'art.	labiales	labio dentales	alvéolaires	pré palatales	palatales	gutturales	labio-Vélaires
Occlusives Sourdes	p		t			k	kp
Sonores	b		d			g	
Affriquées Sourdes			ts				
Sonores			dz				
Mi-nasales	mb	mv	nd	ndz		ng	mgb
Nasales	m		n		ny	ŋ	
Fricatives sourdes		f	s			h	
Sonores		v	z				
Liquides			l				
Vibrantes			r				
Glides					y		w

Nul ne saurait plus de nos jours étudier une langue africaine sans prendre en compte le phénomène du ton qui est fondamental dans la plupart de ces langues. Le tableau des tons en ewondo est déjà établi. L'ewondo a cinq tons : le ton haut (TH), le ton bas (TB), le ton bas haut (TBH), le ton haut bas (THB) et le ton moyen (TM). Leur notation est représentée dans le tableau suivant :

Tableau n° 5 : les tons de l'ewondo

TH	TB	TBH	THB	TM
[́]	[̀]	[̌]	[̂]	[̄]

Ce tableau correspond exactement à celui de J. M. ESSONO (2000 : 151). Il se rapproche aussi de celui de H. NEKES la seule différence étant la notation du ton moyen.

Tableau n° 6 : les tons de l'ewondo chez H. NEKES (1910 : 24).

Ton	Notation	Exemple	*Traduction*
Ton bas	[̀]	mòt	*homme*
Ton haut	[́]	tsít	*viande*
Ton moyen	[̍]	madi	*je mange*
Ton bas haut	[̌]	abŏk	*temps*
Ton haut bas	[̂]	metâ	*je vois*

Quelques principes pour la notation des tons

En ewondo, chaque voyelle a un ton. Dans la nouvelle orthographe ewondo, chacun de ces tons est noté, sauf le ton bas qui, à cause de son occurrence très élevée, n'est pas noté. L'absence de ton sur une voyelle signifie que cette voyelle porte un ton bas. Cependant, le ton bas est noté sur la nasale syllabique, ce qui permet de distinguer plus facilement les mots composés des consonnes complexes/mb, nd.../de ceux qui contiennent des nasales syllabiques/m̀b ǹd... /

Ex : mbóm : *homonyme* =/= m̀bóm : *gueule*

ndi : *espérance* =/= ǹdi : *grosse racine*

Le phénomène de l'élision est aussi capital dans l'écriture de l'ewondo. La règle générale veut que l'élision ait une représentation directe. L'apostrophe n'est donc pas utilisée pour la matérialiser.

Ex 1 : mə a dí → madí : *je mange*

Dans une élision, c'est toujours la première voyelle qui s'élide.

Ex 2 : ă só ai mə á → ă só ai mă : *il est venu avec moi.*

Mais dans le cas des noms compléments de nom, on écrira :

bəkál bə́ Atəbá et non *bəkál bÂtəbá : *les sœurs d'Ateba,*

bidí bí Esomba et non *bidí byÊsomba : *la nourriture d'Esomba.*

Il faut remarquer que dans ce dernier exemple, il ne s'agit plus de l'élision, mais de semi-vocalisation et plus précisément de la palatalisation.

Et c'est une règle de lecture qui doit indiquer une **lecture rapide** entre bə́ et Atəba. Ceci pour préserver une **représentation visuelle invariable** ne serait-ce que pour les noms propres.

Les classes nominales en ewondo

L'ewondo organise ses noms en classe. Une classe nominale est un ensemble de noms qui ont les mêmes caractéristiques d'accord. Il y a onze[3] classes de noms en ewondo.

Les classes à chiffre impair expriment habituellement le singulier et les classes à chiffre pair le pluriel à l'exception de la classe 5 qui contient des noms au singulier et d'autres au pluriel.

---

[3] Il est vrai que J.M. ESSONO (2000 : 191-213) inventorie quatorze classes nominales en ewondo. Mais nous les réduisons à onze pour des raisons de simplicité et d'habitude. Car, comme il le reconnaît lui aussi, les classes 16, 17, et 19 entretiennent les phénomènes d'accord identiques avec les classes 3 et 11.

Tableau n° 7 : les classes nominales en ewondo

classe	Préfixe	Référent	Exemples
1	m, m̀, ǹ	a (devt cons.)	mod **a** nə fəg : *l'homme est sage*
	ø	w (devt voyelle)	mod **w**ama : *mon homme*
22	b, bə	bɔ́ (devt cons.)	bod **bɔ́** nə fəg : *les hommes sont sages*
		b´-(devt.voyelle)	bóngó **b**áma : *mes enfants*
33	m̀, ǹ, my	ó (devt cons.)	ǹsəŋ **ó** nə anén : *la cour est grande*
		w´ (devt voyelle)	m̀fim **w**âku : *le mur tombe*
34	mi	mi (devt cons)	miǹsəŋ **mí** nə : *les cours sont*
		my (devt voyelle)	miǹsəŋ **my**áma : *mes cours*
55	a, d, dz.	á (devt cons)	alú **á** nə abé : la *nuit est mauvaise*
		dz´, d´-, l-(devt v.)	dís **d**áma : *mon œil*
66	m -, mə	mə (devt cons)	məlú **mɔ́** tē : *ces nuits- là*
		m´-(devt voyelle)	məlú **m**âyab : *les nuits sont longues*
77	e, dz	e (devt cons)	elé **é** nə válí : *l'arbre est là-bas*
		y- (devt voyelle)	elé **y**âku : *l'arbre tombe*
88	bi, by	bí (devt cons)	bilé **bí** nə́ válí : *les arbres sont là-bas*
		by´-(dvt voyelle)	bilé **by**áma : *mes arbres*
99		e (devant cons)	kúb **e** né onɔ̌n : *la poule est un oiseau*
		y- (devt voyelle)	kúb **y**akɔn : *la poule est malade*
110		é (devt cons)	kúb **é** nə̄ vá : *les poules sont ici*
		y- (devt voyelle)	kúb **y**âkɔn : *les poules sont malades*
111	o, v, w	o (devt cons)	olún **ó** nə̄ abé : *la colère est mauvaise*
		w-´(devt voyelle)	onɔ̌n **w**âzu : *l'oiseau arrive*

Chaque classe nominale est caractérisée par un préfixe de classe et un référent ou préfixe d'accord qui peut être vocalique (V) ou consonantique (CV).

Il faut signaler enfin que c'est l'**écriture script** qui a été adoptée par les auteurs de l'ewondo comme le proposent les linguistes camerounais aujourd'hui parce que ses caractères sont plus proches de ceux de la machine à écrire et qu'elle favorise une bonne aération de la page en séparant bien les lettres. L'**écriture cursive** n'a pas été choisie parce qu'elle peut prêter à confusion.

Nous nous sommes intéressé à l'ewondo ici comme une des langues camerounaises qui serait déjà presque[4] prête pour sa réinsertion officielle dans le système éducatif national.

Pour l'ewondo comme pour toutes les autres langues qui seront enseignées au Cameroun, il y aura, selon les niveaux d'enseignement, le livre du maître et celui de l'élève. Pour l'enseignement non formel, seront aussi produits, des ouvrages adaptés au public adulte. Beaucoup de livres du genre « *assimil* »

---

[4] Nous disons « presque », car certains ouvrages didactiques très utiles pour l'enseignement comme les dictionnaires ne sont pas disponibles en ewondo. Le dictionnaire de l'Abbé Théodore TSALA est épuisé et celui de Jean Marie ESSONO n'est pas encore sur le marché.

seront écrits pour les étrangers voulant apprendre les langues camerounaises. Des études doivent même être menées pour mettre à jour les relations qui existent entre les langues camerounaises à partir des comparaisons qui révèlent leur parenté.

En suivant l'exemple des J.G Herder, J. Grimm, F. von Schelgel et W. von Humboldt… qui jetèrent les bases théoriques de la Grammaire comparée du XIXe siècle qui a eu beaucoup de succès en étudiant les **langues indo-européennes**, les chercheurs en langues camerounaises peuvent aussi remonter à une langue mère, un « **Proto Bantu** » par exemple, qui serait à l'origine de nombreuses langues camerounaises.[i] J. KI-ZERBO (1986 : 31) parle justement de *« l'expansion du Bantu entre le Soudan et l'Afrique centrale et méridionale »*.

Nous présentons la comparaison ci-dessous en guise d'exemple tout en sachant que d'autres chercheurs iront plus loin dans l'étude comparée des langues camerounaises pour en tirer toutes les conséquences nécessaires à tous les niveaux.

Le Comparatisme[5] dans les langues camerounaises

basaa	duala	ewondo	
mɛ ńtila	na matila	matil	*j'écris*
mɛ bítila	na mátila	mătil	*j'ai écrit*

Bref commentaire

On remarque aisément dans ce tableau qu'au niveau de la **morphologie**, pour le verbe *écrire*, le basaa, le duala et l'ewondo ont le même radical « **til** » et au niveau de la **grammaire**, le **ton** est l'élément grammatical qui permet de distinguer le présent du passé, spécialement en duala et en ewondo d'après les exemples ci-dessus. Nous avons choisi ces exemples simples pour lever un pan de voile sur les multiples **relations familiales** qui existent entre les langues camerounaises.

Dans sa Thèse de 3e Cycle, allant plus loin dans cette illustration de la parenté génétique des langues camerounaises entre elles et avec d'autres langues africaines, BITJAA KODY (1990 : 61) explique l'origine du ton modulé de certains mots dans certaines langues bantu. Il conclut ainsi sa présentation du mot « mamelle » en basaa, en duala et en ewondo :

> *Au vu de ces dernières formes, il va sans dire que les langues bantu de la Zone A (ewondo, duala, basaa) ont perdu la dernière syllabe du radical P.B., ce qui a entraîné le ton bas de cette dernière syllabe à se reporter automatiquement sur la première syllabe retenue. Le ton de cette syllabe*

---

[5] On donne le nom de comparatisme aux recherches de la Grammaire Comparée.

étant haut à l'origine devient haut-bas à cause du ton bas qui ayant perdu son support segmental, lui est suffixé.

Nos connaissances limitées des langues camerounaises ne nous permettent pas de faire une description de plusieurs de ces langues. Par ailleurs, comme nous l'avons déjà souligné, notre objectif n'est pas la description des langues camerounaises, mais leur insertion officielle dans l'enseignement formel.

Des recherches plus approfondies de la **linguistique historique** permettront d'approfondir la description détaillée de la *parenté génétique des langues camerounaises*. À ce sujet *l'Atlas Linguistique du Cameroun* (1983) a déjà ouvert le chemin, et ses démonstrations sont impressionnantes. Nous ne pouvons pas faire mieux. Les résultats de ces recherches en linguistique historique peuvent être utilisés non seulement en **linguistique** pour confectionner des manuels didactiques multilingues, mais aussi en **politique** pour cimenter l'*intégration nationale* en démontrant que la parenté des langues suppose une parenté des peuples qui les parlent et invite à la fraternité entre ces derniers dans le cadre de l'unité nationale. Les recherches linguistiques peuvent contribuer avec plus d'efficacité à la lutte contre le **tribalisme** au Cameroun en démontrant la parenté génétique de la plupart de langues camerounaises. Si les langues camerounaises sont parentes, les locuteurs natifs de ces langues ont aussi nécessairement des relations de parenté et doivent par conséquent vivre dans l'amour et la fraternité comme les membres d'une même famille. La parenté génétique des langues camerounaises suppose aussi la parenté génétique des locuteurs natifs de ces langues en remontant l'histoire. C'est là un travail qui attend les philologues camerounais dans la mesure où la philologie est considérée comme cette science historique qui a pour objet la connaissance des civilisations passées par les documents écrits qu'elles nous ont laissés. Ainsi, au lieu de croire que la promotion des langues camerounaises équivaut à la promotion du tribalisme, les études poussées des langues camerounaises seraient le meilleur facteur d'unité nationale en démontrant scientifiquement la parenté génétique de plusieurs langues camerounaises et par conséquent les liens de sang qui existent dans l'histoire entre les locuteurs de ces langues.

Des traductions seront nécessaires en partant des langues officielles vers les langues nationales et vice versa. C'est ainsi que le phénomène de l'emprunt linguistique va suppléer pour aider à trouver le vocabulaire adéquat. La néologie comme science sera sollicitée et ce sont les langues nationales qui vont s'enrichir d'un vocabulaire moderne et enrichir aussi à leur tour les langues européennes dans un partenariat linguistique naturel. Preuve sera ainsi faite que les langues nationales ne sont pas inaptes à exprimer les réalités modernes comme on pouvait le croire.

La production des manuels didactiques est un volet impressionnant de l'activité linguistique dont nous ne pouvons déployer toutes les ramifications ici.

Une fois les manuels produits, il restera à former ceux et celles qui vont les utiliser.

2.5.6- La formation des formateurs

Un adage pédagogique populaire dit :

Il n'y a pas de mauvais manuels, il n'y a que de mauvais maîtres.

C'est la raison pour laquelle la formation des formateurs en langues nationales est une opération de la plus haute importance. Beaucoup de défis sont à relever à ce niveau. Les opposants à l'enseignement des langues nationales existeront toujours. Si l'insertion des langues nationales dans le système éducatif camerounais se solde par un échec cuisant, ce sera pour eux un motif d'exultation les confortant dans leur détermination à provoquer le génocide culturel africain par leur mépris des valeurs culturelles de ce continent. Les maîtres doivent donc être très bien formés pour éviter tout dérapage pour cette raison. Une autre raison pour laquelle ceux qui vont s'occuper de l'enseignement des langues nationales doivent être bien formés tient de l'ampleur du travail qui attend les diplômés de cet ordre d'enseignement. Ils auront un grand nombre de missions à accomplir pour le service de la nation qu'aucune défaillance ne saurait être tolérée à ce niveau. On ne peut pas bouleverser le système éducatif camerounais par l'insertion de plusieurs langues nationales en son sein et produire des fruits indignes qui ne soient pas à la hauteur des attentes légitimes de la nation. Pour ces raisons et pour bien d'autres encore, la formation des formateurs en langues nationales est d'une importance capitale. C'est tout simplement l'avenir du pays qui est en jeu. Les Écoles Normales pour la formation des instituteurs que ce soit pour l'enseignement technique ou pour l'enseignement général, doivent créer en leur sein des sections pour la formation des instituteurs compétents pour l'enseignement des/en langues camerounaises. À l'École Normale Supérieure, il est créé un Département pour l'enseignement des langues et cultures camerounaises. Dans le même ordre d'idées, au sein des universités d'État ayant un département de linguistique, une licence en linguistique avec une option en langue camerounaise doit aussi voir le jour. Des stages de recyclage du style PROPELCA peuvent aussi être organisés en partenariat avec les comités de langue pour former des maîtres de l'école primaire en langues et cultures camerounaises.

2.5.7- La Planification de l'insertion des langues nationales dans le système éducatif camerounais

Le domaine linguistique étant très important et les partenaires nombreux, toute une organisation conséquente est nécessaire à son bon fonctionnement. Une planification rigoureuse est de mise ici compte tenu des enjeux qui sont d'ordre politique, économique, culturel, social, religieux... et surtout académique.

Le cadre logique de la planification concerne les buts, les stratégies, les objectifs, les activités tournant autour des langues nationales à l'école. Il s'agit surtout de tenir compte de l'espace et du temps, c'est-à-dire du cadre local et temporel, des contrôles, de l'évaluation, des ressources, du matériel, de la révision.

L'enseignement des langues nationales contient deux cas de figure, d'une part l'enseignement en zone rurale (milieu linguistique homogène) et l'enseignement en ville (milieu linguistique hétérogène), et d'autre part l'enseignement formel à l'école par des maîtres et l'enseignement non formel hors de l'école par des alphabétiseurs.

2.5.7.1- L'Enseignement formel des langues camerounaises

Le système éducatif camerounais est divisé en trois niveaux principaux qui sont *le primaire, le secondaire et le supérieur*. L'enseignement des langues camerounaises doit être présent à chacun de ces trois niveaux. Pour préparer les enfants à l'enseignement primaire, il y a l'*école maternelle* qui, quoique non obligatoire, gagne de plus en plus de terrain au niveau de l'éducation nationale.

La question essentielle à laquelle nous essayerons de répondre est la suivante :

Qu'est-ce qu'un apprenant en langues nationales doit savoir à la fin de chaque niveau d'enseignement ? Autrement dit, pour passer au niveau supérieur l'apprenant doit déjà être capable de faire quoi ? Il doit même déjà avoir fait quoi en langues nationales ?

Si la plupart des enfants en milieu rural commencent leur scolarisation directement à la SIL, la quasi-totalité des enfants en milieu urbain passe par l'enseignement maternel avant d'intégrer l'école primaire proprement dite. C'est la raison pour laquelle nous devons aussi réfléchir sur l'enseignement des langues nationales à ce stade que l'on peut qualifier de préscolaire.

2.5.7.1.1- L'insertion des langues camerounaises à l'École Maternelle

Enseigner les langues camerounaises à l'école maternelle n'est pas nouveau au Cameroun. En plus du fait que beaucoup de maîtresses des classes maternelles reconnaissent la nécessité d'avoir recours à la langue maternelle pour mieux se faire comprendre des enfants et faciliter leur participation à la leçon, il y a déjà eu une réflexion systématique sur l'enseignement des langues maternelles à la Maternelle comme le confirment M. TADADJEU et al. (2004 : 59) :

> *En dehors du secondaire et du primaire, les géniteurs du projet de recherche opérationnelle pour l'enseignement des langues au Cameroun*

ont aussi envisagé l'enseignement de la langue maternelle à la maternelle. Ce volet de PROPELCA vise l'éveil aux langues, l'éveil de l'esprit scientifique et technologique, au moyen des jeux en langues maternelles.

Il faut signaler que la nécessité d'introduire les langues nationales à la maternelle s'imposait dans la mesure où ces langues étaient déjà enseignées dans certaines écoles primaires PROPELCA. Il fallait donc préparer les enfants qui entrent à la SIL à suivre cet enseignement. C'est la genèse du modèle 4 de PROPELCA ou l'enseignement des langues maternelles à l'école maternelle.

Les objectifs de cet enseignement sont nombreux, il s'agit, selon les concepteurs, d'éveiller chez les enfants de 4 à 6 ans un raisonnement et un comportement à dominance rationnelle et même scientifique à partir de l'observation continue de leur environnement immédiat. Les jeux quotidiens des enfants sont alors orientés vers une acquisition inconsciente des principes scientifiques simples qui ont cependant de multiples applications dans leur milieu social. Tout en jouant, les enfants sont initiés aux pratiques technologiques qui intéressent les besoins effectifs de la communauté. C'est ainsi qu'on compte former des enfants qui seront demain des agents de transformation endogène de leur environnement, des gens qui recherchent eux-mêmes les solutions à leurs problèmes dans leur environnement au lieu de les attendre des forces extérieures.

Ce qu'il faut dire ici c'est que la méthode est essentiellement orale. La langue maternelle n'est utilisée qu'oralement par la maîtresse et les enfants. Ce qui permet d'utiliser autant de langues que l'on veut. Et le matériel à utiliser par les enfants sera autant que possible tiré de leur environnement immédiat : les feuilles d'arbres, les insectes, les bâtonnets... Il y a un livre qui guide la maîtresse dans son enseignement en plus des stages qu'elle doit suivre, ce qui permet à la maîtresse de fabriquer son propre programme suivant les orientations de l'école. Il faut reconnaître qu'une grande flexibilité est requise pour l'enseignement de la langue maternelle à la Maternelle, car on ne peut pas tout prévoir ici. Un travail plus directif va se faire à l'école primaire à partir de la SIL. L'enseignement au niveau maternel se passe essentiellement dans des jeux orientés. Et surtout quand l'homogénéité linguistique des classes le permet, les maîtresses de la Maternelle utiliseront la langue maternelle pour enseigner le dessin, la peinture, les chants, les danses, etc.

2.5.7.1.2- L'insertion des langues camerounaises à l'École Primaire

Il est important de réfléchir à ce niveau au phénomène traumatisant du *symbole*, c'est-à-dire l'interdiction de parler sa langue maternelle à l'école primaire sous peine de se faire fouetter violemment par le maître ou alors de porter honteusement au cou ou au pied un morceau de bois troué sous forme de pénitence. Cela était en vigueur au lendemain de l'indépendance et faisait rire les enfants. Mais aujourd'hui, à la réflexion, c'est plutôt fort inquiétant. Et l'inquiétude tourne en interrogation lorsqu'on apprend que ce phénomène du *symbole* existait encore dans certaines écoles primaires de la Région du centre dans les années 90 ! Quel Cameroun pour ces enfants ? Un Cameroun où les langues camerounaises n'auront pas droit de cité dans les écoles du pays ? Est-ce possible, un Cameroun sans langues camerounaises ? Si les langues camerounaises n'intègrent pas le système éducatif dans les plus brefs délais, le Cameroun aura réussi l'exploit de détruire son avenir en faisant des citoyens camerounais étrangers sur leur propre sol. Ce ne sont que les grands-parents qui parlent encore les langues camerounaises à leurs petits-fils. Et quand dans cent ans tous ces vieux des villages seront morts, ce sont les parents d'aujourd'hui qui seront vieux à ce moment-là, mais ils ne maîtriseront plus les langues de leurs ancêtres ni toute la civilisation véhiculée par ces langues. Le Cameroun sera tout simplement l'ombre de lui-même. Est-ce ce Cameroun-là, sans racines, qui est à construire ? Non ! Voilà pourquoi les langues camerounaises doivent entrer dans le système éducatif camerounais le plus tôt possible aujourd'hui, une fois que les questions prioritaires auxquelles nous nous frontons auront été résolues. On peut donc penser que c'est dans tout le système éducatif camerounais que doit s'enraciner l'enseignement des langues camerounaises.

Au niveau primaire, les langues camerounaises ouvrent l'enfant au monde et l'enracinent à la connaissance et à la maîtrise de son environnement immédiat. On peut conseiller ici l'enseignement à chacun de sa langue maternelle.

Si l'enseignement des langues camerounaises doit couvrir tous les trois niveaux du système éducatif camerounais, il conviendrait alors de préciser quelle serait l'organisation des emplois du temps. Le programme PROPELCA donne déjà des éléments de réponse à cette question. Mais les objectifs poursuivis par cet ordre d'enseignement détermineront mieux le nombre d'heures qu'il faut lui accorder par classe.

Pour l'enseignement des langues nationales à l'école, le modèle bilingue PROPELCA au primaire est une base de données non négligeable. La répartition du temps est déjà proposée afin que l'articulation entre l'enseignement des langues nationales et des langues officielles ne souffre d'aucun dysfonctionnement. Étant donné que les enfants qui apprendront les langues nationales devront s'insérer à partir du C.E.II au programme officiel, voici comment le temps sera réparti entre la langue nationale que l'enfant apprend et le français dans les provinces francophones du Cameroun par exemple. Étant entendu que dans les provinces anglophones, on remplace le français par l'anglais tout simplement.

Tableau n° 8 : la répartition du temps entre la langue nationale et le français (ou l'anglais) au primaire d'après PROPELCA

	LANGUE NATIONALE	FRANÇAIS OU ANGLAIS
SIL	75 %	25 %
CP	60 %	40 %
CE1	40 %	60 %
CE2-CM1	15 %	85 %

Il est à remarquer que l'enfant sera déjà en contact avec sa langue officielle dès la SIL, mais seulement de façon orale.

Plus il avancera dans les classes supérieures, plus le temps accordé à la langue officielle (anglais pour les anglophones et français pour les francophones) augmentera alors que celui de la langue nationale diminuera. Voici le programme d'enseignement au primaire selon le modèle PROPELCA qui nous sert de guide.

Dans le tableau suivant : LN=Langue Nationale et LO1 = 1re Langue Officielle (anglais pour les anglophones et français pour les francophones).

Tableau n° 9 : Programme PROPELCA pour l'enseignement primaire

	SIL	CP	CE1	CE2-CM2
Langue Nationale (*LN*)	- alphabet - Initiation à la lecture et à l'écriture	-Perfectionnement de l'alphabet, de la lecture et de l'écriture en Langue Nationale	- lecture courante - orthographe correcte - dictée et notions grammaticales - rédaction de petits textes	- Lecture suivie - Arts et culture traditionnels - Rédaction
Première Langue Officielle (LO1)	- compréhension et élocution en LO1 (dialogue) - vocabulaire - connaissance de la structure LO1 par la pratique orale	- transition à la lecture et l'écriture de LO1 - particularités de l'orthographe de LO1	- Suite de la transition (lecture, orthographe, vocabulaire, grammaire). - début de l'utilisation de la LO1 comme médium d'enseignement des autres matières (les sciences d'observation, etc.)	- programme traditionnel (lecture, orthographe, vocabulaire, grammaire)
Calcul	- addition et Soustraction (concepts et chiffres) (1 à 20 en *langue nationale*)	- addition - soustraction - multiplication - division en français (1 à 100 en *L.N*) - notions de mathématiques	Les quatre opérations avec retenue. Notions de géométrie, monnaie, les unités de mesure (distance, poids) de 1 à 10.000 *LN et LO1*	Programme traditionnel
Matières orales	- chants, Contes, récits religion, morale en *LN*	Chants, récits, contes, religion, morale en *LN et LO1*	Chants, récits, contes, religion, morale en *LN et LO1*	Contes, chants, récitations, religion, morale (et par écrit).

2.5.7.1.3- L'insertion des langues camerounaises dans l'Enseignement secondaire

Au niveau secondaire, les deux langues officielles : le français et l'anglais ouvrent le jeune camerounais à l'international. Les langues camerounaises enseignées au niveau secondaire vont permettre à l'élève de s'ouvrir à la connaissance d'autres cultures que celle de ses parents. Généralement, on demande à l'élève à ce niveau d'apprendre une langue camerounaise différente de sa langue maternelle. Ce qui devra favoriser la communion entre les Camerounais de demain qui seront ainsi mieux intégrés dans leur pays que ceux d'aujourd'hui par l'usage des mêmes langues locales.

Notre réflexion à ce niveau va se dérouler en trois étapes. Nous allons d'abord exposer ce qui est préconisé actuellement par le programme PROPELCA, c'est ce que nous avons baptisé d'**ancien système**, ensuite nous allons critiquer ce programme et enfin nous présenterons les améliorations, les adaptations et les compléments nécessaires pour une bonne cohésion du cursus scolaire des élèves à ce niveau d'enseignement dans ce qu'il convient d'appeler le **nouveau système**.

2.5.7.1.3.1- Au premier cycle du Secondaire

Dans le système conçu par les géniteurs de PROPELCA, l'enseignement des langues nationales au Secondaire était divisé en trois parties :

- Première étape : 6e-5e

- Deuxième étape : 4e-3e

- Troisième étape : 2e – Terminale.

Il faut tout de suite dire qu'ils n'ont rien prévu pour cette troisième étape, réservant son organisation après le redémarrage de la Licence en Linguistique à l'Université.

La première étape pour eux était celle de l'ouverture de l'enfant à la connaissance des langues africaines. D'après TADADJEU M. et al. (2004 : 140) :

> *L'objectif de cet enseignement est d'apprendre aux élèves à articuler convenablement les sons que l'on peut rencontrer dans les langues africaines parlées dans leur environnement.*

En 6e et 5e, les élèves sont donc invités à s'ouvrir à l'étude des langues africaines à travers une langue camerounaise autre que leur langue maternelle. L'enseignement des langues camerounaises est divisé ici en deux grandes parties : la connaissance de la langue et la pratique des dialogues. Dans la connaissance de la langue, on enseigne aux élèves les **sons** (consonnes et voyelles) de la langue d'ouverture et aussi les **tons**. L'enseignement des dialogues quant à lui a deux objectifs : la compréhension et l'élocution dans la langue d'ouverture culturelle. Il faut bien que l'élève montre qu'il comprend ce qu'il lit et qu'il articule bien. Il est aussi initié ici à la construction des phrases dans la langue qu'il étudie, occasion d'apprendre des notions de grammaire. Le but ici est aussi la pratique de langue qui est enseignée.

La Deuxième étape nous paraît être l'étape de la maîtrise de la langue étudiée. Les élèves reviennent chacun sur sa langue maternelle ou *quasi maternelle* (c'est-à-dire celle où l'apprenant a une compétence équivalente à celle des locuteurs natifs). Ils doivent :

- lire couramment ;
- comprendre ce qui est lu ;
- se faire comprendre ;
- maîtriser l'écriture ;
- éveiller leur génie créateur.

Pour atteindre ces objectifs, on leur enseigne le vocabulaire, l'orthographe, la grammaire et la rédaction. Dans l'enseignement de la grammaire, les enseignants leur parlent du nom, des classes nominales, du verbe, de l'adverbe et des déterminants. En abordant le verbe, ils apprennent l'accord, les pronoms personnels, le temps, la négation, l'interrogation… En ce qui concerne la rédaction, les enseignants leur font faire la distinction entre le fond et la forme. Ensuite, ils sont instruits des trois parties de la rédaction : l'introduction, le corps et la conclusion, et enfin on les initie aux différents genres littéraires : la narration, l'exhortation, la description…

Au terme de ces enseignements, il y a bien sûr une évaluation qui doit figurer dans les bulletins et être comptabilisée avec le reste des notes pour le passage en classe supérieure. Cette évaluation porte essentiellement sur le système d'écriture et la compréhension des textes.

Voici en résumé la description précise et concrète de l'enseignement des langues nationales au niveau de l'enseignement secondaire actuellement, cette description est faite par les concepteurs du modèle PROPELCA, M. TADADJEU et al. (2004 : 34) :

Le programme du secondaire comporte deux types d'enseignements allant de la 6e en 3e inclusivement.

Tableau n° 10 : le programme PROPELCA du premier cycle du secondaire

Horaire hebdomadaire	6e et 5e	4e et 3e
Au moins 1 h ou 2 h	Enseignements théoriques : sons et tons.	Enseignements théoriques : sons, tons ; éléments grammaticaux
Au moins 1 h ou 2 h	Apprentissage de la langue d'ouverture : compréhension et expression orale.	Système d'écriture, grammaire et littérature des langues maternelles ou quasi maternelles.

La Critique du Modèle PROPELCA

Après avoir présenté ces programmes appréciables de l'enseignement officiel des langues camerounaises que propose PROPELCA, nous pouvons mieux voir les insuffisances de ce Programme qui nécessite des améliorations. D'après la loi n° 98/004 du 14 avril 1999 d'Orientation de l'Éducation au Cameroun, la nouvelle organisation de l'enseignement secondaire comprendra deux cycles :

- *un premier cycle de cinq ans aura un sous-cycle d'observation en tronc commun de deux (2) ans et un sous-cycle d'orientation de trois (3) ans d'enseignement général ou technique ;*
- *un second cycle de deux (2) ans d'enseignement général ou d'enseignement technique.*

L'organisation de l'enseignement des langues nationales dans le Secondaire doit s'adapter à cette nouvelle donne. Il faut alors des innovations sur ce qui se faisait jusque-là. Ensuite, il faut combler le vide qui existe dans le second cycle du secondaire en ce qui concerne l'enseignement des langues nationales.

Le premier défaut du Modèle PROPELCA vient du fait qu'il est incomplet. En effet, ses promoteurs n'ont pas encore conçu le programme de l'enseignement des langues camerounaises allant de la classe de Seconde en classe de Terminale comme ils l'ont fait de la Maternelle jusqu'au premier cycle du secondaire. Nous comblerons ce vide ici.

De même, en ce qui concerne l'enseignement des langues camerounaises dans les Universités d'État, nous n'avons pas à notre connaissance le programme des enseignements proposés par PROPELCA.

Par ailleurs, d'après les quatre modèles du PROPELCA, l'enseignement des langues nationales commence à la Maternelle et évolue vers le Secondaire en passant par le Primaire. Nous l'avons déjà dit à l'introduction de ce travail, nous y revenons ici, cette stratégie de croissance naturelle allant de la **base vers le sommet** est impossible pour l'insertion des langues camerounaises dans le système éducatif. En ce qui concerne l'enseignement de n'importe quelle matière scolaire, l'homme de la rue a l'impression que l'enfant commence d'abord à étudier ces matières à la Maternelle et évolue vers les classes supérieures jusqu'à l'Université pour ceux qui en ont les compétences. Ce que l'homme de la rue ne sait pas c'est que le travail de conception de l'enseignement se fait en sens inverse. Pour qu'un syllabaire par exemple soit aux mains des enfants de l'école primaire, il faut qu'il ait été conçu par des enseignants compétents. Ce ne sont pas les instituteurs de l'école primaire eux-mêmes qui conçoivent les livres qu'ils utilisent.

En tout cas, en ce qui concerne l'insertion officielle des langues camerounaises dans le système éducatif national, ce n'est pas par la Maternelle qu'il faut commencer. C'est en introduisant d'abord les langues camerounaises dans l'Enseignement supérieur, plus précisément dans les Écoles Normales Supérieures des Universités d'État qu'on produira des spécialistes en langues camerounaises qui seront mis à la disposition du ministère des Enseignements secondaires et du ministère de l'Éducation de base. Tant que le ministère de l'Enseignement supérieur (MINESUP) ne produit pas encore ces diplômés en langues et cultures camerounaises, l'enseignement de ces langues et de ces cultures ne sera pas possible ni efficace et s'il est fait sans eux, il n'échappera pas à l'amateurisme, au bricolage et même à la pénurie des enseignants. Il est vrai qu'en parlant de pénurie d'enseignants, même le MINESUP ne peut pas à lui seul former les milliers d'enseignants dont le système éducatif aura besoin si le gouvernement veut insérer ne serait-ce que dix langues camerounaises dans tous les établissements secondaires du pays. Il faudrait que d'autres institutions et organisations, gouvernementales ou non, aident le gouvernement camerounais à former les milliers d'enseignants de langues et de cultures camerounaises dont il aura besoin dans les années à venir. Nous donnerons les chiffres à la troisième partie de ce travail réservé à cet effet. Qu'il nous suffise de réaffirmer ici que *c'est par le Sommet que les langues camerounaises doivent entrer dans le système éducatif camerounais et non par la Base.* Nous pensons que les concepteurs de PROPELCA avaient pris le problème par le mauvais bout. Il s'agit maintenant de corriger cette erreur qui n'a justement pas porté les fruits attendus jusqu'ici, il faut le reconnaître. Depuis près de trente ans que PROPELCA existe aucune langue camerounaise n'est enseignée dans aucun établissement primaire ou secondaire au point d'avoir une épreuve en cette langue aux examens officiels. Il faut donc complètement changer la stratégie de PROPELCA qui à notre avis ne peut pas réussir. Le fait d'attendre que les élèves formés au primaire atteignent l'enseignement supérieur pour être formateurs à leur tour est tellement risquant et long que cette stratégie peut encore durer longtemps sans atteindre le but.

Quant à nous, à défaut de ranger précieusement PROPELCA dans les archives de l'histoire afin de pouvoir s'y inspirer de temps en temps, il faut tout au moins revoir toutes ses méthodes, ses stratégies et ses modèles pour garder ce qui est bon et éliminer ce qui est désuet.

Nous commençons par combler le vide qui existe actuellement en ce qui concerne les programmes officiels de l'enseignement des langues camerounaises au secondaire.

2.5.7.1.3.2- L'enseignement des langues camerounaises dans le second cycle de l'Enseignement secondaire

À la fin du premier cycle du Secondaire, l'élève doit être capable de s'exprimer couramment et avec clarté, à l'oral et à l'écrit, dans la langue camerounaise qu'il a étudiée. Il doit pouvoir écouter et comprendre des propos qui lui sont adressés dans cette langue, écouter la radio, lire la presse, discuter des sujets qui l'intéressent, rédiger des textes simples et pratiques, des lettres, des télégrammes, des annonces. Nanti de ces capacités, l'élève abordera alors le second cycle du secondaire en pleine assurance. Quels sont les objectifs généraux et spécifiques poursuivis par l'enseignement des langues nationales à ce niveau d'étude ?

Les Objectifs généraux

Cette formation vise à rétablir le lien indissociable entre la langue et la culture. *« Il s'agit en somme de former un jeune Camerounais pétri des valeurs universelles, fortement imprégné des valeurs socioculturelles de son pays, mais aussi apte à s'ouvrir au monde extérieur et à s'y insérer harmonieusement »* comme le veulent les programmes officiels de l'Enseignement secondaire général et technique de 1994 encore en vigueur. Elle vise ainsi à mettre en œuvre le double paradigme de l'enracinement et de l'ouverture que sous-tendent les textes qui fondent l'éducation en République du Cameroun, et qui disposent que le type d'homme à former est un citoyen profondément enraciné dans sa culture, mais également ouvert aux apports extérieurs. Il s'agit donc de corriger la tendance actuelle à l'extraversion qui fait que plusieurs langues vivantes du monde, de même que certaines langues mortes, comme le latin, sont enseignées au Cameroun, à l'exclusion des langues du terroir.

L'insertion des langues nationales dans le système éducatif au Cameroun doit s'inspirer de ce qui se fait déjà au Secondaire en ce qui concerne l'enseignement de la langue française. Ainsi, s'agissant des contenus, l'accent doit être mis sur le fait que l'enseignement des langues nationales doit être inséparable de la littérature en langues nationales. Il faut ici veiller à assurer un passage sans heurt entre les acquis du premier cycle et ceux du second. Ainsi l'enseignement de la langue au Secondaire vise la maîtrise par l'élève de l'outil linguistique, tant en termes de compréhension (étude de textes) qu'en termes d'autonomie (production de textes). Il s'agit d'enraciner l'apprentissage des langues nationales dans le besoin d'échanges et de communication. Des activités dynamiques et ouvertes, ayant pour point de départ les textes, permettront aux élèves de s'approprier la langue camerounaise qu'ils étudient, de s'initier à la culture qu'elle véhicule, de réagir, de proposer une réponse personnelle, de réfléchir seul et en groupe. Une telle démarche permet de rapprocher l'école de la vie.

Il faut peut-être insister ici sur le fait que la culture ne doit pas être considérée comme un système clos. Elle doit être étudiée sous son angle dynamique. Aucune culture n'est statique. La culture s'enracine dans le passé, mais elle évolue et a un visage différent aujourd'hui de celui qu'elle avait hier et qu'elle aura demain. L'enseignement des langues nationales qui ouvre les élèves à la culture doit avoir cette vision dynamique de la culture afin de ne former ni les iconoclastes, ni les nostalgiques, ni des futuristes, mais des jeunes bien enracinés dans le passé de leur société, mais en même temps ouverts au présent et préparant un futur meilleur.

Les Objectifs spécifiques

Voici les objectifs spécifiques de l'enseignement des langues nationales au second cycle du secondaire.

À la fin des études secondaires, l'élève devra être capable de :
- s'exprimer aisément et correctement, oralement et par écrit ;
- manier des structures grammaticales complexes et un vocabulaire riche pour traduire sa pensée, des sentiments ou des concepts ;
- reconnaître les divers niveaux de langue et d'en faire un usage approprié ;
- commenter, discuter, résumer un document écrit ou un conte oral ;
- prendre part à un débat à l'écrit ou à l'oral dans la langue camerounaise qu'il a étudiée.

Il revient aux différentes structures compétentes de répartir ces objectifs spécifiques selon les niveaux et les classes concernés en tenant compte du fait que la démarche pédagogique ici doit naturellement associer l'oral et l'écrit, la réflexion sur la langue nationale étudiée et surtout la pratique de cette langue. Les professeurs doivent tenir le plus grand compte des acquis des élèves pour ne pas les lasser par un enseignement théorique prolongé. On doit prendre en compte la différence entre les locuteurs et les non-locuteurs, des pédagogies différentes seront utilisées pour les uns et les autres. Nous préconisons six heures hebdomadaires pour l'enseignement des langues nationales au second cycle du secondaire réparties comme suit : deux heures de cours théorique sur la linguistique pour qu'il n'y ait pas de rupture avec les acquis du premier cycle. Voici ce qui était prévu pour le premier cycle en ce qui concerne le volet théorique de l'enseignement des langues camerounaises dans le secondaire d'après le modèle PROPELCA, M. TADADJEU (dir.) (2004 : 34) :

> *Les enseignements théoriques, prévus pour un minimum d'une heure par semaine, donneront aux élèves des connaissances linguistiques susceptibles de faciliter leur apprentissage non seulement des langues nationales, mais aussi des langues officielles. C'est donc un élément catalyseur de l'effort linguistique global de l'élève tout au long de son cursus scolaire.*

Au lieu d'une heure seulement, cet enseignement théorique gagne une heure de plus en volume horaire pour plus d'approfondissement. Tout comme il y a un **cours de philosophie**, une introduction à la linguistique comme science permettra aux élèves finissant le deuxième cycle du Secondaire de choisir de poursuivre les études de linguistique dans l'enseignement supérieur, si la linguistique les intérèse. Mais comme on ne peut pas toujours choisir ce dont on n'a aucune idée, les élèves doivent connaître un peu mieux ce qu'est la linguistique en général sans vouloir en faire des spécialistes à ce niveau.

L'enseignement théorique des langues nationales au second cycle du Secondaire est complété par un enseignement appliqué sur des langues camerounaises précises afin que les élèves à ce niveau d'étude maîtrisent de plus en plus chacun au moins une langue camerounaise pour atteindre les objectifs spécifiques définis plus haut. Cet enseignement appliqué sera aussi de deux heures par semaine. Enfin, pour plus d'efficacité et pour ouvrir les élèves à un début de spécialisation, il sera utile de prévoir deux heures hebdomadaires de travaux dirigés où l'enseignant initie les élèves à la production de la littérature en langues nationales. On peut par exemple produire un **Journal en langues nationales** dans un établissement pendant ces travaux dirigés. Ce qui initie les élèves non seulement à la maîtrise de leurs langues nationales, mais aussi au métier de journalisme, des vocations de journalistes en langues nationales ou en langues officielles peuvent naître de ce genre de travaux dirigés.

Visualisons ces suggestions par un tableau en divisant le second cycle du secondaire en deux niveaux comme le prévoit la nouvelle réforme de l'éducation d'après la loi d'orientation n° 98/004 du 14 avril 1998 citée plus haut.

Tableau n° 11 : Enseignement des langues nationales dans le second cycle du Secondaire : Notre proposition

Horaire hebdomadaire	Première année	Deuxième année
Cours Théoriques 2 h	Enseignements théoriques : introduction à la linguistique générale	Enseignements théoriques : introduction à la linguistique appliquée
Cours pratiques 2 h	Approfondissement et Maîtrise d'une langue nationale : compréhension et expression orale et écrite.	Système d'écriture, grammaire et littérature des langues maternelles ou quasi maternelles.
2 h Travaux dirigés	Introduction à la littérature orale et écrite en langues nationales : romans, journaux, contes, proverbes, devinettes…	Production de la littérature orale et écrite en langues nationales : journaux, contes, proverbes, devinettes, chantefables…

La création d'une Série « Langues et Cultures camerounaises » dans l'Enseignement secondaire

Au Secondaire, il y a l'enseignement général et l'enseignement technique. Il est possible de créer au second cycle une série particulière orientée vers un apprentissage plus développé des langues et cultures camerounaises pour préparer les élèves qui le souhaitent à approfondir leurs connaissances dans ces domaines. Il y a bien une Série A consacrée à la littérature et des Séries dites « scientifiques » : B, C, D, F, G, H… Il n'est pas impossible d'introduire dans la Série A, une Section Langues et Cultures Camerounaises. Comme on a déjà la Série **A4 pour l'espagnol**, on pourra avoir la Série **A7 pour le basaa** par exemple, ainsi chaque langue camerounaise enseignée peut avoir un numéro précis… Ou bien, on peut laisser la lettre « A » pour les langues et littératures étrangères et créer une « **Série L** » consacrée aux langues camerounaises ainsi qu'à la littérature qu'elles véhiculent. Cette Série consacrée aux langues et cultures camerounaises servira aussi à préparer les élèves du Secondaire qui le désirent et qui ont les compétences requises à poursuivre leurs études au niveau supérieur dans leur Série avec un bagage intellectuel appréciable tout comme cela se fait dans les autres Séries A, B, C, D… Car, comme tout le monde le sait, l'éducation est un système, c'est un tout. Si nous avons insisté pour commencer l'insertion des langues camerounaises dans l'enseignement supérieur et non à la Maternelle, ce n'est pas pour s'arrêter au niveau de l'enseignement supérieur. Après le niveau supérieur, les langues camerounaises doivent trouver une place honorable dans l'enseignement secondaire et dans l'enseignement primaire. Et la meilleure manière d'assurer aux langues et aux cultures camerounaises la place qui leur revient au Secondaire c'est de créer une Série à elles consacrée. Si l'espagnol figure dans les programmes officiels au Cameroun à partir de la classe de 4ᵉ dans l'enseignement général, ce n'est pas de l'utopie de prévoir une place plus honorable à certaines langues camerounaises même avant la classe de 4ᵉ. Et pour avoir les étudiants qu'il faut au nouveau Département des Langues et Cultures Camerounaises à l'École Normale Supérieure de Yaoundé, une « **Série Langues et Cultures Camerounaises** » serait la bienvenue au second cycle dans les établissements secondaires au Cameroun.

C'est ici qu'apparaît clairement le rôle de transition que joue l'enseignement secondaire entre l'enseignement primaire et l'enseignement supérieur. Le système éducatif étant un tout, pour avoir de bons étudiants au niveau de l'enseignement supérieur, il faut qu'au niveau de l'enseignement secondaire, ces étudiants aient été bien formés. Ce qui est vrai pour le niveau supérieur l'est aussi pour le niveau secondaire. Ce qui revient à dire que pour avoir des élèves valables au Secondaire, il faut qu'ils aient eu une formation de qualité au niveau de l'enseignement primaire. Voilà pourquoi les langues et cultures camerounaises doivent déjà avoir une place de choix dans l'enseignement primaire afin que les étudiants des Universités et Grandes Écoles, produits finis du système éducatif camerounais, portent haut le flambeau culturel national en complémentarité avec l'ouverture à l'universel qu'ils reçoivent grâce aux langues officielles et les autres langues étrangères enseignées au Cameroun. L'enseignement des langues et cultures camerounaises doit bien sûr avoir sa place dans l'enseignement primaire et maternel, mais c'est en venant de l'enseignement supérieur. Chacun reçoit sa force de l'autre. C'est à partir de l'enseignement des langues camerounaises à l'école primaire que l'enseignement secondaire produit des élèves compétents en ces langues. Et c'est en recevant les élèves bien formés au Secondaire que l'enseignement supérieur est en mesure de livrer un produit fini de bonne facture au marché du travail. Le système éducatif est un tout, chaque niveau d'enseignement a besoin du bon travail des deux autres pour bien faire le sien.

2.5.7.1.4- L'insertion des langues camerounaises dans l'Enseignement supérieur

Au niveau de l'Enseignement supérieur, l'enseignement des langues nationales se concentre sur la formation des formateurs et des spécialistes par l'étude approfondie des langues camerounaises. C'est à ce niveau qu'on apprend aux étudiants à concevoir les ouvrages didactiques et les méthodes pédagogiques. Voyons les motivations et les objectifs de l'insertion des langues nationales dans l'Enseignement supérieur, avant de nous pencher sur la faisabilité et les débouchés de cet ordre d'enseignement à ce niveau. Nous allons nous inspirer pour cela des programmes de Licence en Linguistique et en langues et cultures camerounaises en préparation à l'Université de Yaoundé I dans le cadre de la réforme LMD en cours.

Selon les professeurs de linguistique du Département de Langues Africaines et Linguistique (DLAL) de la Faculté des Arts Lettres et Sciences Humaines de l'Université de Yaoundé I, les motivations à développer un tel programme sont diverses. Au-delà des aspects purement académiques ou socioculturels existent des motivations de développement national, régional et continental sur le socle des connaissances des systèmes de pensée, d'organisation sociale, de principes régulateurs de la vie collective et de survivance des groupes. Ces motivations comprennent :

a) le souci de former un corps de professionnels des langues et cultures camerounaises dont notre système éducatif en exprime le besoin, pour procéder à la préservation, à la compréhension, l'utilisation et la transmission des cultures et langues africaines.

b) Le désir ardent de moderniser ces langues en créant toute la terminologie nécessaire pour l'expression des concepts divers.

c) L'intérêt croissant de faire des langues africaines des éléments incontournables de la renaissance africaine et des points de départ du développement endogène et durable.

Ce programme vise à doter les étudiants du savoir linguistique, du fonctionnement des langues et cultures africaines. Les produits de ce programme (cette licence) seront appelés non seulement à avoir une base solide en linguistique, mais aussi et surtout à être des spécialistes des langues et cultures africaines.

Par conséquent les cours de première et deuxième année introduisent les étudiants aux fondamentaux de la linguistique (phonétique, phonologie morphologie, syntaxe) tout en leur ouvrant les portes de l'auto alphabétisation c'est-à-dire, des possibilités de découverte et d'élaboration des systèmes d'écriture de leur propre langue et des langues apparentées. Les données culturelles et les systèmes sociaux qui sont à la base de l'expression linguistique seront analysés dans le cadre des incidences particulières.

La seconde année, tout en portant sur l'analyse du discours en langues maternelles africaines/camerounaises, permettra de développer chez les étudiants des aptitudes à tracer des parallèles entre les expressions culturelles et le développement national, à attacher des valeurs et significations aux expressions artistiques africaines/camerounaises. La poursuite de l'apprentissage d'une langue africaine de référence sera soutenue par une introduction à la morphologie et à la syntaxe, outils qui contribueront à l'accroissement de l'intercompréhension entre les langues africaines/camerounaises proches ou apparentées.

La troisième année se penchera sur les didactiques de la culture et des langues, enrichies par les transitions méthodologiques entre les langues maternelles (L1) et les langues officielles et les développements pertinents générés par l'analyse faite des systèmes de croyances africaines/camerounaises, des données culturelles et des expressions linguistiques y relatives. L'habilitation des étudiants à développer du matériel didactique et de la littérature, à s'engager dans la création des néologismes et des terminologies en matière de discours scientifique sera un atout important dans l'instrumentalisation des langues camerounaises.

Compétences d'un étudiant de l'Université en langues et cultures camerounaises au terme du Niveau III

Pour la langue qu'il étudie, à la fin du Niveau III, l'étudiant en langues et cultures camerounaises doit :

- Maîtriser les différentes caractéristiques de la langue écrite contemporaine, les propriétés et régularités descriptibles dont sont dotées les phrases et sur lesquelles peuvent s'entendre tous les locuteurs de cette langue.

- Maîtriser les phénomènes internes à la phrase.

- Initier un effort de réflexion sur la langue en question.

- Communiquer largement et sûrement en cette langue.

- Comprendre la structure et le fonctionnement de la langue qu'il a étudiée.

- Faire preuve d'une connaissance appréciable de la culture dont ladite langue est l'expression.

- Connaître l'histoire de cette langue ainsi que du peuple qui la parle.

- Connaître la littérature de la langue en question.

En fin de compte, on attend de l'étudiant en langues et cultures camerounaises presque la même compétence linguistique que celle de son camarade du même niveau qui étudie le français par exemple. Il ne s'agit pas de donner aux étudiants en langues camerounaises une formation au rabais.

Voici une ébauche du contenu de sa formation sous la forme détaillée :

Le Syntagme nominal

I- Les propriétés du nom
- les propriétés syntaxiques
- les propriétés morphologiques
- les propriétés sémantiques

II- La morphologie du nom
- la formation des noms
- la morphologie lexicale
- la morphologie grammaticale

III- L'expression du nombre
- la formation du nombre : les classes nominales
- la double préfixation
- le pluriel des noms composés
- le pluriel des noms étrangers

IV- les déterminants du nom
- les déterminants définis
- l'adjectif possessif
- l'adjectif démonstratif
- les expansions du nom

Le Groupe Verbal
I – Les constituants obligatoires de la phrase
II – Le prédicat de la phrase
III – les types de verbes
- les verbes pleins
- les verbes auxiliaires
- les auxiliaires (qui ne peuvent pas être employés seuls)
- le sens des verbes
    - intransitifs
    - transitifs
    - transitifs directs
    - transitifs indirects

V- Les catégories du verbe
- définition
- la personne et le nombre
- les modes, le temps et l'aspect
- la voix

La Morphosyntaxe
I- Définition de la phrase
II- Les modalités de la phrase
III- De la phrase simple à la phrase complexe
IV- Le discours rapporté

L'étudiant qui a terminé le Niveau III doit avoir maîtrisé tous les traits caractéristiques et les spécificités de la langue camerounaise dont il est maintenant le spécialiste : l'alphabet, les tons, les classes nominales, l'élision, la semi-vocalisation et la séparation des mots quel que soit son statut de locuteur ou de non-locuteur, car on ne saurait postuler à une Licence dans une langue si on ne la maîtrise pas.

Mode d'enseignement : Cours Magistral (CM), Travaux Dirigés (TD) et Travaux Pratiques (TP).

Mode d'évaluation : Contrôles continus, travaux personnels, examens semestriels, soutenance du mémoire.

2.5.7.1.5. Résumé sur l'enseignement formel des langues camerounaises

À la fin de notre investigation, l'enseignement formel des langues camerounaises prend de plus en plus corps. On peut maintenant répondre à la question : *qu'est-ce qu'un apprenant doit savoir en langues nationales à chaque niveau du cursus éducatif de la Maternelle jusqu'à l'Université* ? En prenant le cas d'une langue précise, la réponse est la suivante :

- **À la Maternelle**, l'essentiel de l'enseignement se passe oralement. L'enfant apprend les chants, le dessin, les récitations... en sa langue maternelle ou à défaut en une langue quasi maternelle, s'il ne connaît pas sa langue maternelle ou s'il est dans une zone étrangère à sa langue maternelle.

- **Au Primaire**, commence l'initiation à la langue : compréhension, élocution, lecture et écriture. À la fin de l'école primaire, l'enfant doit déjà être capable :

- de lire couramment ;

- d'avoir une orthographe correcte ;

- de connaître des notions grammaticales ;

- de rédiger de petits textes ;

En ce qui concerne le calcul, à la fin de l'école primaire, l'élève doit pouvoir manipuler les quatre opérations (addition, soustraction, multiplication et division) avec retenue, connaître les notions géométriques, la monnaie, les unités de mesure (poids, distance) en une langue camerounaise pour les nombres allant de 1 à 10. 000.

Pour ce qui est de l'enseignement de la culture, l'élève en fin du primaire doit déjà avoir produit des contes, des récitations, des chants, des devinettes et des proverbes dans le cadre de la morale. Un élève terminant son cycle primaire doit déjà aussi être capable de participer aux offices religieux et de pratiquer sa religion en une langue camerounaise.

- **Au Secondaire**, à la fin du premier cycle l'élève doit déjà avoir une bonne connaissance, au moins, d'une langue camerounaise. Il doit pouvoir comprendre des élocutions complexes en cette langue. Il doit être en mesure de produire des expressions variées de tous les sentiments. Il doit déjà pouvoir résumer un texte et rédiger des rédactions développées sur des sujets divers. Dans tous les cas, on attend de lui une maîtrise suffisante de la langue à ce niveau. Au second cycle du secondaire, l'élève est introduit à la découverte de la littérature de la langue qu'il a choisie et la culture qu'elle véhicule. Commencent ici l'étude intégrale des œuvres et des genres littéraires, le regroupement des textes d'un même auteur ou d'auteurs différents sur un même thème, la critique des textes, la dissertation, le commentaire de texte et la contraction des textes en langues nationales.

- Au niveau de l'Enseignement supérieur, l'étudiant en langues et cultures camerounaises doit déjà, à la fin du cycle de Licence, à partir de la formation qu'il a reçue en didactique des langues, savoir comment enseigner la langue camerounaise qu'il a choisie. Il doit avoir produit de la littérature en cette langue. Il doit être capable de produire des manuels didactiques en cette langue. Il doit avoir mené une étude approfondie de la langue en question au point d'en maîtriser la phonologie, la morphologie et la syntaxe. Par ailleurs, une connaissance appréciable de l'histoire de la langue et par conséquent du peuple qui la parle est aussi attendue de lui. Les cycles de Maîtrise et de Doctorat l'ouvrent à l'interdisciplinarité : psycholinguistique, sociolinguistique, ethnolinguistique, théolinguistique... en rapport avec la langue qu'il étudie et dont il peut maintenant devenir un des spécialistes. L'objectif de l'enseignement des langues camerounaises n'est pas de faire de tout le monde des spécialistes de ces langues, tout comme tous ceux qui étudient le français ou l'anglais ne deviennent pas des spécialistes de ces langues, c'est l'usage, la promotion, la protection et le développement des langues nationales en voie de disparition qui sont en jeu. Cependant, parmi ceux qui atteignent le niveau de l'enseignement supérieur, il est naturel qu'il en sorte des spécialistes en langues et cultures camerounaises pour le plein épanouissement de ces langues et par conséquent des cultures qu'elles véhiculent et les peuples concernés. C'est l'héritage culturel de l'humanité entière qui est ainsi préservé, conservé et transmis aux générations futures. Voilà résumé ce qu'un apprenant des langues nationales doit savoir en une langue donnée et à chaque étape du cursus académique de la Maternelle jusqu'à l'Université. Ce programme est bien sûr sujet à des améliorations : des ajouts ou des allègements, mais voilà l'ossature, la colonne vertébrale de l'insertion des langues camerounaises dans le système éducatif.

2.5.7.2- L'Enseignement non formel des langues camerounaises

L'enseignement des langues camerounaises ne doit pas se cantonner uniquement à l'école. Il y a beaucoup de choses qui peuvent et doivent se faire en dehors du cadre scolaire. La culture d'un pays ne s'apprend pas seulement à l'école. Il y a beaucoup d'autres lieux de formation. Cela aussi doit être pensé en complémentarité avec ce qui se fera à l'école pour la satisfaction de tous : enfants scolarisés ou non et les adultes étrangers ou Camerounais. C'est ce que nous appellerons ici l'enseignement non formel, toutes ces structures d'enseignement devront fonctionner, mais en dehors du programme scolaire, dans les communes, les paroisses, les établissements pendant les vacances scolaires, chez certains chefs traditionnels qui ont des locaux appropriés... L'État camerounais a beau multiplié les écoles, les lycées, les collèges et les universités – il faut ici reconnaître que le gouvernement actuel excelle là-dessus, pour preuve le nombre de ministères qui s'occupent de l'éducation au Cameroun ne cesse d'augmenter pour le souci d'un encadrement plus efficace. Toutes ces structures formelles de l'éducation disons-nous, malgré leur grand nombre, n'arrivent cependant pas à engloutir le flot de jeunes Camerounais qui sont en âge scolaire. Et cela pour plusieurs raisons : le manque de moyens financiers, le poids des coutumes, l'école buissonnière.

=> Le manque de moyens financiers

Des raisons financières empêchent certains parents et tuteurs d'assurer la scolarisation de leurs enfants malgré toute leur bonne volonté. Il faut ici reconnaître que la lutte contre la pauvreté prônée par les organisations internationales, les gouvernements et les Églises doit mobiliser toutes les énergies, car la misère fait des victimes tous les jours plus que les guerres. Nombreux sont les enfants qui ne vont pas à l'école uniquement par manque de moyens financiers pour leur permettre de continuer leur scolarisation. Parfois, ce sont des génies qui sont obligés de sortir de l'école et de traîner dans la rue à la merci de tous les dangers possibles et imaginables. Ceux-ci sont alors obligés de mettre leur intelligence au service du mal. On ne doit donc plus s'étonner de constater toute l'ingéniosité que déploient les malfaiteurs de tout acabit parmi lesquels la gent féminine brille de plus en plus par des exploits insoupçonnés.

=> Le poids des coutumes

On ne peut passer sous silence le fait que dans certaines parties du Cameroun (Nord) ou dans certaines familles, même du Sud, ce n'est pas tout le monde qui est convaincu au même niveau de l'importance de l'école, et surtout en ce qui concerne les filles destinées le plus souvent au mariage le plus tôt possible. Tout le monde au Cameroun n'est pas encore convaincu du fait que :

Si la jeunesse est l'avenir du monde, l'école est l'avenir de la jeunesse.

Certains parents pensent encore dans ce pays que faire l'élevage, l'agriculture, la pêche, le ramassage et la cueillette comme au temps des ancêtres vaut mieux qu'aller perdre son temps à l'école. Par conséquent, ils ne motivent pas leurs enfants à y aller, des fois ils les en dissuadent par tous les moyens.

=> L'école buissonnière

Faire l'école buissonnière signifie en fait fuir l'école. C'est le cas de plusieurs enfants, garçons et filles, qui pour plusieurs raisons, laissent souvent le chemin de l'école pour *prendre d'autres tangentes* d'après leur propre expression. Ainsi, pour toutes sortes de raisons : banditisme, prostitution, vol… ou tout simplement pour des jeux comme le football, les jeunes fuient l'école.

Dans ces conditions, organiser au Cameroun un enseignement non formel permettra à l'État, aux parents et à tous ceux et celles qui veulent s'instruire et qui ne peuvent pas, pour plusieurs raisons, intégrer le système scolaire normal ou formel, de trouver réponse à leur problème et de satisfaire efficacement leur besoin d'instruction grâce à l'enseignement non formel.

Les infrastructures pour l'enseignement non formel

L'enseignement des langues nationales peut se passer dans des écoles ou hors des écoles. Pendant les vacances scolaires, les *week-ends* et les soirées, certaines infrastructures scolaires, lycéennes et universitaires peuvent être utilisées, avec l'autorisation des responsables de ces établissements, pour assurer certaines activités relevant de l'enseignement non formel.

Mais l'idéal c'est que des salles soient construites dans des mairies, des villages et des paroisses pour assurer cet enseignement non formel. Car ce ne sont pas des écoles à proprement parler, ce sont des regroupements pour une période donnée de personnes : enfants, adultes, étrangers ou autochtones, qui sont rassemblés pour une activité précise et limitée dans le temps.

Le contenu de l'enseignement non formel

S'il y a déjà l'enseignement formel par l'école pour former les jeunes Camerounais dans tous les domaines, quel sera le contenu de l'enseignement non formel ? Il faut tout de suite dire que même les enfants des **écoles formelles** pourront aussi pendant les vacances et les week-ends bénéficier des formations données par l'enseignement **non formel,** car ce sera souvent des matières complémentaires. Un élève, un collégien ou un lycéen peut, pendant les vacances scolaires, apprendre à cultiver les tomates ou à élever des poules. L'enseignement non formel intègre certaines matières de l'enseignement formel : le français, l'anglais, les langues nationales – surtout celles du lieu où se passent l'enseignement, le calcul, le dessin… mais l'enseignement non formel est surtout pratique et se penche beaucoup plus sur la préparation des apprenants à la maîtrise des activités économiquement rentables tout de suite à l'exemple de l'agriculture, l'apiculture, la pisciculture, la sculpture, l'élevage, la couture, la menuiserie, la maçonnerie, l'hygiène, la médecine traditionnelle, l'artisanat, la poterie… On peut aussi y donner quelques rudiments des sciences humaines pour permettre à ces apprenants de mieux se positionner dans le monde et surtout dans leur environnement immédiat. On peut ainsi leur parler de la relation de l'homme avec Dieu (la théologie), les aider à mieux comprendre ce qu'est l'être humain dans son milieu (l'anthropologie, l'ethnologie, la sociologie…)

2.5.7.3- L'enseignement des langues camerounaises aux adultes

Plusieurs raisons militent pour l'enseignement des langues camerounaises aux adultes. Nous retenons ici les deux principales raisons dont l'une est **didactique**, l'autre **andragogique**.

- la raison didactique

Si les parents sont les premiers éducateurs de leurs enfants, il faut bien que les adultes puissent maîtriser leur langue maternelle à l'écrit et à l'oral pour mieux aider leurs enfants à faire de même. La plupart des adultes du Cameroun connaissent leur langue maternelle à l'oral et non à l'écrit. Or, une langue qui n'est utilisée qu'oralement meurt à long terme. On peut aussi penser que celui qui ne maîtrise une langue qu'oralement ne peut pas l'enseigner comme il faut dans notre monde moderne où règne ce qui est écrit. Il peut y avoir un débat à ce niveau pour savoir ce qui est le plus important entre **l'oral et l'écrit**. On peut se demander si nos ancêtres qui ne savaient ni lire ni écrire ne maîtrisaient pas pour autant les langues qu'ils parlaient ? Ce que nous pouvons répondre dans ce débat pour l'instant c'est d'affirmer que les deux sont importants : l'écrit et l'oral. Une langue qui n'est utilisée que sous la forme écrite comme le *latin* est une *langue morte*. Mais aussi une langue qui n'est utilisée que sous la forme orale tend aussi vers sa mort. C'est le danger qui guette la plupart des langues africaines sans écriture.

Ainsi, les adultes camerounais ont intérêt à apprendre les langues camerounaises sous les deux formes, écrite et orale, pour être à même de les transmettre plus efficacement à leurs enfants. La première raison pour laquelle les Camerounais adultes doivent étudier les langues camerounaises est donc une raison de transmission des valeurs culturelles véhiculées par ces langues à leurs enfants, c'est une raison didactique.

- la raison andragogique

Il existait au Cameroun ce qu'on appelait *l'école sous l'arbre*, il s'agissait par elle de donner une certaine formation aux adultes afin qu'ils soient moins étrangers au monde moderne dans lequel ils étaient obligés d'évoluer. On leur y apprenait des rudiments de français et de calcul. Nous pensons que cette bonne initiative doit s'étendre aussi au niveau des langues camerounaises pour apprendre aux adultes Camerounais à savoir lire et écrire leurs langues nationales respectives afin de pouvoir mieux s'exprimer dans le monde moderne. Les adultes sont porteurs des valeurs culturelles à sauver de la perdition. Ils doivent transmettre ces valeurs et les fixer par écrit pour les sauver de la mort le plus longtemps possible. Or, le passage de l'oral à l'écrit n'est pas sans risques. On l'a même dit *« tout traducteur est un traître »*. En traduisant en langues européennes ou en langues africaines ce que les anciens Africains analphabètes disent, il est possible de trahir leurs pensées profondes. Si ces derniers pouvaient eux-mêmes mettre par écrit ce qu'ils veulent dire, et cela surtout en langues camerounaises, il y aurait plus de fiabilité du message. Voilà la raison pour laquelle les langues camerounaises doivent être enseignées aux adultes pour leur permettre de fixer par écrit tout l'héritage culturel dont ils sont porteurs afin que les générations suivantes puissent s'y pencher et, partant de là où ils se sont arrêtés, aller plus loin dans la recherche de la maîtrise et de la connaissance de la nature par l'homme en vue de la dominer selon l'ordre reçu de Dieu : S*oyez féconds et prolifiques, remplissez la terre, dominez-la. Soumettez les poissons de la mer, les oiseaux du ciel et toute bête qui remue sur la terre (Gn 1, 28)*.

Mais le vrai développement n'est-il qu'européen dans le sens de la destruction de la nature par une domination sans âme ? Y a-t-il une domination en douceur de la nature sans destruction anarchique ? Bref, les vieux Africains doivent transmettre aux jeunes générations leurs découvertes et expériences et cela ne peut bien se faire qu'à l'aide des langues africaines et il serait mieux que jeunes et vieux en Afrique puissent dialoguer oralement et par écrit en langues africaines pour une meilleure transmission et réception des valeurs humaines africaines.

Bien plus, si les aînés africains maîtrisaient leurs langues par écrit, il serait plus efficace de leur transmettre les valeurs de la modernité en les traduisant en leurs langues que de les leur donner en français et en anglais, langues étrangères qu'ils ne maîtrisent pas.

Par exemple, si l'on veut apprendre aux paysans de nouvelles techniques agropastorales pour plus de rentabilité, ils comprendraient mieux si cela leur était expliqué en leurs langues qu'en langues européennes. Dans la situation actuelle, on est obligé de faire appel aux animateurs bilingues. Mais alors, l'inconvénient est que tous les participants doivent être présents au moment où l'animateur explique. Les absents ici ont vraiment tort. Or, si tout le monde maîtrisait sa langue à l'écrit et à l'oral, même de façon autodidacte, les absents s'en sortiraient en lisant et ils comprendraient mieux ce qui est écrit en leur langue que ce qui est écrit en langue étrangère. On a beau dire que le français est déjà une langue africaine, ce n'est pas encore une réalité pour tous les Africains. Alors faut-il cyniquement attendre que tous les Africains qui ne parlent pas français ni une autre langue européenne meurent pour pouvoir atteindre plus efficacement tout le monde ? Nous pensons que l'enseignement des langues européennes aux Africains jeunes et adultes n'est pas incompatible avec l'enseignement des langues africaines à ces derniers. Bien au contraire, l'avenir appartenant désormais à celui qui parle le plus de langues, il faut donner cette chance même à nos adultes africains. Il faut leur apprendre plusieurs langues, mais en commençant peut-être par leur propre langue africaine, quelles qu'en soient les difficultés. Cela apparaît plutôt comme une faiblesse scientifique, une démission intellectuelle, un crime culturel, un manque total de patriotisme de renoncer aux études poussées pour insérer les langues nationales dans le système éducatif à cause des obstacles qu'il faut franchir.

Lorsqu'il s'agit d'enseigner les langues nationales hors de l'école aux adultes dans un programme d'alphabétisation, d'autres facteurs sont à prendre en considération en plus de l'instruction proprement dite. Il s'agit d'éviter des interruptions de longues durées par exemple. Car cela risque de causer une perte de motivation de la part des apprenants. Ainsi, on peut opter pour une instruction intensive à plein temps. Peut-être 7 heures par jour et 6 jours par semaine pendant 1 mois.

À côté d'un tel programme intensif, on peut opter pour la proposition qu'Olive SHELL et Ursula WIESEMANN (2000 : 216) font dans leur *Guide pour l'alphabétisation en langues africaines* où il est écrit :

> *Un programme pour adultes comportera un minimum de six heures par semaine et un total de 150 heures par année ou 25 semaines de cours. Ces cours seront normalement dispensés en trois jours de deux heures chaque fois, organisés comme suit : 30 minutes d'animation (discussion de la matière), 30 minutes de lecture, 30 minutes de calcul, 15 minutes d'écriture et 15 minutes de divers.*

Le succès d'un programme d'alphabétisation dépend de beaucoup de facteurs. Tout comme dans l'enseignement formel, la motivation des apprenants est d'une importance capitale. En effet, des personnes bien motivées réussissent mieux que celles qui manquent de motivation. Il faut connaître le mode de vie des habitants pour élaborer un programme d'alphabétisation efficace. On sait par exemple que le public adulte cible en langues nationales est fait en grande partie d'agriculteurs. Les cours doivent éviter la saison des semailles. Et quand c'est en ville, opter plutôt pour les fins d'après-midi que les matinées. Il faut avouer ici que le travail de planification de cet enseignement reviendra aux Comités de Langue qui aideront à l'élaboration des programmes et au choix des sites.

2.5.8- Le Problème des affectations des fonctionnaires

Un problème important se pose à la mise en pratique de la politique linguistique camerounaise, c'est celui des fonctionnaires. Si l'on autorise l'enseignement des langues nationales à l'école primaire, et qu'un fonctionnaire est à Yaoundé, son enfant apprend l'*ewondo* au Cours préparatoire. Il passe pour aller au Cours Élémentaire I., Mais à la fin de l'année, ce fonctionnaire est affecté au nord du pays, quelle langue apprendra son enfant ? Trouvera-t-il l'*ewondo* là-bas ou devra-t-il se mettre au *fulfulde* ? Ou alors l'enfant devra-t-il rester à Yaoundé pour ses études pendant que ses parents et le reste de la famille quittent la ville ? Ce qui relance alors le problème des classes qui doivent être concernées par l'enseignement des langues nationales et le statut de ces langues dans l'enseignement. Seront-elles des langues d'enseignement ou simplement une matière dans l'enseignement ? PROPELCA propose d'utiliser les langues nationales comme moyen d'instruction pendant les trois premières années de scolarité. La situation des affectations est donc à bien étudier pour ne pas perturber la scolarité des enfants pour lesquels les langues nationales sont mises à l'école.

- Est-ce qu'il faut voter une loi interdisant de bouger les parents qui ont les enfants dans les trois premières années du primaire ?
- Est-il possible que toutes les langues nationales enseignées soient présentes sur toute l'étendue du territoire national ?
- Ou alors les parents doivent-ils tout simplement laisser leurs enfants sur place le temps qu'ils atteignent le Cours Élémentaire II pour intégrer le système général ?

D'où la nécessité de multiplier les internats pour les écoles primaires où ces enfants seront prioritaires. Voilà encore un autre moyen de créer du travail et de l'argent que l'insertion des langues nationales dans le système éducatif va permettre.

2.5.9- Le rôle des Décideurs

Pour commencer à résoudre de façon définitive le problème de l'insertion des langues nationales dans le système éducatif, c'est maintenant aux ministères chargés de l'Éducation de prendre leurs responsabilités et commencer l'application de la **loi n° 98/004 du 14 avril 1998 portant orientation de l'éducation au Cameroun**. La situation sera peut-être un peu plus compliquée aujourd'hui, étant donné qu'il y a maintenant plusieurs ministères chargés de l'Éducation. Mais chacun peut et doit prendre ses responsabilités à son niveau pour faire tout ce qui est à son pouvoir afin d'appliquer la loi.

CHAPITRE 6

LES THÉORIES D'AMÉNAGEMENT LINGUISTIQUE AU CAMEROUN

Introduction

Le législateur a le pouvoir et le devoir de concevoir théoriquement la politique linguistique du pays en l'inscrivant dans la Constitution par les lois. L'homme politique a le devoir et le pouvoir de décider de la mise en pratique des lois constitutionnelles. Mais, il ne peut efficacement le faire sans le concours des experts qui ont le devoir, le savoir et le savoir-faire nécessaires pour une meilleure application de la loi. Plusieurs linguistes camerounais ont étudié le problème linguistique du pays et ont proposé des solutions pour le résoudre.

Voyons alors comment les linguistes camerounais ont pensé la mise en pratique des textes officiels en fonction des langues en présence sur le territoire national. Autrement dit, quelle est la politique linguistique que proposent les experts du Cameroun en matière linguistique ? Plusieurs théories linguistiques ont vu le jour au Cameroun, il y a trois positions essentielles que nous citons ici par ordre chronologique :

1- Le **Monolinguisme national** par Pierre NGIJOL NGIJOL

2- Le **Trilinguisme extensif** ou *trilinguisme ouvert* de Maurice TADADJEU

3- Le **Quadrilinguisme fonctionnel** préconisé par Jean TABI MANGA

Avant de présenter ces trois théories linguistiques d'origine camerounaise, nous devons rappeler l'existence d'autres propositions pour un aménagement linguistique au Cameroun. Le linguiste H. M. BOT BA NJOCK a préconisé le choix des langues zonales alors que pour le philosophe Marcien TOWA, proposait de choisir, en plus des deux langues officielles, une langue nationale et quelques langues zonales. On voit que Marcien TOWA unit la proposition du choix d'une langue nationale de NGIJOL NGIJOL à celle de BOT BA NJOCK qui préfère lui le recours aux langues zonales. Il existe peut-être d'autres penseurs qui ont conçu une politique linguistique camerounaise qui ne serait pas à notre connaissance. Cependant, quel qu'en soit l'auteur, toute politique linguistique camerounaise doit tenir compte d'une part, des deux langues officielles que sont le *français et l'anglais* et d'autre part, *des langues nationales*. Tout le génie du concepteur consistera à l'établissement d'une bonne collaboration entre ces deux groupes de langues. Concevoir une politique linguistique camerounaise revient à dire quelles relations doivent exister entre les deux langues officielles d'une part, et les relations entre ces deux langues officielles et les langues nationales, d'autre part. Il est vrai qu'un autre volet secondaire, mais aussi important dans la mise en œuvre de la politique linguistique camerounaise concerne les relations entre les langues camerounaises elles-mêmes. Le dernier aspect de cette politique linguistique, c'est le statut des langues étrangères non officielles où l'on peut aussi découvrir deux groupes : les langues étrangères à l'Afrique comme l'allemand, l'espagnol, le japonais... et les langues africaines étrangères au Cameroun comme le lingala, le kirundi...

2.6.1- Le monolinguisme national

Il y a des théoriciens comme Pierre NGIJOL NGIJOL (MBA G. 2001) qui ont proposé le choix d'une seule langue camerounaise à laquelle on conférerait le statut de langue nationale à côté du français et de l'anglais. Cette solution est possible pour certains pays africains (Burundi, Gabon...) qui ont une langue africaine largement dominante. La seule difficulté en ce qui concerne le Cameroun c'est qu'aucune de ses langues nationales n'est parlée par plus de la moitié de la population. Choisir une langue camerounaise et l'imposer à toute la population comme langue nationale n'est pas pour plaire aux Camerounais non locuteurs de la langue choisie et ce sera automatiquement plus de la moitié de la population. Aucun gouvernement n'est prêt à affronter le courroux de plus de la moitié des Camerounais pour des questions linguistiques malgré tous les avantages qu'apporterait cette langue camerounaise **nationalisée**.

Devant les difficultés inhérentes au choix d'une seule langue camerounaise pour en faire la langue nationale officielle, d'autres propositions ont vu le jour.

2.6.2- Le trilinguisme extensif ou trilinguisme ouvert

Le Trilinguisme Ouvert est une théorie de politique linguistique qui a été conçue et développée par les professeurs de linguistique à l'Université de Yaoundé I avec pour chef de file Maurice TADADJEU pour résoudre le problème linguistique camerounais. Car, dans un pays comme le Cameroun qui compte plus de 248 unités langues, un aménagement linguistique est nécessaire pour que les différentes couches de la société puissent se comprendre aisément. À côté des deux langues européennes et étrangères (le français et l'anglais) devenues langues officielles et qui s'imposent de plus en plus dans le pays, de nombreuses langues camerounaises sont en usage sur toute l'étendue du territoire national. Comment gérer la cohabitation de toutes ces langues pour une communication efficace dans tout le pays ? Telle est la question qui préoccupe les chercheurs, les responsables de l'éducation, les universitaires et les hommes politiques camerounais. Dans ce contexte, le Trilinguisme Ouvert est une contribution magistrale. C'est un système qui vise le développement de la personnalité linguistique du Camerounais dans les deux dimensions horizontale et verticale pour une authentique intégration nationale, continentale et même mondiale. La mise en pratique de ce système permettra à deux Camerounais de deux endroits quelconques du pays d'utiliser la même langue dès leur première rencontre. Il s'agit ici de **l'intégration horizontale** qui peut être bien assurée par les deux langues officielles. Mais pour ne pas faire des Camerounais des déracinés, chacun sera inséré dans sa communauté culturelle d'origine au moyen de sa langue maternelle, c'est ce qu'on appelle **l'intégration verticale**. Ainsi, ouvert d'une part à la science et à la technologie modernes au moyen des deux langues officielles que sont le *français et l'anglais*, et enraciné d'autre part dans la tradition africaine au moyen des langues nationales, le Camerounais sera capable de résoudre l'équation de la modernité sans autarcie ni déracinement. Dans cette théorie, chaque Camerounais(e) de demain, surtout pour ceux et celles qui auront atteint le niveau secondaire, devra parler lire et écrire au moins trois langues parmi lesquelles, les deux langues officielles et au moins une langue nationale. C'est la raison pour laquelle ce Trilinguisme est dit *ouvert*, dans la mesure où les plus doués parleront plus de trois langues. Le Camerounais ou la Camerounaise de demain pourra présenter au monde international les richesses insondables de sa diversité culturelle et linguistique d'une part, et introduire dans sa communauté d'origine, le bien-être de la science moderne d'autre part. Voilà comment peut se résumer succinctement la théorie du Trilinguisme Ouvert, jadis appelé Trilinguisme Extensif. En réalité entre ouvert et extensif, nous ne percevons pas une grande différence. Mais les deux adjectifs sont désormais employés.

2.6.3- Le Quadrilinguisme Fonctionnel

J. TABI MANGA a, quant à lui, proposé un autre aménagement linguistique pour le Cameroun que l'on qualifie de Quadrilinguisme fonctionnel. Ici, les langues sont classées en fonction de leur milieu d'utilisation. Il y a les langues *maternelles* qui assurent la communication au sein de la famille. Ensuite, les langues *communautaires*, celles-ci ont déjà un nombre de locuteurs important et peuvent avoir des ambitions nationales. Elles sont suivies des langues *véhiculaires,* ce sont des langues qui ont la capacité de transcender leur berceau et se développer dans d'autres aires linguistiques hors de leur Région d'origine. Enfin des langues *internationales* qui, comme leur nom l'indique, sont parlées dans plusieurs nations.

2.6.4- La Synthèse

La raison d'être de cette étape de notre recherche est l'établissement des conditions de l'insertion officielle des langues camerounaises dans le système éducatif. Pour être efficace, la politique linguistique camerounaise a une triple fonction, elle doit :

- assurer en pratique l'égalité, sur toute l'étendue du territoire national, entre le français et l'anglais : les deux langues officielles. Or, tous ceux qui sont de bonne foi savent qu'il y a encore du travail là-dessus. Le bilinguisme officiel n'est pas encore entré dans les mœurs au Cameroun.
- Protéger, promouvoir et développer les langues nationales par leur enseignement formel sur toute l'étendue du territoire national, ce qui n'est pas encore le cas.
- Œuvrer pour la complémentarité, la convivialité et une collaboration efficace et harmonieuse entre les langues officielles et les langues camerounaises d'une part, et entre les langues camerounaises elles-mêmes, d'autre part. Ce but ne nous semble pas encore atteint, malgré l'existence du *camfranglais*.

Des voix s'élèvent pour donner à la langue maternelle la place qui lui revient dans le processus du développement de l'Afrique. Voici ce qu'en dit Noé NGUEFFO (AJAL, 2001 : 91)

La vérité est pourtant que la LM peut servir de pont entre la génération des adultes et celles des jeunes, car il est indispensable que les uns et les autres fassent équipe pour la bataille en vue du développement [...]. L'UNESCO (1971) ne pense pas autre chose lorsqu'elle affirme : « seule l'éducation en langues africaines peut résoudre le problème de déséquilibre existant entre l'élite et la masse, les parents et les élèves, et favoriser ainsi le développement des pays africains.

2.6.4.1- La Réorganisation du Modèle PROPELCA

Pour l'insertion des langues nationales dans le système éducatif camerounais, le Programme de Recherche Opérationnel pour l'Enseignement des Langues au Cameroun (PROPELCA) avait conçu les quatre modèles suivants déjà présentés :
- Modèle 1 : Le Bilinguisme officiel généralisable
- Modèle 2 : La Langue maternelle au niveau du primaire
- Modèle 3 : Les langues nationales au niveau du secondaire
- Modèle 4 : La Langue maternelle à l'école maternelle.

Après réflexion et pour plus de simplicité et de clarté dans la programmation de l'enseignement des langues au Cameroun, ces modèles doivent être complétés et réorganisés au niveau de leur numérotation d'abord avant de penser à leur contenu.

Nous avons choisi de compléter le modèle PROPELCA parce que le système éducatif camerounais a trois niveaux principaux : le primaire, le secondaire et le supérieur. L'insertion des langues nationales dans ce système éducatif doit tenir ensemble ces trois niveaux de l'éducation afin que les transitions nécessaires et indispensables soient faites. Il faut que tout soit prévu ensemble pour qu'il y ait une continuité avant, pendant et après chaque niveau de l'éducation. Le secondaire doit savoir ce qui a été fait à l'école primaire en ce qui concerne les langues nationales et préparer ce qui doit se poursuivre à ce sujet au niveau de l'enseignement supérieur. L'enseignement des langues nationales dans les Universités et Grandes Écoles doit s'organiser par rapport à ce qui devra se faire au niveau de l'enseignement secondaire et primaire pour améliorer les contenus et assurer le plein succès de l'expérience. C'est la raison pour laquelle il est nécessaire d'ajouter le MODÈLE 5 aux quatre modèles de PROPELCA existants. C'est ce Modèle 5 qui organisera l'enseignement des langues camerounaises dans l'enseignement supérieur : Universités et Grandes Écoles.

Notre conviction est que l'insertion des langues camerounaises dans le système éducatif national doit être pensée dans son ensemble. En commençant par l'enseignement supérieur, on doit concevoir cette insertion dans tous les niveaux de l'éducation à la fois. Qu'on parte du sommet vers la base ou de la base vers le sommet, l'essentiel c'est de faire le tour de tout le système de l'enseignement formel. Voilà pourquoi nous tenons à réfléchir à l'enseignement des langues camerounaises de l'Université à la Maternelle ou de la Maternelle jusqu'à l'Université. Tout dépend de quel bout l'on part, il est vrai que nous préconisons de partir de l'enseignement supérieur vers l'enseignement primaire et maternel pour des raisons déjà évoquées.

Alors, brisant l'ordre historique des modèles de PROPELCA, il apparaît plus pédagogique, plus simple et plus facilement compréhensible de numéroter ces modèles en commençant par le commencement, c'est-à-dire la Maternelle. Et tout en gardant aux langues officielles leur suprématie et en mettant un point d'honneur à œuvrer pour leur égalité sur toute l'étendue du territoire, nous préconisons l'ordre suivant :
- Modèle 1 : Le Bilinguisme officiel généralisable
- Modèle 2 : La Langue maternelle à l'école maternelle
- Modèle 3 : La Langue maternelle à l'école primaire
- Modèle 4 : Les Langues nationales au niveau secondaire
- Modèle 5 : Les Langues nationales dans l'enseignement supérieur

Le contenu des quatre premiers modèles est en général celui du Programme PROPELCA tel que défini dans le *Défi de Babel au Cameroun* (TADADJEU M. (dir.), 1990 : 5-286). Il est souhaitable qu'en milieu rural, à la Maternelle et au Primaire, la langue nationale utilisée soit la langue maternelle des enfants. C'est en général la langue du lieu, et tous les enfants ont grosso modo la même langue y compris la majorité de leurs enseignants.

Mais pour les écoles maternelles et primaires des milieux semi-urbains et urbains, plusieurs cas de figure se présentent :

- certaines écoles peuvent enseigner la langue camerounaise autochtone du lieu ;
- d'autres peuvent enseigner la langue camerounaise véhiculaire de l'aire linguistique en question ;
- d'autres peuvent choisir d'enseigner n'importe quelle autre langue camerounaise, il suffit d'avoir les conditions favorables requises pour cela (les élèves, les enseignants, les manuels didactiques…) ;
- on peut même enfin imaginer une école maternelle ou primaire enseignant plusieurs langues camerounaises en milieu urbain où il y a beaucoup de possibilités en corps enseignant, nombre d'élèves suffisant ayant des langues maternelles différentes, des parents désireux de voir leurs enfants maîtriser à l'oral et à l'écrit les différentes langues camerounaises en présence, les responsables administratifs ouverts à la promotion de toutes les langues viables sur le modèle standard...

Des cinq modèles ci-dessus, c'est le Modèle 5 qui restait à construire et c'est ce que nous allons faire ici en partant de ce qui se fait déjà au Département des Langues Africaines et Linguistique de l'Université de Yaoundé I.

2.6.4.2- Le Modèle 5 : Les langues nationales dans l'Enseignement supérieur

C'est désormais par ce modèle 5 qu'il faut commencer pour réussir enfin l'insertion des langues camerounaises dans le système éducatif national. Car avant que le syllabaire soit entre les mains de l'élève et du maître de la SIL, il faut qu'il ait été conçu. Et pour un travail efficace, c'est au niveau de l'enseignement supérieur, ou bien, ce n'est qu'avec l'aide des personnes issues de l'enseignement supérieur que l'on peut concevoir et réaliser des manuels didactiques dignes de foi pour l'enseignement des langues camerounaises à quelque niveau éducatif que ce soit. Voilà pourquoi nous préconisons dans ce travail de renverser totalement la stratégie ancienne de l'insertion des langues nationales dans le système éducatif. Au lieu de faire comme on l'a toujours fait : partir du primaire vers le supérieur, il faut prendre la direction inverse et partir de l'enseignement supérieur vers l'enseignement secondaire et primaire. Ce n'est que dans ces conditions que l'insertion des langues nationales dans le système éducatif camerounais sera une opération réussie définitivement. Car tous les manques dont souffre cet ordre d'enseignement aujourd'hui seront comblés. Grâce à l'enseignement supérieur, on aura des *formateurs des formateurs* et des ouvrages didactiques de bonne qualité et en nombre suffisant. Tout ce qui reste à faire maintenant c'est donc l'organisation de l'enseignement des langues nationales dans l'enseignement supérieur, c'est-à-dire dans les universités d'État et les grandes écoles. Les universités privées s'inspireront de ce qui se fera dans les universités d'État en ce qui concerne les langues nationales.

2.6.4.3- La Cohabitation langues nationales/langues officielles

La promotion des langues nationales fait peur. Certains y voient non seulement un danger contre l'unité nationale, mais surtout une concurrence contre les langues officielles. Voilà pourquoi il faut dire ici que la promotion des langues nationales n'est en rien contre l'anglais et le français. La Constitution camerounaise a adopté le français et l'anglais comme langues officielles du Cameroun. Nous ne connaissons pas de Camerounais qui regrette le fait de parler l'anglais et le français. Bien au contraire, la plupart des Camerounais sont plutôt fiers de pouvoir utiliser ces deux langues internationales qui permettent de communiquer avec le monde international. Mais en même temps, nous ne connaissons pas de Camerounais qui soit triste du fait de connaître sa langue maternelle ou d'autres langues camerounaises. Bien au contraire, beaucoup sont fiers et heureux de pouvoir parler plusieurs langues camerounaises. Il faut donner la même chance aux enfants camerounais et aux étrangers vivant en terre camerounaise. Si nous sommes fiers de parler nos langues, pourquoi priver nos enfants et les étrangers qui sont chez nous de cette même fierté ? Il faut cependant remarquer pour le déplorer le fait que de plus en plus de personnes méprisent et négligent l'usage de leur langue camerounaise au profit du français et de l'anglais plus promoteurs de débouchés comme le relève BITJAA KODY (MENDO ZE (dir.) 1999 : 85) qui, après avoir présenté le grand nombre de langues camerounaises comme premier facteur imputable aux populations camerounaises elles-mêmes quant au bannissement des langues camerounaises du système éducatif par le colonisateur français écrit :

> *Le second facteur fut l'attitude visionnaire ou matérialiste des Camerounais, qui, ayant perçu la perspective d'un emploi administratif prestigieux et bien rémunéré qu'offraient les bonnes études en français ou en anglais, n'envoyèrent plus leurs enfants que dans les écoles de la langue du maître. Ce départ massif vida les écoles missionnaires qui furent obligées de se convertir à l'enseignement soit du français soit de l'anglais.*

Cependant, il faut le savoir une fois pour toutes, la promotion des langues nationales n'a pas pour raison d'être la lutte contre les langues européennes qui sont nécessaires à la communication internationale. Certains pensent à juste titre que pour mieux connaître les langues étrangères, il faut bien maîtriser sa langue maternelle. Le témoignage des aînés qui entraient à l'école coloniale maîtrisant déjà leur langue maternelle est là pour persuader les sceptiques. Ainsi, pour aller plus loin, il faut dire que l'étude, le développement et la promotion des langues nationales servent les langues européennes plus qu'on ne le croit. Car, dans tous les cas, les Africains réfléchissent en Africains même s'ils parlent et écrivent en langues européennes. Or, bien connaître ses langues africaines aide ces Africains à mieux s'exprimer en d'autres langues. Il faudrait donc une fois pour toutes sortir de ce soupçon que les langues nationales viendraient combattre les langues officielles, c'est de complémentarité et de collaboration linguistique dont il s'agit et non de combat mortel. Ce qu'il convient de relever aujourd'hui, c'est que le non-développement des langues nationales milite pour leur disparition. Or, ces langues servent à l'enrichissement du français et de l'anglais. Un mot comme *baobab* que nous trouvons dans les dictionnaires français est d'origine africaine, et il n'est pas le seul. La mort des langues nationales entraînerait un appauvrissement des langues européennes tout comme la présence des langues européennes sur le sol africain entraîne un enrichissement des langues africaines, exemple : **fada** signifie ***prêtre*** *en ewondo* et vient de l'anglais *father* et ce n'est pas le seul mot que l'ewondo a formé à partir de l'anglais. Et l'ewondo n'est pas la seule langue qui emprunte des mots aux langues européennes, l'emprunt est un phénomène linguistique universel. L'intérêt est celui de la complémentarité linguistique et non une lutte raciste des langues. Alors à ce niveau, il est facile de répondre aux questions souvent posées :

Question 1 :

Quelles seraient les relations entre les langues camerounaises et le français et l'anglais ?

Réponse : Les relations seront de collaboration et de complémentarité.

Question 2 :

L'enseignement des langues nationales n'est-il pas un handicap pour l'acquisition des langues officielles ?

Réponse : Non, bien au contraire, une bonne connaissance des langues nationales permet une meilleure acquisition des langues officielles.

2.6.4.4- Les lieux de cet enseignement

Il s'agit ici de déterminer où seront enseignées les langues camerounaises en ville, en campagne, dans les Régions ou sur toute l'étendue du territoire. Beaucoup d'hypothèses ont déjà été avancées pour l'enseignement des langues camerounaises à l'école, il convient maintenant de retenir les meilleures. Chacun des lieux a ses caractéristiques.

=> la campagne

Les zones rurales sont plus homogènes linguistiquement parlant que les zones urbaines. Voilà pourquoi l'enseignement des langues camerounaises a plus d'effectivité dans le milieu rural que dans le monde urbain. Mais cette situation doit-elle durer éternellement ? Il n'y a pas que les enfants de la campagne qui doivent connaître les langues camerounaises. Ce serait faire des Camerounais à deux vitesses, ceux qui connaissent le français et l'anglais seulement : les citadins, et ceux qui connaissent aussi les langues camerounaises en plus du français et de l'anglais : les enfants des villages. Si cela se réalisait, les premiers seraient les derniers et les derniers les premiers parce que plus polyglottes que les autres.

Cependant, malgré cet avantage d'un milieu linguistiquement homogène, les langues nationales ne sont même pas enseignées dans les écoles des campagnes camerounaises.

=> la zone urbaine

Le multilinguisme qui règne dans les villes du Cameroun où existe un brassage des populations de langues nationales différentes a souvent découragé toute initiative visant l'enseignement des langues camerounaises à l'école. Mais, cette difficulté ne doit pas empêcher de mettre en pratique la politique linguistique camerounaise qui veut la promotion des langues nationales.

=> la Région

La Région au Cameroun est un regroupement des départements qui rassemble un certain nombre de groupes ethniques et linguistiques qui ont parfois quelques parenté et affinités culturelles. Nous mettons à part les grandes villes qui brassent les populations de toutes sortes. On peut donc imaginer un enseignement linguistique par Région, où dans chacune d'elle, seront enseignées les langues camerounaises standardisées les plus parlées par les autochtones de cette Région. Il y a déjà un Atlas linguistique du Cameroun qui aiderait à ce niveau. Il va de soi que dans les grandes villes du Cameroun, des langues autres que celles des autochtones peuvent aussi être enseignées lorsque les conditions de cet enseignement sont remplies (nombre de locuteurs, peuple dynamique, matériel didactique adéquat disponible, enseignants qualifiés existants dans la Région…)

C'est de cette manière que l'enseignement des langues camerounaises peut s'étendre sur tout le territoire national à partir des Régions allant des universités jusqu'aux écoles maternelles.

CHAPITRE 7

LES DIFFÉRENTES PHASES DE L'INSERTION DES LANGUES CAMEROUNAISE DANS LE SYSTÈME ÉDUCATIF NATIONAL

L'enseignement officiel des langues nationales au Cameroun a quatre phases essentielles à franchir pour être effectif à savoir : la phase préparatoire, la phase expérimentale, la phase d'extension et la phase de la généralisation. Autrement dit, même si toutes les conditions requises sont rassemblées pour l'enseignement des langues camerounaises, on ne le fera jamais avec succès sans passer par ces différentes phases que nous allons décrire. Avant cela, nous devons signaler deux autres étapes importantes qui sont aussi déterminantes pour le succès de l'insertion officielle des langues camerounaises dans le système éducatif national. Il s'agit de l'Expérimentation par PROPELCA et la phase de Sensibilisation. En ce qui concerne l'Expérience PROPELCA, nous avons déjà parlé de sa genèse (cf. Chap. 1), nous avons montré ses insuffisances (Chap. 5) et nous avons proposé sa réorganisation (cf. Chap. 6). Nous pensons que l'État doit s'inspirer de cette expérience qui est presque incontournable, mais insuffisante. De toute façon, PROPELCA n'était à l'origine qu'un Projet. Dès lors que le gouvernement décide de généraliser effectivement l'enseignement des langues et cultures camerounaises sur toute l'étendue du territoire national à travers les ministères en charge de l'Éducation, les missions de PROPELCA doivent être revues, car le Projet, devenu entre-temps Programme, est en train de devenir **réalité.** D'aucuns peuvent considérer la mission de PROPELCA comme réussie et par conséquent terminée. On peut au contraire considérer que la véritable mission de PROPELCA ne fait que commencer avec l'insertion officielle des langues camerounaises dans le système éducatif. Il ne nous revient pas de prédire l'avenir de PROPELCA, mais ce qui est certain c'est que cet avenir comporte des changements importants, tout n'y sera plus comme avant. Le Projet (Programme) PROPELCA est dans tous les cas à revoir de fond en comble. C'est du moins notre avis. Nos connaissances approximatives de l'expérience PROPELCA ne nous permettent pas d'être plus éloquent à son sujet.

Par contre, nous avons tellement de propositions à faire, en ce qui concerne **la phase de sensibilisation** qui est indispensable pour la réussite de l'insertion officielle des langues nationales dans le système éducatif national, que nous allons nous contenter de dire ici que cette sensibilisation est tellement importante dans le temps et l'espace qu'elle n'aura jamais de fin. Il faut sensibiliser les élèves à apprendre de nouvelles matières, il faut sensibiliser les parents, non seulement à payer plus de fournitures scolaires à leurs enfants ? Mais encore et surtout à prendre la peine de parler les langues camerounaises à leurs enfants à la maison. Il faut sensibiliser les enseignants, surtout les instituteurs de l'école primaire à se remettre à l'école eux-mêmes pour apprendre les langues camerounaises et la pédagogie y relative. Il faut dans tout cela motiver le gouvernement de la République à débloquer les moyens humains, matériels et financiers nécessaires pour le démarrage effectif et le succès de cet enseignement. Surtout, il est indispensable de donner aux décideurs le courage politique et le patriotisme nécessaires pour affronter tous les opposants à l'enseignement officiel des langues camerounaises qu'ils soient à l'intérieur ou à l'extérieur du triangle national, qu'ils soient Camerounais ou non.

Nous pensons que cette sensibilisation tous azimuts est un chantier permanent que nous ne pouvons qu'évoquer ici puisque beaucoup d'autres l'ont déjà fait avant nous et mieux que nous, notre revue de la littérature a levé un pan de voile à ce sujet. Tous les intervenants du secteur éducatif : parents, enfants, élèves, étudiants, enseignants, chefs d'établissements, responsables gouvernementaux, hommes politiques, chefs religieux, chefs traditionnels… doivent tous mener une campagne de sensibilisation à l'enseignement des langues camerounaises à travers les médias, les Églises, les chefferies, les meetings politiques, etc. Même quand les langues camerounaises seront effectivement enseignées dans les établissements scolaires camerounais de façon à avoir des épreuves en ces langues dans les examens officiels, la sensibilisation ne s'arrêtera pas, car il faudra toujours œuvrer pour la qualité de cet enseignement. L'un des sommets de cet enseignement sera atteint lorsque des **Thèses de Doctorat seront écrites et soutenues en langues camerounaises dans les Universités d'État au Cameroun.** Pour réaliser ce rêve, il faut une préparation minutieuse, d'où la première phase que nous allons maintenant aborder.

2.7.1- La Phase préparatoire

La phase préparatoire de l'insertion des langues nationales dans le système éducatif est la plus importante, car de son succès dépend le succès des autres et même de toute l'insertion. Tout le travail se fait ici, car la suite ne sera plus que l'application de ce qui aura été pensé à cette phase préparatoire. Il faut préparer les documents, tout le matériel didactique nécessaire. Les hommes qui vont mener cette entreprise, ceux qui vont descendre sur le terrain doivent aussi être préparés spirituellement, matériellement, intellectuellement et moralement pour mener l'expérience à bon port. Car on ne peut pas s'engager dans une révolution telle que celle de l'insertion des langues nationales dans le système éducatif camerounais avec des personnes qui ne sont pas motivées et préparées en conséquence. Le personnel enseignant, les organisateurs administratifs, les opérateurs économiques, les journalistes qui vont couvrir les premières expériences, les élèves qui seront utilisés comme cibles de l'expérimentation. Les parents de ces élèves doivent aussi être assez sensibilisés pour mieux encourager leur progéniture à se prêter avec un a priori favorable pour ce qu'on va leur demander. La préparation minutieuse de tous les détails de l'expérience est d'une importance déterminante.

Après l'élaboration des contenus, de la stratégie, et la formation des maîtres et autres enseignants des langues nationales, on n'introduit pas cet enseignement dans toutes les écoles tout de suite, il faut d'abord une expérimentation sur le terrain.

2.7.2- La phase expérimentale

L'enseignement des langues et cultures camerounaises doit (re)commencer de façon expérimentale dans certaines Universités et dans certaines écoles choisies comme cibles. Ce n'est qu'après les renseignements du terrain que l'on peut savoir si les objectifs poursuivis sont vraiment atteints. Toute théorie, aussi efficace qu'elle puisse paraître, a besoin de passer par l'épreuve des faits pour démontrer sa valeur. C'est l'expérimentation sur le terrain dans les écoles, collèges, lycées et universités choisis comme échantillons qui montre les corrections et les ajustements nécessaires au niveau du matériel didactique, des méthodes d'enseignement, de la pratique des maîtres et autres enseignants, de l'adaptation des apprenants, de l'accueil du public, de l'écho dans les médias…La phase expérimentale est aussi d'une importance capitale sur le succès de toute l'opération. C'est elle qui permet de tester si tous les espoirs nourris par l'insertion des langues nationales à l'école seront vraiment comblés. Peut-être que les résultats sur le terrain seront même mieux que tout ce que l'on espérait, ou alors c'est exactement le contraire de ce qui était attendu qui s'est produit. La falsification faisant partie de la science, revenir sur sa théorie après l'épreuve des faits, pour l'adapter à la réalité est une opération qui résulte de l'expérimentation. Si l'évaluation de la phase expérimentale est concluante, alors suit l'extension.

2.7.3- La phase d'extension

La phase expérimentale se passe dans un nombre réduit d'établissements. Elle sert surtout à tester le matériel didactique, la pédagogie de l'enseignement, la capacité de réception des apprenants. Avant de généraliser l'enseignement des/en langues et cultures camerounaises, il est nécessaire de passer par la phase d'extension. Comme son nom l'indique, celle-ci étend sur un nombre d'établissements plus grand que celui de la phase expérimentale. L'objectif poursuivi c'est d'avoir un échantillonnage plus large afin que les conclusions qui seront tirées soient plus facilement généralisables. L'extension doit viser tous les domaines. Il y a une extension au niveau géographique, plusieurs régions différentes du pays doivent être touchées. La qualité des établissements doit aussi être diversifiée : de la Maternelle à l'Université en passant par les Lycées et Collèges tant d'enseignement technique que d'enseignement général. Les écoles privées doivent être autant impliquées que les écoles publiques. Les

Camerounais qui ont pour première langue officielle (LO1) l'anglais doivent être intégrés dans l'extension autant que ceux qui ont le français comme première langue officielle. De la campagne à la zone urbaine, il faudra veiller pendant l'extension que les deux sexes soient impliqués et représentés à tous les niveaux de l'enseignement formel. En ce qui concerne l'enseignement non formel, la période d'extension devra aussi toucher aussi bien les femmes que les hommes.

Une évaluation viendra tirer les leçons de cette phase. Après les ajustements nécessaires interviendra alors la phase finale : la généralisation.

2.7.4- La phase de la généralisation

C'est lorsque la phase d'extension est concluante que l'insertion des langues camerounaises dans le système éducatif peut alors véritablement commencer. Pour certains, en considérant toute l'expérience accumulée et en tenant compte de ce qui se fait sur le terrain, on peut penser que c'est à cette phase que doit s'engager le Cameroun actuellement. Mais la réalité est plus compliquée, car, la phase de généralisation nécessite l'implication de presque chaque Camerounais, tous doivent donc être préparés en conséquence, ce qui n'a pas encore été fait à notre avis.

Il est vrai que l'insertion des langues camerounaises à l'école peut commencer même s'il y a encore quelques réticences et quelques imperfections. Tous les acteurs de l'éducation doivent cependant être bien sensibilisés pour réserver un accueil favorable à cette nouvelle donne éducative qui va demander le concours de tous et beaucoup de sacrifices supplémentaires à un grand nombre. Les premiers concernés seront les élèves qui auront des matières supplémentaires à apprendre, les emplois du temps doivent être revus, ce qui va provoquer de la réflexion chez les responsables des ministères. Les parents auront sûrement à débourser plus d'argent pour l'achat du nouveau matériel didactique en langues camerounaises. De nos jours, personne ne peut affirmer qu'un travail suffisant pour une sensibilisation d'envergure nationale a déjà été fait pour l'insertion des langues nationales dans le système éducatif camerounais et qu'il n'y a plus rien à faire à ce niveau.

2.7.5- Le Point : De l'impossibilité actuelle d'insérer les langues camerounaises dans le système éducatif

Il convient de noter que *l'enseignement des langues camerounaises et surtout l'enseignement en langues camerounaises* ne peut pas encore démarrer de façon efficace dans l'état actuel de la situation linguistique du Cameroun. Il faut que les quatre phases que nous avons indiquées plus haut soient exécutées ou réexpérimentées. Généraliser l'enseignement des/en langues camerounaises dans la situation actuelle sans une bonne organisation, une institutionnalisation et une professionnalisation de cet ordre d'enseignement serait non seulement une opération vouée à l'échec ou au bricolage, mais aussi *mettre la charrue avant les bœufs*. Malgré toute la détermination que l'on peut avoir pour l'enseignement des langues camerounaises et l'urgence de la situation, il faut reconnaître la nécessité d'une meilleure organisation de cet enseignement avant son démarrage généralisé. C'est ici l'occasion de se demander quels sont les vrais ennemis des langues nationales, ceux qui ne veulent pas leur enseignement parce qu'ils mesurent les difficultés y relatives et les moyens actuellement insuffisants de les surmonter, ou ceux qui sont pressés, pour plusieurs raisons, de voir les langues camerounaises à l'école même si l'expérience ne fait pas long feu. Le tout n'est pas d'introduire les langues camerounaises à l'école même si les résultats sont médiocres. L'introduction des langues nationales dans le système éducatif vise une éducation de qualité pour un Cameroun meilleur et plus compétitif à tous les niveaux. D'où la nécessité de bien penser l'effectivité de cet enseignement sur toute l'étendue du territoire national. L'introduction des langues nationales dans ce contexte doit suivre un certain programme pour ne pas être parachuté dans la précipitation. C'est la raison pour laquelle nous proposons la création d'une structure gouvernementale chargée d'organiser l'insertion des langues nationales dans le système éducatif du pays et de s'occuper de leur enseignement de façon rationnelle après cette insertion avec des personnes compétentes en la matière et qui seront libérées à cet effet. Il faut mobiliser les cerveaux qui cogiteront sur la mise en pratique des décisions gouvernementales relatives à l'enseignement des langues camerounaises. Certes, beaucoup de travail a déjà été abattu, mais les plus grands promoteurs des langues nationales ont travaillé jusqu'à présent à titre privé ou du moins ils étaient insuffisamment motivés. Voilà pourquoi le travail dans ce secteur a un goût d'inachevé actuellement. Il est urgent de créer un cadre institutionnel pour l'enseignement des langues et cultures camerounaises et le doter d'un personnel compétent et des moyens suffisants pour organiser comme il se doit cet enseignement selon les exigences académiques et les nécessités du moment. La création des postes ne suffit pas, il faut des moyens d'accompagnement pour que le poste créé puisse produire les fruits attendus.

Nous devons le redire, les conditions humaines, matérielles et financières actuelles ne sont pas idéales pour la généralisation de l'enseignement des langues camerounaises. Tous les enseignants du primaire et du secondaire dont on aura besoin ne sont pas encore formés. Les manuels didactiques nécessaires ne sont pas encore disponibles. Une bonne organisation s'impose, c'est dans ce sens que nous préconisons la mise sur pied d'une institution gouvernementale pour s'occuper de cet important secteur d'activités.

2.7.6- La Création d'un Institut ou d'un ministère en charge de la Planification et de l'Aménagement linguistique au Cameroun

C'est ici la dernière phase de l'insertion définitive des langues camerounaises dans le système éducatif et dans la vie de la nation camerounaise. L'État camerounais doit œuvrer pour la promotion de ses langues officielles et de ses langues nationales.

Comme l'insertion officielle des langues et cultures camerounaises dans le système éducatif semble devenir une réalité, tous les ministères du Cameroun seront concernés par cette nouvelle donne. Il s'agit maintenant de se préparer à cette éventualité et même la précipiter pour tout le bien qu'elle comporte.

Lors de notre enquête au ministère des Finances, ayant consulté les budgets des ministères pour l'exercice 2005, nous n'avons vu aucune ligne budgétaire en ce qui concerne les langues nationales. Pourtant beaucoup de ministères ont une ligne budgétaire pour le bilinguisme, les langues étrangères et même le SIDA, mais rien pour la promotion et la protection des langues nationales dont parle la Constitution du Cameroun.

Devant ce constat et ce vide financier pour la promotion des langues nationales, véhicules privilégiés de la culture et par conséquent de l'identité camerounaise, on comprend que le Gouvernement ne peut pas mettre de l'argent pour la promotion et l'enseignement des langues nationales alors que rien ne se fait dans les ministères pour les langues nationales. Et quand on se rapproche des responsables des services ministériels, ceux-ci avouent leur impuissance de ne pouvoir rien faire tant qu'ils n'ont pas les moyens financiers pour le faire, ne serait-ce *qu'un paquet minimum.* Le 21 février : Journée Internationale de la langue maternelle s'est encore célébré sans grandes pompes au Cameroun en 2008 pourtant déclarée par l'ONU Année Internationale des Langues.

Nous sommes donc là devant un **cercle vicieux** : le gouvernement camerounais ne donnerait pas de l'argent en ce qui concerne l'insertion des langues nationales dans le système éducatif parce qu'aucun ministère ne fait rien dans ce sens sur le terrain et aucun ministère ne fait rien sur le terrain en ce qui concerne la promotion des langues nationales parce que le Gouvernement ne donne pas de l'argent pour cela.

Pour sortir de cette situation, il faut que les responsables ministériels fassent le nécessaire pour avoir désormais une ligne budgétaire pour la protection, la promotion et l'enseignement des langues et cultures camerounaises dans les écoles publiques et privées du pays.

Pour insérer de façon définitive les langues nationales dans le système éducatif camerounais, le gouvernement doit avoir un mécanisme financier permanent qui nourrira ce nouveau secteur d'activités. Nous proposons alors à cet effet la création d'un organe gouvernemental pour la collecte et la gestion de moyens financiers que l'État dégagera pour la protection, la promotion, le développement et l'enseignement des langues nationales. Nous baptisons cet organe financier : **Fonds National pour la Promotion des Langues Camerounaises** en abrégé « **FONPLAC** », on peut aussi lui donner une tout autre dénomination, l'essentiel étant que les langues nationales puissent bénéficier d'un appui financier du gouvernement. Cet appui doit être inscrit dans le budget de l'État. Tous les Camerounais doivent contribuer au renflouement de ce fonds qui est aussi important pour l'éducation du pays que la Cameroon Radio and Television (CRTV).

Il serait même possible de créer un impôt spécial pour l'enseignement des langues nationales. Mais dans le cas où un nouvel impôt ne serait pas souhaitable pour les Camerounais parce qu'il y en aurait déjà beaucoup, on peut supprimer certains impôts ou du moins réduire les montants de certains impôts afin de mettre l'argent ainsi recueilli au service des langues nationales. Dans tous les cas, le budget de l'État devra désormais insérer les langues nationales dans ses lignes prioritaires.

Selon des observateurs avertis, l'une des meilleures manières pour le gouvernement camerounais de financer l'insertion des langues nationales dans le système éducatif du pays est de lever un certain pourcentage dans l'ensemble des taxes actuelles pour le verser dans le compte des langues nationales. Car l'État s'est déjà engagé à participer au financement des activités de promotion des langues nationales à travers les communes dans le cadre de la décentralisation. Il s'agit maintenant de trouver les moyens concrets à travers lesquels ce financement se fera. Nous le savons, toutes les communes n'ont pas les mêmes capacités financières, par contre toutes les communes ont à mener des activités de promotion des langues nationales. Les communes rurales sont intéressées au premier chef dans la mesure où l'homogénéité linguistique est plus palpable à leur niveau. Malheureusement, les communes rurales sont aussi celles qui ont les ressources financières les plus faibles, voilà pourquoi l'État doit appuyer les communes dans leurs activités de promotion des langues nationales. Fixer un pourcentage à relever de l'ensemble des taxes gouvernementales actuelles pour l'affecter aux activités de développement des langues nationales nous semble une solution applicable aujourd'hui.

Quoi qu'il en soit, il faudra désormais une structure gouvernementale qui s'occupe de la mise en application de la politique linguistique camerounaise dont les traits spécifiques sont : le bilinguisme officiel (français et anglais) et le partenariat entre les deux langues officielles et les langues nationales. Il est vrai que nous avons aussi découvert la nécessité d'un autre partenariat, celui des langues camerounaises entre elles. Tout cela doit être pensé par un office gouvernemental, un Institut, un organisme interministériel. Dans tous les cas, la situation ne doit plus être celle d'avant. L'aménagement linguistique, la planification linguistique, la politique linguistique camerounaise doit être désormais structurée, harmonisée, financée de façon officielle, régulière et concrète. Au Cameroun, il y a un ministère pour chaque secteur jugé important pour le développement du pays. Nous avons ainsi un ministère pour la Protection de la nature, un ministère pour l'Eau, un ministère pour la Planification et l'Aménagement du territoire…Il n'est pas impossible de créer un ministère pour la Protection, la Promotion, la Planification et l'Aménagement linguistique au Cameroun. Plusieurs raisons militent pour cela. On ne peut pas, on ne doit plus séparer l'enseignement des langues officielles et l'enseignement des langues nationales surtout dans les premières années de la maternelle et de l'école primaire. Il convient donc de concevoir l'enseignement de toutes les langues susceptibles d'être dans les établissements camerounais ensemble pour plus de cohésion, d'harmonisation, d'efficacité et de complémentarité. Car, si les langues nationales sont introduites officiellement à l'école comme tout semble le prévoir, il faudrait voir comment réaménager tout le système linguistique camerounais. Il y aura désormais trois types de langues dans le système éducatif camerounais :

- les langues officielles
- les langues nationales
- les langues étrangères. Ici on peut encore distinguer les langues d'après leur continent d'origine. Il y a des langues européennes, et si jamais, le projet des États-Unis d'Afrique se réalise comme tout semble le supposer, il y aura aussi des langues africaines étrangères au Cameroun que le Cameroun devra aussi enseigner pour être compétitif au plan continental.

Pour toutes ces raisons et pour bien d'autres encore, nous proposons que soit créée dès que possible une structure gouvernementale indépendante qui s'occupe des questions linguistiques au Cameroun. Au décideur politique de choisir le type de structure à mettre en place :

- un Observatoire des Langues au Cameroun (OLAC) ;
- un Conseil Supérieur de Linguistique (CSL) ;
- le Fonds National pour la Promotion des Langues au Cameroun (FONPLAC)…
- un Institut National des Langues au Cameroun (INALAC) ;
- un Office National des Langues au Cameroun (ONALAC) ;

Pourquoi pas tout simplement la **création d'un ministère chargé de la Planification et de l'Aménagement Linguistique**, le **MINPLAL** ? Car nous voyons presque tous les ministères concernés par les problèmes de langues au Cameroun. Mais plus particulièrement : les ministères en charge de l'Éducation (MINEDUB, MINESEC, MINESUP), le ministère de la Jeunesse (avec ses programmes d'alphabétisation et d'animation des jeunes), le ministère de l'Administration territoriale (à cause de la loi sur la décentralisation), le ministère de la Justice pour ne citer que ceux-là. Il faut donc un organe autonome et indépendant des ministères, doté de moyens matériels, humains et financiers nécessaires pour pouvoir agir en toute liberté.

De toute façon, Observatoire, Conseil, Fonds, Institut, Office, ministère ou alors la création d'une **Direction** dans chacun ministère concerné pour traiter des problèmes de langue, il faut désormais une structure gouvernementale au niveau national chargée de la gestion des langues au Cameroun. Le gouvernement peut même opter pour la création d'un **Organe interministériel chargé de la promotion des langues nationales** dépendant directement du Premier ministre. On ne pourra pas introduire efficacement les langues camerounaises dans le système éducatif sans une structure de coordination sur toute l'étendue du territoire et à tous les niveaux d'instruction. En plus, cette structure gouvernementale ne saurait fonctionner sans un budget. Intéressons-nous maintenant aux relations entre la **langue et l'économie**. C'est peut-être le fait de ne pas savoir en termes économiques et financiers ce que peuvent rapporter les langues nationales qui empêche leur insertion officielle dans les établissements du pays. Reste maintenant un dernier problème qui doit aussi être résolu : le problème économique. L'insertion des langues nationales dans le système éducatif du Cameroun a un coût, quel est-il ? Ce qu'on gagne en investissant dans l'enseignement des et/en langues nationales est-il proportionnel à ce que l'on perd ? Telle est l'ultime question qui est l'objet principal de cette dernière partie de notre recherche.

TROISIÈME PARTIE

L'INSERTION DES LANGUES CAMEROUNAISES DANS LE SYSTÈME ÉDUCATIF NATIONAL : *LES COÛTS*

Introduction

L'insertion des langues camerounaises dans le système éducatif est une guerre, car il y a des gens pour et d'autres contre. Il faut donc réfléchir sur les moyens financiers mis en œuvre pour l'enseignement des/en langues camerounaises pour voir s'ils sont suffisants. On ne saurait engager un projet de cette envergure sans d'abord savoir si l'on a les moyens d'aller jusqu'au bout. Or, très peu d'études linguistiques abordent l'aspect financier de l'enseignement des langues camerounaises. Il est vrai que le linguiste n'est pas un économiste, mais personne d'autre que lui ne peut mieux attirer l'attention des décideurs sur la nécessité de financer la recherche en linguistique. Autrement dit, si les promoteurs des langues camerounaises ne réclament pas les moyens financiers pour réaliser leur travail, personne d'autre ne le fera à leur place. C'est la raison pour laquelle notre étude sur les conditions de possibilité de l'insertion des langues camerounaises dans le système éducatif ne peut pas se terminer sans s'intéresser sérieusement à l'aspect économique et financier de la promotion, de la protection et de l'enseignement des langues nationales.

D'aucuns trouveraient cette étape de notre recherche superflue, parce que nous n'avons pas les qualifications nécessaires pour parler avec autorité dans le domaine économique. Cela est vrai. En plus, à trop exhiber les lourdes dépenses relatives à l'insertion des langues camerounaises dans le système éducatif, on risque d'effrayer les décideurs et les décourager à prendre des décisions favorables à cette insertion. Ce risque est possible. Mais une réflexion sur l'aspect économique et financier de l'enseignement en langues camerounaises pour la promotion, la protection et le développement de ces langues nous semble indispensable. Une telle investigation est même déterminante pour départager les partisans et les opposants de l'enseignement des langues nationales tout en donnant les moyens de décision aux indécis et aux indifférents à ce débat sur les langues nationales, débat qui concerne en fait tout le monde, si du moins on est soucieux de l'avenir de ce pays. Le Cameroun veut sortir de la pauvreté. Si l'on arrive à prouver scientifiquement que les langues camerounaises sont un facteur sûr de développement économique, la presque totalité des Camerounais seront d'avis que les langues camerounaises soient insérées dans les établissements scolaires et universitaires le plus vite possible pour ne pas aggraver le retard qui ne fait que se prolonger. Cette dernière étape de notre travail doit donc étudier le volet économique de l'enseignement des langues nationales. Pour le dire tout de suite, il s'agit de démontrer ici que l'enseignement des/en langues camerounaises est une opération économiquement rentable. Même s'il est vrai qu'il faut y investir beaucoup de moyens financiers, matériels et humains, les gains attendus dépassent énormément les dépenses et privations consenties. En fin de compte, c'est même une erreur de ne pas investir dans l'industrie linguistique aujourd'hui.

CHAPITRE 8

L'EXPLOITATION DES LANGUES CAMEROUNAISES : UNE ENTREPRISE INDUSTRIELLE ET COMMERCIALE RENTABLE

Partis de la nécessité d'enseigner les langues nationales à tous les niveaux du système éducatif camerounais et tenant compte des objections et des difficultés de cet enseignement, nous voulons aboutir à une position finale qui joint les contraires pour remporter l'adhésion de tous pour cet enseignement. Et cette partie de la recherche est indiquée pour cela parce qu'elle réfléchit sur la question cruciale qu'est le problème financier.

Nous nous proposons de démontrer comment les langues camerounaises sont une richesse qui ne demande qu'à être exploitée. Car, c'est lorsque la majorité de Camerounais saura réellement ce qu'elle gagne en argent par l'insertion des langues maternelles dans l'enseignement, qu'elle n'hésitera plus à militer pour le démarrage effectif de cet enseignement. Autrement dit, démontrer clairement ce que le Cameroun gagne économiquement parlant en introduisant ses langues nationales dans son système éducatif est un argument déterminant en faveur de cet enseignement. Notre conviction est que l'une des raisons majeures qui empêchent les Camerounais à insérer les langues nationales dans le système éducatif national est d'ordre économique et financier. Beaucoup ne voient pas l'intérêt économique de cette insertion, car s'ils la voyaient, tous seraient, non seulement d'accord pour qu'elle se réalise, mais militeraient pour sa réalisation. Dans cette partie de la recherche, nous voulons démontrer que l'exploitation des langues camerounaises est une activité économiquement très rentable et qu'il ne faut plus hésiter à s'y engager. Certains peuvent penser qu'investir dans les langues nationales est une perte financière même s'il y a des gains sous d'autres formes (culturelles, sociales, familiales...), mais nous pensons que c'est justement sur le plan économique et financier que l'insertion des langues camerounaises dans l'enseignement est de loin plus bénéfique. Un autre secteur de la vie nationale ne nous paraît même pas aussi financièrement bénéfique que l'exploitation des langues camerounaises à cause des multiples emplois directs et indirects qu'elle génère et parce que tous les Camerounais sont directement concernés à l'intérieur comme à l'extérieur du pays. Si l'on compare l'exploitation des langues camerounaises aux autres grandes exploitations du pays, la différence est nette. Par exemple, le bois et le pétrole sont exploités au Cameroun, est-ce tous les Camerounais qui bénéficient de ces exploitations ? Pour voir directement les retombées financières de ces exploitations, il faut être dans la filière, même s'il est vrai qu'indirectement l'ensemble des citoyens est concerné par ces exploitations. Mais en ce qui concerne les langues camerounaises, plus de Camerounais seront directement touchés pour leur bien-être, c'est du moins notre conviction et nous voulons en démontrer l'objectivité.

3.8. LA GLOTTO-ÉCONOMIE

La **glotto-économie**, comme science qui développe les possibilités économiques des langues a-t-elle un avenir au Cameroun ? Il est inadmissible que les populations africaines continuent à crouler sous le poids de la misère alors que le continent est si riche des produits du sol et du sous-sol. Les richesses africaines sont souvent exploitées par une poignée d'individus africains et non africains au détriment des masses pauvres du continent. Pourtant, beaucoup de possibilités de développement durable s'ouvrent à l'Afrique du 21e siècle. Nous allons nous concentrer ici uniquement sur la possibilité qu'offre à un pays comme le Cameroun l'exploitation de ses langues nationales pour sortir la majorité de ses citoyens de la misère. Nous ne parlons pas encore de sortir de la pauvreté, mais sortir de la misère dans laquelle vivent beaucoup de Camerounais qui ne mangent pas à leur faim et ne peuvent pas se soigner, se loger, s'habiller convenablement, ni s'assurer la défense d'un avocat s'ils sont traduits en justice. Beaucoup n'ont même pas de l'eau potable tout simplement. Ils boivent presque dans les marécages d'où ils reviennent inévitablement avec des maladies multiples. Or, l'exploitation des langues camerounaises est une activité économiquement rentable où ce sont justement les plus pauvres, les populations villageoises qui seront les plus grands bénéficiaires, car c'est elles qui sont détentrices de ces richesses culturelles que sont les langues camerounaises.

Dans son chef d'œuvre *Histoire de la pensée économique* publié en 1966 et qui en était à la 7e édition en 1983, ce qui prouve l'importance de l'ouvrage, Henri DENIS a passé en revue tous les grands auteurs qui ont influencé la pensée économique mondiale. Il part de PLATON pour qui l'organisation économique est un instrument pour le salut des âmes jusqu'à John Maynard KEYNES qui est considéré comme l'un des plus grands économistes du XXe siècle en passant par RICARDO, Karl MARX... Il en arrive à Joseph SCHUMPETER qui est, avec beaucoup d'autres économistes, à l'origine du **renouveau de la théorie de la croissance économique**. Voici comment DENIS H. (1983 : 612) présente l'apport de cet économiste :

L'originalité de SCHUMPETER par rapport à MARX tient à ce qu'il met au premier plan l'idée que le passage du circuit à l'évolution économique s'explique par les « innovations ».

DENIS commente cette catégorisation de SCHUMPETER en ces termes :

En donnant cette définition de « l'innovation », SCHUMPETER cherche en réalité à donner une liste des « occasions d'investissement »... Car à ses yeux c'est l'investissement qui est l'origine de la croissance économique, et non pas l'épargne, comme on l'a dit longtemps. L'homme d'affaires actif, efficace, auquel SCHUMPETER réserve le nom d'entrepreneur, est celui qui réalise des investissements nets.

Nous allons reprendre chacune de ces catégories pour montrer comment l'exploitation des langues camerounaises y répond. Nous démontrerons alors par-là que l'insertion des langues camerounaises dans le système éducatif national est un puissant facteur de développement en tant qu'élément de croissance économique.

1- La fabrication d'un bien nouveau

L'insertion des langues camerounaises dans le système éducatif national va nécessiter des ouvrages didactiques à tous les trois niveaux de l'éducation au Cameroun. Les enfants de la Maternelle et du Primaire, les élèves des Lycées et Collèges de l'enseignement secondaire général et technique, les étudiants des Universités d'État comme ceux des Universités privées et des Grandes Écoles auront besoin des ouvrages de toutes sortes pour apprendre les langues camerounaises. Leurs enseignants à tous les niveaux auront aussi besoin des manuels variés qui leur permettent de mener à bien leur lourde mission. Voilà ce qui est des livres.

L'enseignement tant formel que non formel des langues camerounaises va aussi provoquer du renouveau au niveau informatique avec la création d'autres logiciels pour les langues camerounaises en plus de ceux qui existent déjà en vue de faciliter de plus en plus la saisie des textes en langues camerounaises. Il est même question de produire en quantité industrielle un nouveau type de clavier d'ordinateur comportant des touches visibles ne serait-ce que pour certains des multiples symboles particuliers, mais très récurrents dans les langues camerounaises et aussi dans d'autres langues africaines. Car il est possible de fabriquer les claviers d'ordinateur qui ont les touches visibles qu'il suffit de frapper pour avoir les symboles tels que : /ɛ/, /ə/, /ŋ/, /ɔ/, par exemple.

Ainsi, par la fabrication de millions de nouveaux livres et des claviers et logiciels d'ordinateurs adaptés aux langues camerounaises, l'insertion des langues camerounaises répond au premier critère des innovations permettant la croissance économique d'un pays.

2- L'introduction d'une méthode de production nouvelle

L'insertion des langues camerounaises dans le système éducatif national ne saurait se faire sans tenir compte des langues officielles (français et anglais). Nous avons souvenance que PROPELCA se proposait de concevoir des ouvrages didactiques bilingues où une langue officielle est enseignée en même temps qu'une langue camerounaise. C'est là une méthode nouvelle d'enseignement bilingue consignée dans les faits.

Par la fabrication des livres bilingues (langues officielles-langues camerounaises), l'enseignement officiel des langues camerounaises crée une nouvelle méthode de production et répond ainsi au deuxième critère pour le renouveau de la croissance économique en vigueur actuellement dans le monde.

3- L'ouverture d'un débouché nouveau, c'est-à-dire le fait pour une industrie de pénétrer sur un marché où elle ne vendait pas auparavant

Nous pouvons affirmer, sans risque de nous tromper que s'il y a une innovation où l'insertion des langues camerounaises dans le système éducatif national va exceller, c'est bien sur le secteur de la création des débouchés. Nous avons déjà vu le nombre de débouchés que cette insertion peut occasionner au niveau de l'administration camerounaise où presque chacun des ministères est concerné en commençant par ceux qui sont en charge de l'Éducation nationale. Nous savons que les langues nationales n'ont pas une place appréciable dans notre administration. À la Radio ces langues ont une place médiocre dans les stations provinciales. À la télévision, elles sont encore inexistantes. La presse écrite officielle est analphabète en langues camerounaises. L'insertion officielle des langues camerounaises dans le système national aura tellement de répercussions dans tous ces domaines que les débouchés créés à cet effet sont tout simplement incalculables. Par ailleurs, nous venons de voir que l'industrie du livre sera un secteur très florissant au Cameroun si l'on décide d'enseigner de façon officielle les langues nationales sur toute l'étendue du territoire pour tous les niveaux d'enseignement formel sans oublier les alphabétiseurs et leurs apprenants souvent adultes dans l'enseignement non formel. Les débouchés de l'insertion officielle des langues camerounaises dans l'éducation au Cameroun sont innombrables :

- Le traitement des langues camerounaises par l'informatique va créer un nouveau marché qui n'existait pas auparavant. La vente des logiciels et du matériel informatique pour les langues camerounaises ;
- la formation des secrétaires pour la saisie de ces langues ;
- la création et/ou l'approvisionnement des librairies et des bibliothèques en langues camerounaises ;
- la mise sur pied des Centres Linguistiques (Centres Pilotes) pour l'enseignement des langues camerounaises :
- la conception, la réalisation et la vulgarisation des cassettes audio et même vidéo pour l'apprentissage des langues camerounaises ;
- les voyages spécifiques pour la collecte des données en langues camerounaises et même des séjours linguistiques dans l'arrière-fond du pays seront occasionnés par l'enseignement officiel des langues camerounaises …

4- La conquête d'une nouvelle source de matières premières ou de produits semi-ouvrés

Nous pensons que les langues camerounaises sont des matières premières à exploiter. Le langage humain est une matière première, c'est-à-dire une matière sur laquelle on peut agir. Il serait même plus historiquement juste de dire que le langage humain est la Première Matière dont l'homme dispose pour agir sur les autres, car rien d'humain ne peut se faire sans le langage. Et le langage humain existe à travers les langues naturelles parlées par des groupes humains. Il nous semble possible de concevoir les langues camerounaises comme matières premières sur lesquelles on peut agir pour produire des choses consommables et commercialisables au niveau de la musique, de la poésie…

5- La réalisation d'une nouvelle organisation, par exemple, la création d'une situation de monopole

Nous l'avons déjà souligné, et nous y revenons, l'insertion officielle des langues camerounaises dans le système éducatif national exige la mise sur pied d'une structure gouvernementale pour l'organisation de cette insertion qui ne saurait être ni de façon privée ni de façon disparate. Il faut une structure de coordination qui planifie l'enseignement des langues au Cameroun dans son ensemble. Nous nous parlons dans la présente étude uniquement de l'insertion des langues camerounaises dans le système éducatif national. Or, il y a déjà les langues officielles et d'autres langues étrangères au Cameroun et même à l'Afrique dans ce système éducatif. Comment insérer officiellement et solennellement les langues camerounaises dans ce système de façon harmonieuse et complémentaire avec les langues déjà en place ? Il faut une nouvelle organisation de l'enseignement non seulement des langues au Cameroun, mais une nouvelle organisation de tout le système éducatif camerounais pour que l'insertion des langues camerounaises n'apporte aucun chamboulement dans le système.

Enfin, sur le dernier volet de cet ultime critère relatif au monopole, il est tout à fait compréhensible que le gouvernement camerounais puisse se réserver le monopole du marché des livres en langues camerounaises. Mais le Cameroun n'étant pas un pays communiste où la privatisation des moyens de production est interdite, il peut aussi donner ce monopole à une entreprise privée en lui demandant tout simplement de payer son impôt à l'État. Dans tous les cas, il est hors de question que les livres en langues camerounaises soient fabriqués hors du Cameroun et en dehors des Camerounais. Autrement dit, l'industrie du livre en langues camerounaises doit se faire au Cameroun et par les Camerounais. Sans être xénophobes, les Camerounais doivent se réserver l'exclusivité du marché du livre en langues camerounaises. Les non-Camerounais n'ont qu'à investir dans d'autres secteurs de l'économie nationale. On n'admettra un étranger dans ce secteur que sous plusieurs conditions. C'est un peu comme en football, sans en être spécialiste, il paraît que pour jouer dans l'Équipe nationale d'un pays, il faut en avoir la nationalité. Des conditions semblables peuvent aussi être mises en vigueur pour permettre à ceux des étrangers qui voudraient à tout prix investir dans les langues camerounaises de le faire. On évitera alors d'appauvrir le pays en ne livrant pas le marché du livre en langues camerounaises aux étrangers qui peuvent piller impitoyablement le Cameroun en lui revendant ses langues à travers les livres à un prix fixé par eux et pour eux, c'est-à-dire à leur profit.

Voici comment l'insertion officielle des langues camerounaises dans le système éducatif national peut devenir effectivement une entreprise industrielle et commerciale de grande envergure au Cameroun.

3.8.1- De l'exploitation industrielle des langues camerounaises

Dans le marché, il y a plusieurs types de produits qui sont vendus. On rencontre des matières premières vendues à l'état brut, c'est-à-dire sans aucune transformation. On vend des boutures de plantes à peine sorties de terre, on vend des billes de bois fraîchement coupées, on vend même des forêts entières à l'état naturel sans aucun travail humain. Mais au marché, on vend aussi des produits finis ou semi-finis. Dans l'industrie du bois, on peut vendre de la pâte à papier, c'est un produit semi-fini ou alors le papier lui-même qui est un produit fini. Au marché, on trouve même des produits recyclés à l'exemple des jeunes qui prennent les vieilles casseroles, les broient pour revendre l'aluminium ainsi obtenu.

Pour avoir un produit fini commercialisable, il faut de la matière première, un mécanisme de transformation, de conservation et de commercialisation. La publicité ou mieux, le marketing se charge de la promotion et de la vente du produit en question.

Il convient de savoir que les langues camerounaises sont des produits commercialisables à tous ces niveaux dont nous venons de parler.

La matière première des langues camerounaises comme de toutes les langues naturelles du monde ce sont les sons du langage humain. Il existe une branche de la linguistique appelée phonétique qui étudie l'ensemble des possibilités phoniques de l'homme à travers toutes les langues naturelles. À côté de la phonétique, il y a la phonologie, science qui étudie les sons du langage du point de vue de leur fonction dans le système de communication linguistique en se fondant sur l'analyse des phonèmes. Dans l'ensemble des sons contenu dans le langage humain, chaque langue sélectionne un certain nombre de sons qu'elle utilise et qui sont pertinents pour elle. On peut donc dire que ces sons sélectionnés par une langue ou phonèmes constituent la matière première de l'industrie de la langue concernée. Il est assez difficile de vendre ces sons à l'état brut parce qu'ils manquent de signification. Mais lorsque ces phonèmes sont agencés d'une manière convenable selon les lois du système phonologique de la langue, ils forment des syllabes qui à leur tour composent des mots ayant un sens et l'on peut former des phrases porteuses des messages les plus divers. À l'oral comme à l'écrit, ces messages sont un produit fini qui peut être commercialisé sous plusieurs formes. Il y a la vente des livres, des disques de musiques, des expressions culturelles et des manifestations de toutes sortes...

Nous voulons montrer ici que la langue est une denrée commerciale qui peut être à la base d'une entreprise industrielle. S'il est vrai que c'est la langue qui porte la culture d'un peuple, toutes les expressions culturelles des peuples du monde sont donc dépendantes des langues qui les véhiculent. On ne saurait faire de la littérature écrite ou orale, du cinéma, du théâtre... sans passer par les langues humaines. La linguistique comme science du langage humain est un domaine de production de richesses commercialisables à explorer avec minutie. On doit considérer chaque langue camerounaise comme un produit à vendre. Ces langues ont déjà le mérite d'exister. Il faut maintenant les moderniser, les rendre attrayantes, désirables, utiles et les vendre à l'intérieur comme à l'extérieur du pays. La création des **journaux** par exemple en langues camerounaises peut participer à la mise en valeur de ces langues et susciter un regain d'intérêt à leur endroit. La réalisation des **films** en langues camerounaises, sous-titrés en langues étrangères peut servir à l'exportation des langues camerounaises au-delà des frontières nationales à la grande joie des Camerounais et cameglottophiles de l'extérieur. La **traduction** des grands auteurs, tout comme la traduction de la Bible en langues camerounaises favorise une connaissance de ces langues dans le monde entier, ce qui n'est pas sans retombées économiques pour les personnes qui participent à ces opérations. Il y a bien des personnes qui gagnent leur vie en exerçant le métier de traducteur au sujet des langues internationales, qu'est-ce qui empêche que le développement des langues camerounaises hisse aussi certaines d'entre-elles au niveau des grandes langues internationales ? Signalons en passant l'argent que l'on gagne dans **la musique, le théâtre, la comédie**, tout cela serait-il possible sans les langues humaines. Si d'autres pays utilisent leur langue pour gagner de l'argent en vendant les livres en cette langue, ou plus précisément en vendant leur culture et leur langue par le biais du livre, le Cameroun peut et doit aussi en faire autant en exploitant ses nombreuses langues. Une **Maison d'édition spécialisée** pour la promotion et la commercialisation des langues camerounaises doit être mise sur pied sans honte ni peur d'investir pour rien, car, ce secteur d'activités sera de plus en plus rentable dans les jours à venir.

3.8.2- La place de la langue dans le développement économique

Nous devons d'abord savoir quel type de Camerounais former pour l'avenir de ce pays. Les langues nationales sont les meilleurs véhicules des cultures nationales. Un arbre ne peut pas s'élever très haut dans le ciel, s'il n'enfonce pas en profondeur ses racines dans le sol. Tous les pays dits développés aujourd'hui comme hier commencent toujours par une révolution culturelle. Pour ne prendre que le cas de la France, il y a d'abord eu l'**humanisme** du XVIe siècle avec Ronsard, Du Bellay... Ensuite le **classicisme** au XVIIe siècle, pour retenir les noms des grands écrivains de ce siècle nous récitions en classe de 3e : « ***Corneille** assis sur la **Racine** de **La Bruyère**, Boileau, de La Fontaine, Molière* ». Viendra alors le XVIIIe siècle, le **Siècle des lumières** dont Voltaire et Rousseau sont de grands représentants. On peut penser qu'il a fallu toutes ces étapes de prise de conscience, de réforme aussi bien religieuse, politique que linguistique, pour aboutir à la Révolution française qui a précédé la révolution agricole, suivie elle-même de la révolution industrielle au XIXe siècle. La France est aujourd'hui classée parmi les grandes puissances du monde aussi bien au niveau politique qu'au niveau économique. Il a fallu qu'elle passe par toutes ces étapes où l'on remarque une révolution culturelle à la base : l'**humanisme**. D'aucuns peuvent étudier l'histoire d'autres pays et trouver à peu près la même évolution vers la révolution. Il faut souvent une révolution culturelle pour que tout le reste suive. Dans tous les cas, un pays est un corps organique qui forme un tout. Un homme normal grandit dans toutes les dimensions de son corps. Les pieds ne peuvent pas grandir alors que les mains restent celles du bébé. C'est tout le corps humain qui grandit ensemble même les compétences du cerveau se développent aussi. De la même manière, un pays, qui est comme un corps organique, ne peut pas être très avancé au niveau politique si son niveau économique est encore trop bas. Si la majorité des citoyens croupissent dans la misère, ils donneront leurs voix électorales à celui qui leur met un bout de pain dans la bouche pour calmer leur faim d'aujourd'hui. Les pauvres matériellement qui sont aussi en majorité pauvres intellectuellement, vivent au jour le jour et se soucient peu de l'avenir à long terme. C'est dans ce sens qu'on parle peut-être au Cameroun de la « **politique du ventre** », on ne va : électeurs et candidats aux élections, que pour se nourrir de cette vache à lait qu'est le Cameroun. Mais par contre, lorsque la majorité des citoyens d'un pays est déjà sortie du souci de satisfaire les besoins fondamentaux de l'homme : nourriture, logement, soins de santé primaire…, elle peut alors exercer sa liberté d'expression allant même jusqu'à demander des comptes à ses dirigeants. La politique est liée à l'économie et vice versa. Ce n'est pas dans nos compétences de le prouver, ce n'est pas non plus notre propos. Mais ce que nous voulons souligner c'est que la culture aussi est liée à l'économie et à la politique. Un pays culturellement sous-développé sera aussi économiquement et politiquement sous-développé. Mais un pays culturellement développé le sera aussi au niveau économique et politique. C'est ce que nous voulons démontrer dans ce travail. Or, la culture est portée par la langue. La langue est la porte d'entrée de toute culture. La langue est la clé qui ouvre le mystère culturel de la communauté qui la parle. On ne peut pas entrer dans une culture sans passer par la langue qui la véhicule. Comment atteindre le développement économique du Cameroun sans œuvrer pour son développement culturel ? Comment œuvrer pour la promotion de la démocratie au Cameroun dans le mépris total de la culture camerounaise ? Or, comment entrer dans les cultures camerounaises, comment développer les cultures camerounaises sans passer par les langues camerounaises ? Il faut donc être convaincus que si le Cameroun piétine encore sur le chemin de son développement, figurant encore, avec une *fierté honteuse* parmi les Pays Pauvres Très Endettés (**PPTE**) c'est parce que ses langues nationales sont sous exploitées. Seules ces langues camerounaises peuvent permettre aux Camerounais et aux véritables amis du

Cameroun d'aujourd'hui et de demain de comprendre les cultures camerounaises, de les développer afin de parvenir sûrement au développement économique du pays. C'est la culture qui est l'identité d'un pays. Et lorsqu'on va au cœur de la culture d'un peuple, on rencontre ses croyances, sa conception du monde, sa philosophie, son anthropologie, sa théologie, ses principes économiques, sa mythologie,…Un pays ne peut pas se développer sans tenir compte de tous ces domaines qui sont assez différents d'un pays à l'autre.

Si l'on étudie de près les raisons pour lesquelles certains pays comme le Japon et la Chine sont devenus des puissances mondiales aujourd'hui, on va sûrement trouver qu'à la base de leur révolution économique, il y a une part importante de leur culture, de leur religion et de leurs langues. Et en Chine, on parle le chinois, le cantonnais et au Japon, on parle le japonais. Il paraît même qu'on se propose d'enseigner le japonais au Cameroun, mais – sauf erreur de notre part –, personne ne pense aussi qu'on pourrait enseigner les langues camerounaises au Japon pour les Japonais qui le veulent ou qui veulent venir au Cameroun et pour les Camerounais qui habitent le Japon. Avant cela, il faut même déjà qu'on puisse enseigner les langues camerounaises au Cameroun dans tous les niveaux de l'Éducation, ne serait-ce que pour ceux de Camerounais qui le veulent pour eux-mêmes ou pour leurs enfants. On peut alors conclure que la langue occupe une place centrale dans le développement économique d'un pays dans la mesure où aucune économie ne peut se faire sans utiliser un langage que les principaux acteurs doivent maîtriser.

3.8.3- La Langue comme un produit économique rentable

Monseigneur Jean ZOA d'heureuse mémoire, voulant encourager ses prêtres à prendre au sérieux les cultures africaines leur disait qu'elles ont des « *prémisses en tout : politique, économie, philosophie et même en théologie* ». Il voulait par-là amener ces pasteurs formés à l'école occidentale, et en Europe pour beaucoup d'entre eux à ne pas continuer à mépriser les cultures et les langues de leurs ancêtres. Pour les besoins de l'évangélisation, pour l'incarnation de la Parole de Dieu dans les cultures africaines, ce qu'on appelle aujourd'hui l'**inculturation**, il faut que les langues et les cultures africaines soient étudiées, enseignées, exploitées, reconnues.

Si la culture africaine a des prémisses en économie, les langues africaines doivent aussi en avoir puisque ce sont elles qui portent la culture. Quelles sont alors les prémisses économiques portées par les langues camerounaises ? Tout ce qu'une société, un peuple, un pays peut avoir comme richesse à tous les niveaux se trouve formulé par et dans sa ou ses langue(s). Il est difficile d'exploiter les richesses d'un pays à quelque niveau que ce soit sans passer par la langue dudit pays. Ainsi il est pratiquement impossible d'exploiter les richesses de l'Afrique en miniature qu'est le Cameroun sans passer par les langues officielles et nationales camerounaises.

Les deux langues officielles camerounaises (français et anglais) sont déjà développées à l'exemple de leur pays d'origine (la France et l'Angleterre). Voilà pourquoi le Cameroun bénéficie des retombées économiques de la **Francophonie** et du **Commonwealth**. Il s'agit maintenant de développer aussi les langues camerounaises pour que les futures générations camerounaises puissent bénéficier, en plus des atouts économiques de la Francophonie et du Commonwealth de ceux de la **Cameglottophonie**. Si les langues européennes ont subi un développement et un aménagement internes qui leur ont permis de devenir des facteurs non négligeables dans l'économie de leur pays d'origine, les langues camerounaises peuvent et doivent aussi être développées et aménagées pour devenir aussi à leur tour des facteurs importants dans l'économie camerounaise. Les langues camerounaises sont encore une quantité négligeable dans l'économie du Cameroun parce qu'elles ne sont pas assez développées. On peut dire dans ce sens qu'elles sont encore sous-développées sur le plan de l'écriture. Si jamais on les développe, en les dotant d'un matériel d'expansion moderne adéquat : manuels didactiques, matériels informatiques (logiciels, site Internet...), cassettes audio pour l'enseignement à distance, centres de promotion des langues camerounaises, presses écrites, académies (pour la promotion des comités de langues)... les langues camerounaises ne tarderont pas à se montrer un facteur de développement économique non négligeable. Mais pour les développer, il faut consentir certaines dépenses. Ce qui est normal. Il faut investir dans le domaine linguistique aujourd'hui pour pouvoir en cueillir les fruits demain. Tout comme on investit des centaines de millions pour l'exploitation forestière et pétrolière, il faut investir pour l'exploitation des langues camerounaises. Les résultats ne seront pas décevants. Les pays européens ont investi et investissent encore beaucoup dans le développement de leurs langues, et ils ne sont pas déçus. Pourquoi ce serait le Cameroun qui serait déçu en investissant dans le développement de ses langues ?

Essayons de voir sommairement le nombre d'emplois directs et indirects que peut générer l'insertion officielle des langues camerounaises dans le système éducatif national.

L'industrie du livre

Nous voulons voir dans les lignes qui suivent le nombre de livres nécessaires pour les élèves et pour les enseignants si les langues camerounaises sont enseignées à la Maternelle, au Primaire et au Secondaire au Cameroun. Pour ce faire, nous sommes partis des statistiques des ministères concernés pour savoir le nombre d'écoles maternelles, primaires et secondaires que compte le Cameroun, ainsi que le nombre d'élèves et d'enseignants qui y sont. Voici les statistiques de 2007/2008.

Ministère de l'Éducation de base
- nombre d'écoles maternelles : 3 939
- nombre enfants à la maternelle : 263 855
- effectif du personnel enseignant à maternelle : 12 601
- nombre d'écoles primaires : 16 858
- nombre d'élèves : 3 201 477
- nombre de maîtres : 69 544

Ministère des Enseignements secondaires
- nombre d'établissements : 2 060
- nombre d'élèves : 1 127 691

Le Cameroun compte plus de 200 langues. Toutes ces langues ne peuvent pas être insérées dans le système éducatif pour plusieurs raisons (cf. Chap. 5 : choix des langues nationales à enseigner).

En partant du fait que chaque établissement du secondaire, pour être bien couvert en corps enseignant, aura besoin d'au moins trois (3) enseignants spécialisés en langues et cultures camerounaises, le besoin en enseignants de langues et cultures camerounaises est alors estimé à 6180 (six mille cent quatre-vingts) enseignants pour que tous les établissements du secondaire soient couverts ne serait-ce que de façon minimale par l'enseignement d'une seule langue camerounaise.

Or, le gouvernement camerounais ne peut pas introduire une seule langue nationale dans son système éducatif pour des raisons de paix sociale et parce qu'aucune langue camerounaise n'est parlée sur toute l'étendue du territoire national. Il faudrait donc introduire à la fois plusieurs langues camerounaises dans le système éducatif. Cette introduction ne se fera pas une seule fois, c'est par vagues successives que les langues camerounaises seront insérées officiellement dans le système éducatif national. Faisons des projections pour voir le nombre d'enseignants dont on aura besoin au seul niveau secondaire quand le Cameroun aura mis seulement 10 (dix) de ses langues nationales dans son système éducatif.

Le nombre d'enseignants au Secondaire pour 10 langues camerounaises

Nombre d'établissements secondaires	Nombre d'enseignants/langue	Nombre de langues	Nombre total d'enseignants
2060	3	10	**61 800**

L'enseignement de dix langues camerounaises va créer **61.800** (soixante un mille huit cents) emplois en corps enseignants. Chacune des langues enseignées devra avoir ses spécialistes dans l'enseignement supérieur, voilà encore un autre secteur où l'enseignement officiel des langues va créer des emplois : le professorat universitaire.

Les spécialistes des langues camerounaises au niveau supérieur

L'enseignement des langues camerounaises a besoin des spécialistes de ces langues au niveau de l'enseignement supérieur. La conception des ouvrages didactiques pour l'enseignement des langues camerounaises n'est pas à la portée de tout le monde. Ce n'est pas parce qu'on parle une langue qu'on est habilité à l'enseigner à l'école. Il faut des personnes hautement qualifiées pour concevoir les ouvrages didactiques des/en langues camerounaises. Pour ce faire, chaque langue camerounaise enseignée doit avoir ses spécialistes. Chaque science linguistique sera par conséquent sollicitée. Il y a des professeurs d'Université qui enseigneront plusieurs langues camerounaises parce qu'ils les ont étudiées ou parce que leur spécialité touche toutes les langues camerounaises. La **Phonétique générale** par exemple est une science linguistique qui étudie les sons du langage humain. Un phonéticien généraliste est utile pour toutes les langues du monde et peut par conséquent intervenir dans toutes les langues camerounaises, sans connaître ces langues en profondeur. Il en est de même de la **Didactique**, science qui étudie les méthodes d'apprentissage des langues. Comme les hommes, les langues ont des familles. Un didacticien peut mettre son savoir au service de plusieurs langues appartenant à la même famille. Par exemple, un didacticien qui s'est spécialisé dans la famille Bénoué-Congo sait que ces langues ont des caractéristiques communes comme le **phénomène du ton**, celui des **classes nominales, etc.** On ne saurait organiser l'apprentissage de ces langues sans tenir compte de ces propriétés qui leur sont communes. Le didacticien en question efficacement organiser l'apprentissage de toutes les 139 langues de cette famille sans être obligé de les connaître chacune en profondeur. Comme dans tous les domaines de l'activité humaine aujourd'hui, l'**informatique** en tant que science du traitement des informations mises en œuvre sur les ordinateurs aura un rôle important à jouer dans l'enseignement des langues camerounaises à l'Université aujourd'hui et surtout demain. Il faut créer d'autres logiciels qui permettent la saisie et un traitement plus aisé des textes en langues camerounaises, car les logiciels qui existent aujourd'hui (UNICODE et les autres) exigent encore beaucoup de gymnastique digitale pour écrire certaines lettres spécifiques aux langues camerounaises. Mais un informaticien spécialisé dans le traitement des langues camerounaises pourra travailler sur plusieurs de ces langues sans être contraint de les connaître particulièrement.

Par contre, la **Phonologie**, qui étudie les propriétés distinctives des sons par l'analyse des éléments phoniques du point de vue de leur fonction dans une langue donnée, est différente de la Phonétique et de la Didactique. Un phonologue doit connaître en profondeur la langue qu'il décrit. Il est vrai qu'on peut être phonologue d'une langue dont on n'est pas locuteur natif, il suffit de l'étudier selon les méthodes de la phonologie parfois appelée *phonétique fonctionnelle* (ESSONO J. M. 1998 : 90). Mais, on ne peut pas faire la phonologie d'une langue dont on n'a pas la maîtrise.

Voilà pourquoi les langues camerounaises à insérer dans le système éducatif national auront besoin d'au moins un spécialiste en phonologie ou phonologue chevronné pour chacune d'elle.

Il en sera de même pour :

- la Morphologie, science qui étudie la forme des mots ;
- la lexicologie qui a pour tâche la description exhaustive du lexique d'une langue sous le double aspect du signifié et du signifiant ;
- la lexicographie ou l'art de composer les dictionnaires ;
- la sémantique, science des significations linguistiques.

La mise par écrit ou même la révision du système d'écriture d'une langue pour son enseignement n'étant pas l'affaire d'une seule personne aussi compétente soit-elle, il faut un groupe de spécialistes pour chaque langue camerounaise qui aspire à l'enseignement. Les langues camerounaises ne peuvent pas être insérées avec succès dans le système éducatif national sans un groupe de spécialistes de niveau universitaire pour chacune des langues concernées. D'où les estimations suivantes :

Le nombre de spécialistes au niveau supérieur pour 10 langues camerounaises à enseigner

N°	Science concernée	Nombre de spécialistes par langue	Nombre pour 10 langues
1	Phonologie	1	10
2	Morphologie	1	10
3	Lexicologie	1	10
4	Lexicographie	1	10
5	Sémantique	1	10
Total		5	50

D'après ce tableau, qui est susceptible de plusieurs modifications, puisqu'il n'est qu'à titre indicatif, il faut à peu près cinq spécialistes de rang universitaire de chaque langue camerounaise pour son insertion dans le système éducatif national afin que le travail soit fait, dans les normes. On ne le dira jamais assez, une seule personne n'est pas suffisante pour le développement d'une langue camerounaise. Le gouvernement et même des structures privées, mais crédibles et reconnues par le gouvernement doivent s'investir dans la formation d'un corps enseignant universitaire, hautement qualifié, pour l'enseignement des langues camerounaises. Il est vrai qu'au début, on sera obligé de faire appel à des personnes sans grades universitaires pour l'enseignement des langues et cultures camerounaises même au niveau de l'enseignement supérieur, mais cette possibilité ne doit en aucun cas empêcher de se préoccuper de la formation des formateurs de rang universitaire pour revêtir les langues camerounaises de la dignité et de la considération qu'elles méritent. Dix langues camerounaises nécessiteront donc en moyenne une cinquantaine de spécialistes de rang universitaire.

Par ailleurs, les élèves et les enseignants du primaire et du secondaire auront tous besoin de manuels didactiques pour l'enseignement des langues et cultures camerounaises.

À la Maternelle, en ce qui concerne l'enseignement des langues camerounaises, il est prévu un seul livre unique : le **Pré syllabaire** conçu en deux versions (anglaise et française) que tous les enfants utilisent, quelle que soit leur langue maternelle.

À partir de la SIL jusqu'au CMII, l'élève utilise une dizaine de livres : les Syllabaires 1 et 2, les Post Syllabaires 1 et 2, les livres de calcul 1, 2 et 3, les livres des sciences de la nature 1 et 2, le livre d'histoire et géographie, le livre de morale/chant...

Au secondaire, au premier cycle, sous cycle d'observation, les élèves utilisent les Fiches de Phonétiques Pratiques 1 et 2, au cycle d'orientation, ils ont un livre : le Guide de l'orthographe pour maîtriser l'orthographe de leur langue, et après, ils ont les livres de Dialogues 1 et 2, ce sont des œuvres littéraires en langues camerounaises qui les ouvrent à la littérature et à la culture du terroir. De la sixième en terminale, un élève utilisera au moins 5 (cinq) manuels didactiques pour son apprentissage des langues camerounaises.

En partant de ces données chiffrées que nous revoyons légèrement à la hausse par souci de réalisme sachant que la population camerounaise évolue, nous obtenons les prévisions suivantes :

La quantité de livres en langues camerounaises au primaire et au secondaire

utilisateur	effectif	niveau	nombre de livres par personne	Total
		Maternelle		
élèves	300 000		1	300 000
maîtres	12 600		1	12 600
		Primaire		
élèves	3 500 000		5	17 500 000
maîtres	70 000		1	70 000
		Secondaire		
élèves	1 200 000		5	6 000 000
Total				**23 882 600**

L'insertion officielle des langues camerounaises à l'école va occasionner la production de plus de 20 000 000 (vingt millions) de livres, rien que pour l'enseignement primaire et secondaire. Or, il y a aussi d'autres livres à produire pour les étudiants et les enseignants au niveau de l'enseignement supérieur. Nous savons aussi que l'enseignement formel des langues camerounaises, pour être efficace, doit être accompagné par l'enseignement non formel, en dehors de l'école, aux parents et aux étrangers. Cet enseignement non formel a aussi besoin de manuels didactiques spécifiques. Le marché du livre au Cameroun nous semble donc être un secteur porteur et très productif financièrement avec l'enseignement des langues et des cultures nationales. D'où la nécessité d'ouvrir une MAISON D'ÉDITION spécialisée pour la publication des livres en langues camerounaises et la promotion de la culture camerounaise. Par la parenté des langues camerounaises et les autres langues africaines, cette Maison d'Édition pour la promotion des langues camerounaises doit même avoir une ouverture dans la Sous-région de l'Afrique centrale. C'est dans ce sens qu'une structure comme celle du CERDOTOLA peut jouer un rôle incontournable dans l'insertion des langues et cultures camerounaises dans le système éducatif en intervenant à presque toutes les étapes de l'industrie du livre culturel camerounais allant de la conception à la publication en passant par la production. Le CERDOTOLA, de par ses missions, peut mettre sur pied cette Maison d'Édition dont nous avons tant besoin.

Nous avons vu avec NANA (1990 : 145) qu'un livre camerounais PROPELCA coûtait 1 126 FCFA dans les années 90. Avec l'inflation et toutes les autres inconnues et en améliorant aussi la qualité du livre camerounais pour qu'il soit assez compétitif (dessins en couleur, meilleure qualité du papier…), nous pouvons ainsi arrondir le prix d'un livre en langues camerounaises à 2000 FCFA – ce prix est encore moins cher par rapport au livre en français. Sachant qu'il faut produire au moins 20 000 000 de livres à 2 000 FCFA l'exemplaire, voici un marché de plus de **40 000 000 000 (quarante milliards) de FCFA.** On ne peut pas dire que l'on est un pays pauvre et très endetté et ne pas exploiter une opportunité comme celle-ci.

- les droits d'auteur

Une descente que nous avons effectuée dans deux Maisons d'Édition à Yaoundé à savoir la SOPECAM et les Éditions CLE a révélé que les droits d'auteur pour l'édition d'un livre varient au Cameroun entre 10% et 15%. Ceux qui vont participer à la conception des millions de livres nécessaires à l'enseignement des langues et cultures camerounaises auront des retombées financières consistantes. Même s'il n'y a pas beaucoup de personnes qui vont vivre uniquement de ces droits d'auteur, ceux-ci permettront tout de même aux chercheurs d'arrondir leurs fins de mois, ce qui ne saurait être négligeable. Les auteurs ainsi indemnisés auront les possibilités de pousser leurs investigations plus loin pour enrichir le secteur de la recherche au Cameroun de nombreuses découvertes scientifiques.

- **Production du papier au Cameroun**

Sans être économiste, la nécessité de produire une énorme quantité de livres au Cameroun nous oblige à aborder le problème de notre exploitation forestière. Nous voulons souligner ici qu'il vaut la peine de reconsidérer, ne serait-ce que pour étude, mais avec plus de détermination et de courage politique, la possibilité et même la nécessité d'envisager concrètement et définitivement la **production du papier** *made in Cameroon*. À qui peut-on prouver que le Cameroun qui a tant de bois jusqu'à en revendre est incapable de produire du papier même s'il faut pour cela se mettre ensemble avec les autres pays de la Sous-région, qui non seulement ont les mêmes richesses forestières, mais aussi les mêmes besoins en papier ?

- **Exploitation de l'énergie solaire : un rêve réalisable au Cameroun**

Décidément, l'insertion officielle des langues et des cultures camerounaises dans le système éducatif national oblige le penseur à s'intéresser à tout, et le bout du tunnel, c'est une révolution d'abord culturelle, mais qui finit par toucher tous les secteurs vitaux de la nation entière y compris celui de l'énergie. S'il faut ouvrir une industrie de fabrication de papier au Cameroun, on aura sûrement besoin de supplément d'énergie électrique. Il y a bien sûr beaucoup de projets gouvernementaux à ce sujet pour résoudre les multiples problèmes de **coupures intempestives de courant** dont les Camerounais sont des victimes résignées en attendant des jours meilleurs sous le soleil. À propos justement de soleil, pour réduire la pollution due à l'utilisation des produits pétroliers, des États comme l'État du Vatican utilisent de plus en plus l'énergie solaire. D'aucuns peuvent dire que c'est l'un des plus petits États au monde, mais rien n'interdit au Cameroun d'exploiter aussi l'énergie solaire pour subvenir à ses multiples besoins énergétiques. Bien sûr ceux des Camerounais qui œuvrent officiellement pour le sous-développement du pays vont tout de suite trouver des raisons de toutes sortes pour démontrer cyniquement l'impossibilité de vulgariser l'exploitation de l'énergie solaire au Cameroun dans l'état actuel de la situation. N'étant pas spécialiste dans le domaine, nous ne pouvons que leur donner raison. Mais nous sommes certain qu'ils utiliseront entre autres la raison du manque de moyens financiers pour l'utilisation de l'énergie solaire dans ce pays. C'est à ce niveau-là que nous ne pouvons-nous empêcher de rappeler que, de source informelle, 2.500.000.000.000 (deux mille cinq cents milliards) de FCFA dormiraient dans les caisses des Fonds PPTE attendant des projets fiables d'intérêt général pour être débloqués. Les enfants et les maîtres des écoles rurales étudient à la faible lumière de la lampe à pétrole, ce qui ne peut pas manquer d'avoir des répercussions sur leur vue tôt ou tard. L'échec scolaire, l'abandon des études, beaucoup de problèmes scolaires peuvent être résolus si l'énergie solaire est exploitée et vulgarisée au Cameroun. La santé visuelle des ménagères paysannes sera améliorée, car elles n'auront plus l'agression quotidienne de la fumée du bois de chauffage.

L'insertion des langues camerounaises dans le système éducatif va toucher tous les secteurs de la vie de la nation et ce sera pour le bonheur de tous et de chacun. Il n'y a aucune raison économique de ne pas s'y engager. C'est plutôt une grande bouffée d'oxygène dans l'économie camerounaise que le développement de ces langues qui va relancer un grand nombre de chantiers et en créer d'autres. Chaque établissement peut être doté d'un **internat** pour accueillir en priorité les enfants dont les parents n'habitent pas le lieu où se trouve leur établissement et qui doivent rester dans cet établissement pour continuer à étudier la langue camerounaise de leur choix qui n'existe pas partout. Par la construction des internats, des foyers, des mini-cités… pour accueillir les milliers d'enfants et de parents demandeurs, c'est l'**industrie du bâtiment** qui sera en plein essor sur toute l'étendue du territoire national. Voilà comment le chômage de beaucoup de jeunes et de moins jeunes, formés dans le bâtiment, sera sensiblement réduit.

CHAPITRE 9

CHARGES ET SOURCES DE FINANCEMENT DE L'INSERTION DES LANGUES CAMEROUNAISES DANS LE SYSTÈME ÉDUCATIF

La langue est un produit social, une ressource humaine qui peut rapporter de l'argent à ceux qui l'exploitent, tout comme d'autres exploitent le pétrole, le bois, le cacao ou le café. G. MBA (AJAL n° 2 : 2001 : 39-40) s'est penché sur les retombées économiques de cette denrée financièrement rentable qu'est la langue et il en arrive à la conclusion suivante :

> *L'enseignement en langues camerounaises est un produit commercialisable pour lequel le MINEDUC se présente comme le vendeur attitré. Cependant, il a avec lui plusieurs partenaires à savoir la Société Internationale de Linguistique (SIL), l'Association Nationale des Comités de Langues camerounaises (ANACLAC), l'Association Camerounaise pour la Traduction de la Bible et l'Alphabétisation (CABTAL) et les divers Secrétariats à l'Éducation catholique et protestante.*

Mais avant de produire, l'industrie linguistique nécessite d'abord un investissement, des charges. Ces charges, ces dépenses que va occasionner l'insertion des langues camerounaises dans le système éducatif du pays sont tellement lourdes qu'il convient de se poser sincèrement la question de savoir s'il est nécessaire de s'engouffrer dans de telles dépenses sans une certitude de bénéfices subséquents. Disons-le, l'âpreté au gain ne doit pas aveugler les promoteurs des langues camerounaises au point de les empêcher de réfléchir froidement sur les possibilités financières actuelles allouées au secteur éducatif pour la mise en route de cet ordre d'enseignement. Autrement dit, ce n'est pas parce qu'on est pour l'enseignement des langues camerounaises que l'on doit faire fi de toute réflexion critique qui s'oppose à cet enseignement. Quoi qu'il en soit, en ce qui concerne le financement de cet ordre d'enseignement, tant que les investisseurs ne sont pas certains de rentrer dans leurs fonds, ils ne s'engageront jamais dans une telle opération aussi nécessaire soit-elle par ailleurs.

Le vrai terrain où la bataille pour l'enseignement des/en langues camerounaises doit se gagner est le terrain économique. Le jour où il sera clairement établi que les langues camerounaises sont une source de revenus très importante pour notre pays, leur enseignement officiel recommencera à tous les niveaux sans tarder et avec plus d'enthousiasme et de conviction que ce qui est fait actuellement. Nous avons déjà vu certains des débouchés inhérents à l'enseignement des langues camerounaises, il y a d'autres domaines économiques encore très peu explorés comme le **cinéma** pour ne citer que cet exemple.

3.9.1- Les Charges dans les ministères

L'enseignement des langues camerounaises nécessite des moyens financiers importants. Il faut de l'argent pour produire le matériel didactique en grande quantité, car c'est une grande partie de la population qui est visée. Il faut former et payer les personnes qui vont produire ce matériel didactique. À ce niveau, on pourra organiser des stages de formation des écrivains en langues camerounaises. Les stages de formation que va nécessiter l'enseignement des langues maternelles sont nombreux et divers : le stage de formation des superviseurs locaux, celui des moniteurs, les alphabétiseurs pour adultes... Tout cela va nécessiter des fonds qu'il est difficile de chiffrer maintenant. C'est devant chaque rubrique (fabrication du matériel didactique, formation des formateurs, publication des journaux en langues camerounaises, déplacements divers...) qu'on peut évaluer les coûts en connaissant le nombre de personnes qui y participent et la durée de l'opération. Étant donné que pour motiver les apprenants, il peut être utile de primer les meilleurs, cela aussi demande de l'argent. Mais pour ce faire, il faut au préalable connaître le nombre d'apprenants concernés. Ce qui est difficile à faire maintenant. Les personnes qui vont dispenser cet enseignement auront un salaire.

Dans le cadre de l'enseignement non formel, certaines infrastructures seront nécessaires : salles, chaises, bancs, craie.... Les déplacements des inspecteurs, des superviseurs et autres animateurs de l'enseignement doivent être assurés financièrement et matériellement. Pour la première année de la phase préparatoire, voici à titre indicatif un devis estimatif des dépenses financières pour les ministères qui seront immédiatement concernés par l'insertion des langues dans le système éducatif.

3.9.1.1- Le Premier ministère

PLAN D'ACTION du PREMIER MINISTÈRE

OBJECTIF SPÉCIFIQUE : Coordonner et orienter la promotion des langues nationales et du bilinguisme officiel.

ACTIVITES	RESULTATS ATTENDUS	INDICATEURS DE RÉSULTATS	PARTENAIRES	COÛT estimatif en Millions de FCFA
-Coordination des activités -Préparation et rédaction d'un texte sur la politique linguistique nationale	- Déclaration du gouvernement sur la politique linguistique nationale publiée - Proclamation de la loi sur les langues nationales	- Rapports des réunions - textes officiels sur la politique linguistique nationale disponibles	- Les Comités de langue - SIL - Institutions spécialisées - Représentants des ministères concernés.	
- Coordination des activités de promotion des langues nationales et du bilinguisme officiel. - Institution d'une semaine des langues nationales.	**Semaine des langues nationales célébrée dans diverses localités camerounaises**	- Patronage des festivités par le P.M - Diverses festivités - Diverses allocutions programmes prononcées - Discours circonstancié du Premier ministre	- SIL - CABTAL - Les comités de langue - Alliance Biblique Cameroun - ONG	200

3.9.1.2- Plan d'action MINEDUB

OBJECTIF SPÉCIFIQUE :

Intégrer les cultures et les langues nationales dans les programmes de l'éducation de base en harmonie avec les langues officielles.

ACTIVITÉS	RÉSULTATS ATTENDUS	INDICATEURS DE RÉSULTAT	PARTENAIRES	COÛT En millions de FCFA
Séminaires d'imprégnation des administrateurs scolaires (inspecteurs…)	Capacités des administrateurs scolaires renforcées	- Nombre de séminaires tenus - Rapports des séminaires disponibles	- Les Comités de Langue - Les secrétariats à l'éducation	
Stages de formation et de recyclage des enseignants	Enseignants de langues nationales compétents	Liste/Répertoire des enseignants participants recyclés disponible	- Les Comités de langue - SIL - les secrétariats à l'enseignement privé	
Élaboration des modules de formation dans les ENIEG Formation en didactique des LN.	Documents présentant les modules de formation en langues nationales dans les ENIEG élaborés	Documents contenant les modules de formation en langues nationales dans les ENIEG disponibles	- Les Comités de langues - SIL - Les secrétariats à l'enseignement privé	
Suivi et évaluation des expériences	Un modèle d'enseignement des langues établi	- rapports de mission - une proposition de plan d'intégration des langues	- Secrétariats à l'enseignement privé - les comités de langue	**160**

3.9.1.3- Plan d'action du MINESEC

OBJECTIF SPÉCIFIQUE :

Intégrer l'enseignement des langues nationales dans les programmes de l'enseignement secondaire.

ACTIVITÉS	RÉSULTATS ATTENDUS	INDICATEURS DE RÉSULTAT	PARTENAIRES	COÛT En millions de FCFA
Séminaires d'imprégnation des inspecteurs et des délégués Régionaux et départementaux	Capacités des inspecteurs et des délégués provinciaux et départementaux renforcées	- Nombre de séminaires tenus - Rapport des séminaires disponibles	- Les Comités de Langue - Les secrétariats à l'enseignement privé	
Évaluation des expériences d'enseignement en cours	État des lieux dressé	- Rapports de mission disponibles - Textes de propositions disponibles	- Les Comités de langue - Les secrétariats à l'enseignement privé	
Élaboration en atelier des programmes de formation dans les ENIET selon le modèle PROPELCA	Programmes de formation dans les ENIET élaborés	Documents de programmes de formation dans les ENIET disponibles	- Les Comités de langues - Les secrétariats à l'enseignement privé	140

3.9.1.4- Plan d'action du MINCULT

OBJECTIF SPÉCIFIQUE :

Développer, protéger et promouvoir les cultures et les langues nationales en général

ACTIVITÉS	RÉSULTATS ATTENDUS	INDICATEURS DE RÉSULTATS	PARTENAIRES	COÛT En millions de FCFA
Soutien à la production d'ouvrages pour l'enseignement oral et écrit des cultures et des langues nationales à l'école primaire	Un ou plusieurs livre(s) pour l'enseignement oral et écrit des cultures et langues nationales à l'école primaire publié(s)	Le(s) livre(s) pour l'enseignement oral et écrit des cultures et langues nationales à l'école primaire disponible(s)	- Les Comités de langue - SIL	
Contribution à l'établissement de la Bibliothèque	Bibliothèque des langues africaines établie et équipée	La Bibliothèque des langues africaines ouverte aux usagers	- Les Comités de langues - SIL	

		et fonctionnelle	- Institutions spécialisées (UNESCO…)	
des langues africaines				
Inventaire des langues nationales	Répertoire de la situation actuelle des langues nationales mis à jour	Annuaire des langues nationales à jour et disponible	- Les Comités de langue - SIL - CABTAL - les ONG	220

3.9.1.5- Plan d'action du MINRESI

OBJECTIF SPÉCIFIQUE : *Contribuer au développement des langues nationales et évaluer les pratiques de leur enseignement.*

ACTIVITÉS	RÉSULTATS ATTENDUS	INDICATEURS DE RÉSULTATS	PARTENAIRES	COÛT En millions de FCFA
Suivi et évaluation indépendante des approches pédagogiques	État des lieux établi	- Rapports d'évaluation disponibles	- Les Comités de langues - Les ministères chargés de l'Éducation - les responsables des établissements concernés	
Développement des langues non écrites : standardisation de base et modernisation	Monographies ou documents de référence : dictionnaires, grammaires, livrets didactiques publiés	Nombre de manuels/ouvrages disponibles en langues nationales jusque-là non écrites	- Les Comités de langues - SIL	140

3.9.1.6- Plan d'action du MINJEUN

OBJECTIF SPÉCIFIQUE :

Améliorer les conditions de vie des populations par l'alphabétisation.

ACTIVITÉS	RÉSULTATS ATTENDUS	INDICATEURS DE RÉSULTATS	PARTENAIRES	COÛT En millions de FCFA
Sessions de formation des cadres moyens et supérieurs en alphabétisation pour la pérennisation du PNA	Capacités des cadres supérieurs et moyens en alphabétisation renforcées	-Programme de formation -liste des participants -Attestation de stage	-Les Comités de langues CABTAL -Institutions spécialisées	
Session de formation des cadres du MINJEUN à l'élaboration des supports didactiques d'alphabétisation	Capacités des cadres du MINJEUN chargés de l'alphabétisation renforcées	-Liste des participants aux sessions de formation -Attestation de stage	-Les comités de langues -CABTAL -Institutions spécialisées	

| Soutien aux activités des partenaires | Capacités d'activités des partenaires renforcées | -Nombre de partenaires soutenus -Budget alloué aux partenaires | -UNESCO -UNICEF | |
| Évaluation des activités d'alphabétisation en cours | État des lieux établi | Rapport d'évaluation disponible | -UNESCO -UNICEF | **150** |

3.9.1.7- Plan d'action du MINESUP

OBJECTIF SPÉCIFIQUE : *Promouvoir l'enseignement des langues nationales dans l'Enseignement supérieur.*

ACTIVITÉS	RÉSULTATS ATTENDUS	INDICATEURS DE RÉSULTATS	PARTENAIRE	COÛT En millions de FCFA
Organisation des sessions d'harmonisation de l'enseignement des Langues Nationales (LN) dans les Universités d'État	Programmes harmonisés d'enseignement des langues nationales dans les universités d'État établis	- Nombre de réunions tenues - Rapports des sessions/réunions disponibles	- SIL - MINEDUB - MINESEC - MINRESI - Comités de Langues	
Séminaires Ateliers d'élaboration du programme de pédagogie des LN à l'ENS	Document de programme de pédagogie en langues nationales à l'ENS élaboré	- Nombre de sessions tenues - Rapports disponibles	Autres universités	
Évaluation des expériences en cours dans les universités d'État	Rapports sur l'amélioration des expériences en cours établis	-Rapports de Missions disponibles	-Université de Yaoundé I - ANACLAC	

3.9.1.8- Tableau récapitulatif

N°	Ministères	Montant en millions de FCFA
1	Premier ministère	200
2	MINEDUD	160
3	MINESEC	140
4	MINCULT	220
5	MINRESI	140
6	MINJEUN	150
7	MINESUP	200
8	**TOTAL**	**1.210**

La décision d'enseigner officiellement les langues nationales au Cameroun nécessite beaucoup de ressources financières, humaines et matérielles pour tous les ministères concernés. Il faudra environ **un milliard deux cents dix millions** pour la première année de lancement pour une meilleure implication des ministères le plus directement concernés.

Pour ce qui est des charges financières, il s'agit maintenant de montrer à quoi va servir cet argent. Au niveau du ministère de l'Enseignement supérieur (MINESUP) qui doit donner le ton, nous voyons trois volets essentiels qui vont nécessiter des fonds pour la préparation d'un début réussi de l'enseignement des langues nationales dans les universités et grandes écoles à savoir :

1- L'organisation de l'enseignement des langues nationales au niveau supérieur.
2- La promotion de la recherche.
3- L'évaluation du modèle existant.

Voilà trois domaines où le travail peut déjà commencer pour que l'enseignement des langues nationales puisse avoir plus d'engouement dans les structures dépendantes du MINESUP.

3.9.2- Quelques données financières de l'enseignement des langues nationales dans les Universités d'État et les Grandes Écoles

L'enseignement des langues nationales existe déjà dans deux universités du Cameroun : Université de Yaoundé I et Université de Dschang. L'Université de Douala étant encore à la phase préparatoire. Deux opérations s'imposent de nos jours. Il s'agit, dans un premier temps et dans l'immédiat d'harmoniser cet enseignement au niveau du contenu. Autrement dit, il faut que les différents enseignants s'asseyent pour arrêter les cours et leur contenu afin que la seule différence soit au niveau de la langue.

Deuxièmement, il faut organiser cet enseignement de façon continue, non seulement il ne devra plus s'arrêter, mais il doit aller de manière graduelle. Tout cela doit se faire sous la supervision administrative et pédagogique du ministère de l'Enseignement supérieur. Et cela nécessite de l'argent pour organiser les séminaires ainsi que les déplacements et pour financer la recherche.

- La Promotion de la recherche

Beaucoup de choses se font déjà sur le terrain pour l'enseignement des langues nationales officieusement dans le milieu rural et dans des établissements privés. Pour officialiser cet enseignement, il faut réaliser des travaux de recherche pour sortir de l'amateurisme. Le respect de ces langues impose qu'on prenne du temps pour concevoir un matériel didactique convenable et surtout former des formateurs dignes. Tout cela demande de la recherche et de l'argent.

- L'Évaluation

Le raisonnement à ce niveau est que le programme PROPELCA enseigne les langues officielles et les langues nationales dans des écoles. Mais il faut que le personnel du MINESUP se rende compte du travail fourni sur le terrain et qu'il puisse même se l'approprier.

Ces descentes sur le terrain et tout ce que cela va occasionner demanderont aussi un apport financier non négligeable.

Le ministère de l'Éducation de base et celui des Enseignements secondaires bénéficieront des travaux du MINESUP qui leur donnera de la matière.

Le Premier ministère peut superviser ce travail interministériel. C'est sûrement dans un tel cadre que l'ANACLAC (Association Nationale des Comités de Langues Camerounaises) aura à jouer un rôle irremplaçable par des conseils et des expertises de toutes sortes.

En bref, nous avons voulu seulement lever un pan de voile sur les rubriques de financement dont le ministère de l'Enseignement supérieur peut avoir besoin pour l'enseignement des langues nationales dans les universités et dans les grandes écoles.

Il reste seulement à mettre le chiffre à solliciter et à améliorer notre proposition en insistant sur la vive volonté et l'impatience du MINESUP à se mettre déjà au travail à son niveau pour appliquer la décision gouvernementale d'enseigner les langues nationales.

Présentons d'abord une proposition de programme d'activités pour le MINESUP avant d'évaluer le coût de ces activités pour le démarrage de l'enseignement des langues et cultures camerounaises dans les établissements universitaires.

Programme d'activités

Ce programme est présenté sous forme de rubrique :

1re rubrique : harmonisation de l'enseignement des langues nationales

Celle-ci comprend : la préparation des séminaires, la tenue des séminaires et le suivi.

2e rubrique : la recherche complémentaire

Il s'agit ici de l'évaluation des activités de recherche en cours et du soutien financier aux activités de recherche complémentaire.

3e rubrique : évaluation de la pratique en cours dans le secondaire et le primaire avec la participation du MINESEC et du MINEDUB.

Elle concerne l'évaluation au Secondaire et au Primaire, les descentes sur le terrain, l'analyse des données et les rapports. Tout doit être prévu en détail dans ces activités pour leur bon déroulement. Lors des réunions préparatoires, il faut penser aux déplacements aller et retour des participants, aux rafraîchissements ainsi qu'au matériel du travail (bloc note, stylo, document de travail, projet d'ordre du jour...).

Nous sommes dans un pays officiellement bilingue. Mais ce n'est pas chaque participant qui sera parfaitement bilingue, voilà pourquoi il faut prévoir la **traduction**. De même la production et la distribution du rapport final doivent être financièrement prévues dans les activités du suivi. La couverture médiatique ne peut pas être oubliée pour donner aux réunions l'ampleur nationale qu'elles méritent. Le cachet des journalistes doit être honoré d'après la catégorie de chacun au risque de n'avoir aucun écho médiatique de l'évènement.

Voici à présent quelques données chiffrées pour l'organisation des différents séminaires, ateliers et conférences dans certains hôtels de la place.

Location des salles, les Repas et le Logement, la monnaie est le Franc CFA.

PALAIS DES CONGRES
Location des salles
400 places 775. 125 F TTC par jour
300 places 500.000 F TTC par jour
100 places 310.000 F TTC par jour
50 places 155.000 F TTC par jour

Les Repas
Petit Déjeuner 2.000 F par personne
Pause-café 2.385 F par personne
Déjeuner et Souper 5.265 F par personne
Possibilité d'avoir le couvert et tout le mobilier sur place.
Le grand hall :
La moitié du Grand Hall 1.500.000 F par jour

HÔTEL HILTON
Location des salles
- salle en théâtre 300. 000 F
- salle en « U » 700.000 F
- salle avec table pour 2 ou 3 personnes 3.000.000 F

Les Repas

a) Petit Déjeuner 9.900 F TTC par personne

b) Pause café tradition 3.000 F TTC par personne

c) Déjeuner ou dîner 15.000 F TTC par personne (en version buffet).

d) Buffet + 1/3 d'eau minérale + un jus 17. 500 F TTC par personne.

Le Logement

- 1 Chambre standard (single) 72. 743 F TTC par nuitée

- 1 Chambre double 84. 668 F TTC par nuitée (avec deux petits déjeuners).

N.B : Pas moins de 30 % à la réservation et la totalité se paie 48 h avant l'événement.

HÔTEL LE PROGRÈS

- Location des salles

Une salle de réunion de 50 places (prix à négocier sur place).

- Les Repas

Déjeuner et dîner de 8.000 F à 12. 000 F

- Le Logement
- 1 Chambre single : - avec douche 20. 800 F
- avec baignoire 22. 900 F
- Appartement 28. 300 F
- Grande Chambre à deux lits 30. 500 F

NB : Prix intégrant 01 PDC

Déposit : 40. 000 F

La capacité est de 32 places.

Le Transport

- par Train : Wagon-lit pour le Grand Nord 25 000 F x 2 (aller et retour) soit 50.000 F par personne.
- par Avion : Garoua 120.000 F TTC par personne

Maroua 150. 000 F TTC par personne

Les participants des autres régions du Cameroun prennent les moyens de transport en commun et apportent la preuve de leur dépense.

Tous ceux qui viennent en dehors de Yaoundé sont logés dans un Hôtel à 3 étoiles comme le Prestige Hôtel. Mais s'il y a un Professeur de rang magistral, il est logé dans un Hôtel à 4 étoiles.

Le Séminaire étant un échange de savoir et de savoir-faire entre des gens de même niveau. La justification du projet est l'œuvre du comité d'organisation.

Pour 50 Personnes qui interviendront, il faut à peu près 10.000.000 F (dix millions de francs) comme budget. Le stage regroupe deux catégories de personnes : les formateurs et les participants. Il y a le personnel recruté sur tâche : ils produisent le document et dispensent le savoir et savoir-faire. Un forfait, c'est-à-dire le per diem ou DSA (daily subsistance amount) est indispensable. Il y a le cachet pour la préparation de la communication, les stages et les stagiaires. Cependant, il faut noter que si la localité des stages est modeste, le per diem des stagiaires aussi est modeste.

Les stages PROPELCA coûtent à peu près 8.000.000 FCFA par an (environ une quinzaine). Le per diem établi par la réglementation est de 40.000 F par jour pour les personnalités comme des professeurs de rang magistral. Pour toutes les autres dépenses, il faut des pièces justificatives. Une liste comportant la signature de perception de l'argent sera nécessaire. Il faut particulièrement veiller sur la documentation qui peut aussi se faire par Internet avec le téléchargement.

Quant au matériel didactique, sa conception, sa production et sa distribution nécessitent beaucoup d'opérations qui se suivent. Tout commence par la recherche linguistique qui aboutit au développement et à la production des manuscrits. Vient ensuite l'impression expérimentale, c'est une production limitée des manuels pour un premier test sur le terrain. Après une évaluation des résultats, la correction du texte ouvrira à une utilisation limitée des documents ainsi produits. Après les aménagements nécessaires, on aboutit alors à la finalisation des documents, à leur impression et à leur distribution. Il ne faut pas oublier de prévoir le suivi des opérations sur le terrain et les évaluations qui en résultent. Il faut pour cela, comme nous l'avons déjà souligné, une structure centrale de coordination de toutes ces activités pour leur donner non seulement une cohérence, mais aussi, et surtout une âme afin que tous ceux qui œuvrent dans le domaine de la promotion, de l'enseignement et du développement des langues camerounaises soient animés d'un même esprit.

Pour information, un manuel illustré de 100 pages en 500 exemplaires coûtera environ 600.000 F (Six cent mille FCFA), en noir et blanc. Les descentes sur le terrain servent à l'observation, la collecte des données, les analyses et la production d'un rapport. Un séminaire qui regroupe une trentaine de personnes coûtera à peu près 800.000 F (huit cents mille francs) pour un jour à Yaoundé dans un Hôtel de trois étoiles. Les imprévus et les divers se chiffrent entre 5 et 10 %.

Si le ministère de l'Enseignement supérieur veut s'impliquer plus sérieusement dans l'insertion des langues nationales dans les universités d'État comme semble le souhaiter le gouvernement, il y a quelque chose comme 20. 000.000. FCFA (Vingt Millions de FCFA) à préparer pour les stages de recyclage des maîtres formés pendant les stages PROPELCA, organiser les séminaires qui s'imposent et au moins deux descentes sur le terrain pour la vingtaine de spécialistes dans le primaire et le secondaire.

À côté de ces stages et ces réunions de toutes sortes, il faut produire le matériel didactique de qualité pour tous les niveaux d'enseignement dans les universités. Le salaire de toutes les personnes qui seront mobilisées pour ce nouvel enseignement doit être pris en compte avant le démarrage de l'enseignement en question.

3.9.3- Les modalités d'établissement des coûts pour l'insertion des langues camerounaises dans le système éducatif

Deux stratégies s'ouvrent aux décideurs gouvernementaux pour la Constitution du budget pour l'insertion des langues camerounaises dans le système éducatif : une *étude budgétaire ou une dotation financière*.

3.9.3.1- Une étude budgétaire

Pour connaître avec plus de précisions l'enveloppe budgétaire à allouer à l'insertion des langues camerounaises dans le système éducatif, la meilleure manière de s'y prendre est de commander une étude pour cela auprès des personnes ou des institutions compétentes. Cette étude peut se faire de plusieurs manières différentes, soit-elle se fait par ministère, alors on aura autant d'études que de ministères concernés, quitte à faire la somme des montants totaux à la fin, soit le gouvernement demande une étude unique générale qui prenne en compte toutes les données du problème. Les deux procédures sont possibles, mais la deuxième semble plus économique.

Voici d'ailleurs la proposition d'une étude des coûts de l'insertion des langues camerounaises dans le système éducatif que nous avons conçu en partant des Régions et en répartissant la structure des coûts en cinq postes qui nous paraissent les plus déterminants à savoir :

1- La standardisation des langues ;
2- L'élaboration des programmes de formation ;
3- La formation des formateurs ;
4- La prise en charge des formateurs ;
5- Le coût des supports didactiques ;
6- Le coût de la structure de coordination.

Voyons ce que recouvre chacune de ces rubriques.

3.9.3.1.1- Le coût de la standardisation d'une langue camerounaise

Le gouvernement se propose d'insérer officiellement les langues camerounaises dans le système éducatif national. Les langues qui seront introduites dans l'enseignement doivent être écrites. On peut définir la standardisation comme le processus scientifique de la mise par écrit d'une langue sans écriture. C'est la promotion des langues normalisées qui ont été mises par écrit en tenant compte des pratiques langagières hors de la communauté étroite des spécialistes à l'usage d'un large public.

La mise par écrit d'une langue sans écriture a un coût, lorsqu'on veut le faire de façon scientifique.

Le travail de mise par écrit d'une langue sans écriture qui peut prendre deux ans à un chercheur qui se mobilise pour cela. Ce travail comporte plusieurs rubriques de dépense. Il y a d'abord la prise en charge de ce chercheur qui passera un an et demi sur le terrain et il a besoin du matériel de travail. Il se déplacera sur le terrain de l'aire linguistique choisi, mais il devra aussi voyager plus loin notamment pour son recyclage et les nécessités de son *mentoring*. Ce chercheur sera lui-même encadré par des spécialistes qui vont superviser son travail. Pour le succès de l'opération, une sensibilisation du public et surtout des locuteurs de la langue concernée est nécessaire. Le travail se termine par la publication des documents où il faut distinguer les dépenses pour l'édition de celles de l'impression.

Voici une estimation du coût des rubriques financières relatives à la standardisation d'une langue camerounaise.

1- La prise en charge du chercheur

N°)	Désignation	Prix unitaire	Montant annuel	Total sur 2 ans en FCFA
1	Subsistance du chercheur	100 000 F	1 200 000 F	2 400 000 F
2	Assurance maladie		250 000 F	500 000 F
3	Transport local	20 000 F	240 000 F	480 000 F
4	Logement sur le terrain	15 000 F	180 000 F	270 000 F
5	Transport inter urbain		250 000 F	500 000 F
6	Informateur de référence	20 000 F	240 000 F	480 000 F
7	Forfait pour les informateurs occasionnels		200 000 F	400 000 F
	TOTAL			**5 030 000 F**

2- Le coût du matériel du chercheur

N°)	Dénomination	Prix en FCFA
1	1 Ordinateur portatif	800 000 F
2	1 Enregistreur numérique	75 000 F
3	1 Caméra numérique	350 000 F
4	Des fournitures consommables : 15 000 F x 12 mois x 2 ans	360 000 F
5	Autres	250 000 F
	TOTAL	**1 835 000 F**

3- Le recyclage des chercheurs

La linguistique étant étroitement liée à la politique et à l'économie, pour des raisons économiques, au lieu d'un seul chercheur, nous proposons de recycler dix chercheurs à la fois, et pour des considérations politiques de les choisir par région suivant la langue dominante de la Région. Ce recyclage dure cinq jours et a lieu une fois par an et il est animé par deux spécialistes. Pour l'ouverture et la clôture de ces formations, il est de bon ton d'inviter les médias ainsi que les autorités administratives, traditionnelles, religieuses et militaires afin de donner à la formation le cachet national qui lui revient et aussi pour sensibiliser les différentes couches de la population à la promotion et au développement des langues nationales. Deux cocktails seront prévus à cet effet, un à l'ouverture et un autre lors de la clôture.

Coût du recyclage pour dix chercheurs

N°)	Intitulé	Prix unitaire	Prix annuel	Montant Total
1	Indemnité des formateurs	150 000 F x 2	300 000F x 2	600 000 F
2	Invités pour le cocktail	1500F x 50	75 000 F x 4	300 000 F
3	Couverture médiatique	150 000 F	300 000F x 2	600 000 F
4	Pause-café	1 500 F x 12	18 000 x 5 x2	90 000 F
5	Location des salles	100 000 F x 5	500 000F x 2	1 000 000 F
	TOTAL			**2 590 000 F**

4- Le Mentoring, l'encadrement par des spécialistes et la supervision

Le chercheur doit être suivi sur le terrain par un spécialiste qui dirige et supervise son travail en qualité de *mentor*. Des dépenses sont liées à ce travail de direction de la recherche. Le superviseur réalise dix missions de cinq jours chacune et son per diem est de 40 000 (quarante mille francs) CFA.

N°)	Désignation	Prix unitaire	Prix annuel	Montant
1	Indemnité du Superviseur	50 000 F/mois	600 000 F	1 200 000 F
2	Missions de supervision	40 000F x 5 x 10	2 000 000 Fx 3	6 000 000 F
3	Transport (sans avion)	100 000 F	200 000 F x 3	6 000 000 F
4	Logement	20 000F x 5 x 10	1 000 000F x 3	3 000 000 F
	TOTAL			**10 200 000 F**

5- La Sensibilisation

Dans la mesure du possible, il est utile de maximiser les possibilités de sensibiliser le grand public aux activités visant la promotion des langues camerounaises par des banderoles, des dépliants, des T-shirts et des gadgets de toutes sortes. Une animation culturelle par des danses folkloriques avec des instruments de musique traditionnelle peut aussi rehausser l'éclat des manifestations et attirer l'attention de l'homme de la rue. Des cérémonies religieuses ne sont pas à négliger étant donné que la religion fait partie de la culture et qu'une messe, une prière œcuménique ou toute autre manifestation religieuse peuvent participer au plein succès du développement des langues nationales.

Mais nous ne pouvons pas chiffrer le coût des dépenses qui peuvent être occasionnées par toutes ces activités de sensibilisation pour le recyclage des chercheurs, car ces dépenses peuvent être très variables. Tout dépend des possibilités financières des organisateurs.

6- La Publication des travaux

Les travaux du chercheur doivent être publiés, sinon il aura travaillé en vain. Nous distinguons ici les dépenses liées à l'édition des manuscrits et celles concernant leur impression.

Le coût de l'édition des ouvrages pédagogiques en langues camerounaises

N°)	Nom du livre	Prix unitaire en FCFA
1	Abécédaire	300 000 F
2	Livret d'alphabétisation	300 000 F
3	Syllabaire	1 000 000 F
4	Post-Syllabaire	500 000 F
5	Manuel de transition	500 000 F
6	Livre de calcul	300 000 F
7	Dictionnaire/Lexique bilingue	800 000 F
	TOTAL	**3 700 000 F**

C'est à partir de ces données sur le prix d'édition des livres en langues camerounaises que l'on peut calculer le coût d'impression de ces livres. Il suffit pour ce faire de connaître le nombre de livres que l'on veut produire.

Récapitulatif du coût de la standardisation d'une langue camerounaise

N°)	Désignation	**Montant en FCFA**
1	Prise en charge du chercheur	5 030 000 F
2	Le coût du matériel de recherche	1 835 000 F
3	Le coût du recyclage de dix chercheurs	2 590 000 F
4	Le coût de la supervision	10 200 000 F
5	Le coût de l'édition	3 700 000 F
	TOTAL	**23 355 000 F**

Après avoir produit les livres en langues camerounaises, il faut alors élaborer les programmes d'enseignement pour le bon usage de ces livres et cela a aussi un prix.

3.9.3.1.2- Le coût de l'élaboration des programmes de formation

Pour élaborer les programmes de formation, nous proposons un atelier de cinq jours par Région. Comme participants à cet atelier, deux personnes sont invitées pour chaque niveau d'enseignement : primaire, secondaire, supérieur, ce qui fait six personnes. En plus de celles-ci, on invitera quatre personnes d'appui. On ajoutera les autorités civiles, religieuses et traditionnelles et un ou deux agents de sécurité. Nous avons ainsi un total de quinze participants par atelier régional. Chacune de ces personnes reçoit 100.000 (cent mille) FCFA de per diem comprenant nutrition et hébergement, d'où un total de 1.500.000 (un million cinq cent mille) FCFA par jour et par Région. La dépense totale s'élève à 15.000.000 (quinze millions) de FCFA sur les dix Régions que compte le Cameroun. Les autres dépenses dans cette rubrique concernent : les frais de transport, les frais de communication (radio, télévision, presse écrite), la sensibilisation hors médias (banderoles, affiches, lettres d'invitation, téléphone…), logistique, secrétariat (fournitures de bureau, et les frais de production des rapports…). Précisons que pour réduire les dépenses et en même temps assurer la médiatisation de l'évènement, les médias sont invités deux fois officiellement : à l'ouverture et à la clôture.

Tableau n° 12 : le coût des ateliers régionaux pour l'élaboration des programmes de l'enseignement des langues et cultures camerounaises

N°)	Rubrique	Prix unitaire	Quantité	Montant en FCFA
1	Sensibilisation	500.000 F	10	5.000.000 F
2	Communication			
	- radio	25. 000 F	5 x 2	250.000 F
	- télévision	50.000 F	5 x 2	500.000 F
	- presse	25.000 F	5 x 2	250.000 F
3	Transport	50.000 F	15	750.000 F
4	Per diem	100.000 F	15	1.500.000 F
5	Secrétariat	600.000 F	Forfait	600.000 F
	TOTAL par Région			**8.850.000 F**
	TOTAL/dix régions	8.850.000 F	10	**88.500.000 F**

À la fin des travaux, chaque Région sort un avant-projet de programme de formation selon chaque niveau d'enseignement. Après cela, on peut alors organiser un atelier national ayant pour objectif d'harmoniser ces avant-projets élaborés au niveau des Régions. Il est retenu six représentants par Région à raison de deux représentants par niveau d'enseignement et quatre représentants de la société civile et traditionnelle, ce qui donne dix personnes par Région pour l'atelier au niveau national. Le travail se fait ici en trois jours à Yaoundé, la capitale. Il est donné à chaque participant 100.000(cent mille) FCFA de per diem. On doit aussi prévoir les frais de production, de diffusion et de vulgarisation des programmes ainsi obtenus partout où cela est nécessaire en commençant par les différents ministères directement concernés : MINEDUB, MINESEC et MINESUP.

Tableau n° 13 : le coût de l'atelier national pour l'harmonisation des programmes régionaux

N°)	Rubriques	Prix unitaire	Quantité	Montant en FCFA
1	Sensibilisation	500.000 F		500.000 F
2	Communication - radio - télévision - presse écrite	 25. 000 F 50.000 F 25.000 F	 5 x 2 5 x 2 10 x 2	 250.000 F 500.000 F 500.000 F
3	Transport	100.000 F	10 x 10	10.000.000 F
4	Per diem	100.000 F	10 x 10 x 3	30.000.000 F
5	Secrétariat	1. 600.000 F	Forfait	1. 600.000 F
6	Production et Diffusion des programmes			5.000.000 F
7	Imprévus			500.000 F
	TOTAL			**42.850.000 F**

Tableau n° 14 : Récapitulatif pour l'élaboration des programmes

N°)	Rubrique	Montant en FCFA
1	Ateliers régionaux	88.500.000 F
2	Atelier national	42.850.000 F
	TOTAL	**131.350.000 F**

3.9.3.1.3- Le Coût de la formation des formateurs

- Au niveau de l'enseignement primaire

En fixant le salaire d'un enseignant formateur à l'ENI (École Normale d'Instituteurs) à 180.000 (cent quatre-vingts milles) FCFA par mois, et comme, la formation dure dix-huit mois (deux années scolaires), la masse salariale totale d'un enseignant à l'ENI est de 3.240.000 (trois millions deux cent quarante mille) FCFA pendant cette période. Si nous considérons que cette formation est donnée à 60 (soixante) élèves instituteurs, la formation d'un élève instituteur coûterait 54.000 (cinquante-quatre mille) FCFA par enseignant, et si nous avons trois enseignants par élève instituteur cette somme est multipliée par trois. En fin de compte, la formation d'un instituteur coûte 162.000 (cent soixante-deux mille) FCFA. L'encadreur devra recevoir une indemnité qui peut s'élever à 25.000 (vingt-cinq mille) FCFA par mois et en dix-huit mois cela donne 450.000 (quatre cent cinquante mille) FCFA, en divisant cette somme par les soixante élèves instituteurs, l'encadreur reçoit 7.500 (sept mille cinq cents) FCFA par personne. Nous avons estimé la prise en charge de chaque élève instituteur à 5.000 (cinq mille) FCFA par mois, en dix-huit mois nous avons 90.000 (quatre-vingt-dix mille) FCFA par instituteur pour les deux ans de formation.

En additionnant tous les coûts, la formation d'instituteur de l'école primaire reviendrait à 304.500 (trois cent quatre mille cinq cents) FCFA pendant deux ans à l'ENI. Si l'on veut former 1000 (mille) instituteurs, on multiplie tout simplement cette somme par mille. Dans ces estimations, c'est la démarche qui est déterminante, les montants en argent peuvent changer, à ce moment-là, il suffit d'insérer les nouveaux montants tout en gardant la même démarche pour aboutir au résultat escompté. Visualisons cela dans le tableau suivant :

Tableau n° 15 : les coûts de la formation des formateurs en langues camerounaises dans l'Enseignement primaire

N°)	Désignation	Prix unitaire	Quantité	Montant en FCFA
1	Formation	54.000 F	3	162.000 F
2	Indemnité/Encadreur	7.500		7.500 F
3	Prise en charge	5.000 F	18	90.000 F
4	Fournitures	45 000 F		45.000 F
	TOTAL 1			**304.500 F**
	TOTAL 2	304.500 F	1.000	**304.500.000F**

En ce qui concerne l'enseignement secondaire, nous estimons que la formation des enseignants des lycées et collèges se réalise en trois ans dans un premier temps, quitte à revenir sur les bancs après quelques années de service sur le terrain. Ce sont ces trois premières années de formation dont nous allons calculer les coûts ici. Si nous prenons le salaire d'un enseignant ici à 250.000 (deux cent cinquante mille) FCFA par mois, en 36 mois, un enseignant reçoit 9.000.000 (neuf millions) FCFA. S'il encadre 60 étudiants, un étudiant revient à 150.000 (cent cinquante mille) FCFA. En considérant qu'un étudiant est suivi par exemple par 5 (cinq) enseignants, la somme ci-dessus est multipliée par cinq, ce qui donne 750.000 (sept cent cinquante mille) FCFA. Comme indemnité d'encadrement, nous l'estimons aussi à 25.000 (vingt-cinq mille) FCFA par mois pour l'encadreur qui est le responsable de l'établissement en l'occurrence ici l'École Normale Supérieure. En 36 (trente-six) mois, son indemnisation coûtera 900.000 (neuf cent mille) FCFA. Sur un total de soixante étudiants, l'indemnité de l'encadreur est de 15.000 (quinze mille) FCFA par étudiant pour les trois ans, soit 5.000 (cinq mille) FCFA par an. La prise en charge et l'hébergement sont de 5000 (cinq mille) FCFA par étudiant et par mois, d'où la somme de 135.000 (cent trente-cinq mille) FCFA par étudiant pour les 27 mois équivalents à trois années de formation académiques. En prenant les coûts des fournitures et autres consommables à 150.000 (cent cinquante mille) FCFA par mois, en 27 mois. Les fournitures et les autres consommables coûteront 4.050.000 (quatre millions cinquante mille) FCFA, soit 67.500 (soixante-sept mille cinq cents) FCFA par étudiant en trois ans pour un total de 60 (soixante) étudiants, ou 22.500 (vingt-deux mille cinq cents) FCFA par an et par étudiant. En tenant compte de tous ces coûts, la formation d'un enseignant des collèges revient à 967.000 (neuf cent soixante-sept mille) FCFA, il faut alors 967.000.000 (neuf cent soixante-sept millions) pour la formation de 1.000 (mille) enseignants du secondaire comme le montre le tableau ci-dessous :

Tableau n° 16 : les coûts de la formation des enseignants des langues camerounaises dans l'Enseignement secondaire

N°)	Désignation	Prix unitaire	Quantité	Montant en FCFA
1	Formation	150.000 F	5	750.000 F
2	Indemnité/Encadreur	5.000 F	3	15.000 F
3	Prise en charge	5.000 F	27	135.000 F
4	Fournitures	22.500 F	3	67.500 F
	TOTAL 1		1	**967.000 F**
	TOTAL 2	967.000 F	1000	**967.000.000F**

Remarque :

Pour les enseignants des universités qui sont les formateurs dans l'enseignement supérieur, nous ne pouvons pas calculer ici les coûts de leur formation, car celle-ci n'est pas aussi systématique comme celle des enseignants du secondaire et du primaire.

Tableau n° 17 : récapitulatif des coûts de la formation des formateurs en langues camerounaises du primaire et du secondaire

n°	Niveau d'enseignement	Prix unitaire	Quantité	Montant en FCFA
1	Primaire et Maternel	304.500 F	1000	304.500.000 F
2	Secondaire	967.000 F	1000	967.000.000 F
	TOTAL			**1.171.500.000 F**

3.9.3.1.4- La prise en charge des formateurs en langues camerounaises

Les instituteurs et les institutrices qui s'occupent de l'éducation des enfants à l'école primaire et à la maternelle doivent être payés ainsi que les enseignants des lycées et collèges et ceux de l'enseignement supérieur. Leur masse salariale doit être évaluée. C'est ce que nous avons appelé : **la prise en charge des formateurs.**

En considérant les trois niveaux d'enseignement à savoir le primaire qui inclut la maternelle, le secondaire et le supérieur. Nous allons fixer la solde de base des enseignants des langues et cultures nationales à partir de l'indice 370 dans la catégorie B1 de la fonction publique, ceci pour encourager ceux qui vont s'engager dans ce nouveau type d'enseignement. Nous présentons dans le tableau suivant la grille des salaires que nous proposons pour les enseignants des langues et cultures camerounaises. Le barème indiciaire dont nous nous sommes servi est celui qui est en vigueur depuis l'an 2000 et qui se trouve en annexe de ce travail.

Tableau n° 18 : les salaires bruts proposés pour les enseignants des langues camerounaises

N°	Niveau d'enseignement	Catégorie	Indice	Solde brute en FCFA
1	Primaire et Maternel	B1	370	125.000 F
2	Secondaire	A1	740	180.000 FCFA
3	Supérieur	A2	1140	250.000 FCFA

Les tableaux suivants en donnent les chiffres.

Tableau n° 19 : les coûts de la prise en charge des enseignants des langues camerounaises à la maternelle et au primaire

n°	Désignation	Prix unitaire	Quantité	Montant en FCFA
1	Salaire mensuel	125.000 F	12 mois	1.500.000 F
2	Salaire annuel pour mille Enseignants	1.500.000 F	1.000	1.500.000.000 F

Tableau n° 20 : les coûts de la prise en charge des enseignants des langues camerounaises au Secondaire

N°)	Désignation	Prix unitaire	Quantité	Montant en FCFA
1	Salaire mensuel	180.000 F	12 mois	2.160.000 F
2	Salaire pour mille enseignants	2.160.000 F	1000	2.160.000.000 F

Tableau n° 21 : les coûts de la prise en charge des enseignants des et/en langues camerounaises dans l'Enseignement supérieur

N°)	Désignation	Prix unitaire	Quantité	Montant en FCFA
1	Salaire mensuel	250.000 F	12	3.000.000 F
2	Salaire pour cent enseignants	3.000.000 F	100	300.000.000 F

Remarque :

L'enseignement supérieur n'aura pas besoin d'autant d'enseignants que l'enseignement secondaire et primaire, c'est la raison pour laquelle nous ne prévoyons pour le moment que le salaire pour 100 (cent) enseignants à ce niveau. Ce chiffre sera revu à la hausse ou à la baisse dès qu'on saura effectivement où seront enseignées langues et cultures camerounaises dans le supérieur.

Tableau n° 22 : récapitulatif de la prise en charge des enseignants des langues camerounaises de la Maternelle jusqu'à l'Université

n°	Niveaux d'enseignement	Salaires mensuels	Quantité	Montants en FCFA
1	Primaire et Maternel	125.000 F	1000	1.500.000.000 F
2	Secondaire	180.000 F	1000	2.160.000 F
3	Supérieur	250.000 F	100	300.000.000 F
	TOTAL			**3.960.000.000 F**

3.9.3.1.5- Le Coût des supports didactiques

Pour l'enseignement des langues et cultures camerounaises, les supports didactiques sont répartis par niveau d'étude. Nous allons nous attarder ici sur la Maternelle, le Primaire et le Secondaire. Nous n'aborderons pas les coûts des manuels didactiques en langues et cultures camerounaises en ce qui concerne l'enseignement supérieur, la réforme universitaire (LMD) étant encore assez récente pour se prononcer avec précision sur ce sujet à notre niveau.

- À la Maternelle

Au niveau de la maternelle, la situation est très simple, il y a un seul livre : le **Pré syllabaire**, pour toutes les langues camerounaises et qui existe en version francophone et en version anglophone. Ce manuel apprend à l'enfant entre autres choses, à dessiner en vue de la formation des lettres.

- À l'École Primaire

Nous avons ici plusieurs ouvrages didactiques. Selon les propositions du PROPELCA, l'enseignement des langues nationales à l'école primaire doit se

réaliser en deux étapes. La première étape va de la SIL (Section d'Initiation au Langage) jusqu'au CE1 (Cours Élémentaire 1re Année). Ici la langue camerounaise est utilisée comme **langue d'enseignement** et elle emploie les supports didactiques suivants :
- le syllabaire, 1 et 2
- le livre de calcul 1 et 2
- le livre de transition

À partir du CE2 (Cours Élémentaire 2e année), l'élève intègre le cycle normal, la langue camerounaise qu'il étudiait devient une **matière d'enseignement** alors que la langue officielle, français pour les francophones et anglais pour les anglophones, devient la langue d'enseignement. Les manuels didactiques en langues camerounaises à ce niveau sont :
- le post-syllabaire (et le syllabaire 3 si nécessaire)
- le livre de calcul 3

Nous avons donc à peu près huit manuels didactiques pour la Maternelle et le Primaire. Sachant que chaque livre PROPELCA coûte environ 2.000 (deux mille) FCFA à ce niveau, la somme totale à débourser pour tout le cycle du Primaire est de 16.000 (seize mille) FCFA par élève.

Tableau n° 23 : les coûts des supports didactiques en langues camerounaises dans l'enseignement primaire et maternel

Désignation	Prix unitaire	Quantité	Montant en FCFA
Supports didactiques	2.000 F	8	16.000 F
Total	16.000 F	1000	16.000.000 F

- **Au niveau du Secondaire**

Les manuels didactiques sont aussi répartis ici en deux groupes selon les cycles. Au premier cycle, il y a cinq supports programmés :
- l'alphabet général des langues camerounaises ;
- le livre des conversations ;
- le livre de lecture multiculturel ;
- le livre de la culture ;
- les fiches provisoires de phonétique pratique.

Pour ce qui est du second cycle du secondaire, l'enseignement des langues camerounaises n'y est pas encore opérationnel, mais quand cet enseignement commencera à ce niveau, nous prévoyons au moins deux ouvrages :
- un livre de grammaire (pour l'étude de la langue) ;
- un livre de littérature (pour l'étude de la littérature et de la culture en ce qui concerne la langue en question).

Il faut signaler que ces deux derniers ouvrages n'existent pas encore. Nous aurons donc en fin de compte un ensemble de sept manuels didactiques au secondaire. En évaluant le prix d'un livre PROPELCA à 3.000 (trois mille) FCFA à ce niveau, le prix total s'élève à 21.000 (vingt et un mille) FCFA par élève (pour celui qui arrive effectivement en fin du secondaire en étudiant les langues camerounaises. D'où le tableau suivant :

Tableau n° 24 : les coûts des supports didactiques en langues et cultures camerounaises au Secondaire

Désignation	Prix unitaire	Quantité	Montant en FCFA
Supports didactiques	3.000 F	7	21.000 F
TOTAL	**21.000 F**	**1000**	**21.000.000 F**

Tableau n° 25 : récapitulatif des coûts des supports didactiques pour mille élèves au primaire et mille élèves au Secondaire

n°	Niveau d'enseignement	Prix unitaire	Quantité	Montant en FCFA
1	Primaire et Maternel	16.000 F	1.000	16.000.000 F
2	Secondaire	21.000 F	1.000	21.000.000 F
	TOTAL			**37.000.000 F**

3.9.3.1.6- Coût de la structure de coordination

Une structure de coordination est indispensable pour l'insertion des langues et cultures camerounaises dans le système éducatif national. Cette structure nécessite des moyens humains, matériels et financiers pour fonctionner. Autrement dit, il faudra pour le bon fonctionnement de cette structure : un personnel salarié, du matériel informatique, du matériel roulant, des locaux... Nous voulons donner ici les estimations pour les dépenses les plus nécessaires au niveau minimal. En ce qui concerne le personnel, il faut un **coordinateur** et au moins **trois adjoints** à cause de la diversité des langues et de l'étendue nationale du projet. La structure devra avoir au moins, un(e) **secrétaire**, un **chauffeur**, du personnel d'appui (**gardien, agent d'entretien**...) un **véhicule** tout terrain, du matériel de bureau et une **dotation en carburant**... Voyons combien cette structure peut coûter en un an.

Tableau n° 26 : le coût de la structure de coordination de l'enseignement des langues et cultures camerounaises

N°)	Désignation	Prix unitaire	Quantité	Montant en FCFA
1	Salaire du Coordinateur	500.000 F	12	6.000.000 F
2	Salaire des Adjoints	300.000 F	12 x 3	10.800.000 F
3	Salaire Secrétaire	100.000 F	12	1.200.000 F
4	Salaire Chauffeur	75.000 F	12	900.000 F
5	Personnel d'appui	50.000 F	12 x 4	2.400.000 F
6	Matériel informatique			12.500.000 F

7	Fournitures de bureau			1.200.000 F
8	Dotation carburant	75.000 F	12 x 4	3.600.000 F
9	Un véhicule tout terrain	Forfait		20.000.000 F
10	Location Immeuble	1.000.000 F	12	12.000.000 F
11	Imprévus			5.000.000 F
	TOTAL			**75.600.000 F**

Tableau n° 27 : Récapitulation générale

N°	Désignation	Montant en FCFA
1	Élaboration des programmes pour tout le système	131.350.000 F
2	Formation des formateurs (primaire et secondaire)	1.171.500.000 F
3	Prise en charge des formateurs dans tout le système	3.960.000.000 F
4	Coût des supports didactiques (primaire et secondaire)	37.000.000 F
5	Coût de la structure de coordination	75.600.000 F
	TOTAL	**5.375.450.000 F**

Si le gouvernement opte pour une étude budgétaire pour savoir combien va coûter avec précision l'insertion des langues camerounaises dans le système éducatif, voilà le genre d'investigation qui doit être fait. C'est la manière la plus courante dans le domaine financier : l'établissement des budgets. Et il est difficile, quoique possible, de réaliser cette insertion sur toute l'étendue du territoire national avec moins de **5.000.000.000 (cinq milliards) FCFA**. Car, pour arriver au chiffre de 5.375.450.000 FCFA que nous avons obtenu plus haut, nous nous sommes limité à 1000 (mille) élèves dans le primaire et le secondaire alors qu'il y a en plus. Le seul secteur de l'enseignement privé catholique compte près de 350.000 (trois cent cinquante mille) élèves, primaire et secondaire confondus. Le primaire a plus de trois millions d'élèves. Mais ne sachant pas encore combien d'élèves seront concernés par l'enseignement des langues et cultures camerounaises au lancement de l'expérience, nous ne pouvions pas être plus précis. Quand le gouvernement dira combien d'établissements seront concernés par cet enseignement, il sera plus aisé de faire des calculs à tous les niveaux à ce moment-là. De même nous nous sommes limité à la formation de 1000 (mille) enseignants dans le primaire comme dans le secondaire pour les mêmes raisons de notre ignorance du nombre exact d'enseignants à former par niveau d'étude.

Mais, pour aller assez vite dans le financement de l'insertion des langues et cultures camerounaises dans le système éducatif du pays, les détenteurs du pouvoir peuvent aussi décider d'attribuer aux ministères concernés une dotation financière afin de lancer l'expérience et l'évaluation à la fin de l'année permettra de savoir si l'enveloppe budgétaire donnée est à revoir à la hausse ou à la baisse. Détaillons cette possibilité parce qu'elle est moins régulière dans les milieux financiers.

3.9.3.2- Une Dotation financière

Nous proposons que pour le début effectif de l'insertion des langues camerounaises dans le système éducatif national, une dotation financière de **15.000.000.000 (quinze milliards) FCFA** soit débloquée pour les trois ministères en charge de l'éducation à savoir le Ministère de l'Éducation de base, le ministère des Enseignements secondaires et le ministère de l'Enseignement supérieur à raison de 5.000.000.000 FCFA (cinq milliards) par ministère. Ce n'est là qu'une **dotation** pour la première année d'enseignement effectif, le bilan de l'exercice à la fin de la première année permettra de savoir si cette somme est suffisante ou insuffisante pour chaque ministère. Il sera alors question de la revoir à la hausse ou à la baisse. Dans tous les cas, on ne pourra plus parler de l'enseignement des/en langues camerounaises sans s'interroger sur les moyens financiers qu'on y alloue. Puisque le gouvernement camerounais est enfin décidé à réintroduire l'enseignement officiel des langues et cultures nationales dans les établissements du pays, il faut allouer une somme non négligeable à cet ordre d'enseignement pour montrer qu'on y croit vraiment. NANA J. B (1990 : 150) avait déjà donné des indications, à la conclusion générale de son travail ; il affirme que :

> *D'après cette étude, le coût estimatif de l'enseignement des langues nationales à l'école primaire et au premier cycle du secondaire en l'an 2 000 est de 14. 174. 252. 250 FCFA. Par contre l'enseignement du français au Cameroun à la même période à savoir l'an 2 000 coûterait 9. 771. 551. 048, 7 FCFA à l'école primaire et 7. 425. 550. 374, 28 FCFA au premier cycle du secondaire. Le total donne 17. 197. 101. 422, 98 FCFA.*

3.9.4- L'ouverture des comptes de l'insertion des langues camerounaises dans le système éducatif

Pour gagner le maximum de personnes possibles à la cause de la survie des langues camerounaises par leur insertion dans le système éducatif, il faut bien réfléchir sur le problème des coûts. Combien l'insertion des langues camerounaises dans le système éducatif va-t-il coûter ? Qui va payer ? D'où viendra l'argent ? L'État a-t-il les moyens de financer cet enseignement ? À quoi va servir cet argent ? Et qu'est-ce que cet enseignement va rapporter ? À qui ? N'y a-t-il que de l'argent dont on aura besoin ? N'y a-t-il pas d'autres coûts non financiers qui doivent entrer en compte ? Voilà autant d'interrogations et bien d'autres encore qui attendent des réponses. Mais avant de répondre à toutes ces questions, il convient d'abord de démontrer que *les langues camerounaises sont un filon d'or* qui justifie toutes les dépenses qu'on peut et doit consentir pour l'exploiter à fond. Plus profondément, comment faire pour exploiter les langues nationales comme elles le méritent afin qu'elles participent efficacement à la lutte pour le développement ? Les langues camerounaises sont une source économique rentable, comment faire pour le concrétiser ?

Ouvrons alors les comptes pour voir quelles sont les grandes lignes budgétaires en matière de développement des langues nationales. Pour promouvoir les langues camerounaises, il faut d'abord assurer le domaine de la **recherche linguistique.** Beaucoup de langues sont peu connues, mal connues ou pas du tout connues du grand public. Il faut étendre la recherche linguistique le plus possible pour avoir assez de données fiables pour éclairer par des résultats scientifiques ceux qui auront à légiférer sur les langues camerounaises. Après la recherche, il y a la **publication des résultats** de la recherche. Des moyens financiers seront nécessaires pour faire connaître les fruits de la recherche dans les milieux avertis et même à l'opinion publique. Et pour que les résultats soient accessibles au plus grand nombre, il faut produire en grande quantité, ce qui nécessite aussi des moyens subséquents. Une fois que les résultats de la recherche sont connus, vient **la formation des formateurs.** Ceci vise la vulgarisation des fruits de la connaissance. Les découvertes scientifiques ne doivent pas rester entre les mains des seuls initiés, elles doivent parvenir au plus grand nombre de personnes susceptibles de les utiliser. C'est la raison pour laquelle les chercheurs doivent former des vulgarisateurs des produits de leurs recherches. Et pour former un plus grand nombre de personnes, il faut concevoir, réaliser, confectionner, imprimer, et distribuer des manuels de toutes sortes. C'est le domaine de **la production des ouvrages didactiques** où les imprimeries, les librairies et tous les autres secteurs de l'industrie du livre entrent en activité. C'est après toutes ces étapes qu'on arrive au **stade de l'expérimentation** qui nécessite aussi assez de moyens pour être mené à bon port. Au-delà de tout ceci, ce par quoi il faut commencer c'est la **sensibilisation.** Beaucoup de Camerounais, comme nous le savons déjà, sont contre la promotion des langues nationales pour plusieurs raisons. Ceux qui sont pour les langues nationales n'ont pas toujours la motivation et le courage nécessaires pour poser les actes qui conviennent au développement effectif de ces langues. Voilà pourquoi une sensibilisation générale d'envergure nationale est indispensable pour motiver ceux qui ont encore besoin de l'être.

Voilà en général les grands domaines de dépenses pour l'enseignement formel des langues camerounaises parmi lesquels nous relevons les rubriques suivantes :

1- La sensibilisation médiatique (radio, télévision, presse écrite, points de presse, affiches, banderoles, gadgets publicitaires…) ;

2- Les artistes (composition des chants valorisant les langues nationales, production des spectacles qui militent pour l'enseignement des langues nationales avec des sketches, des mimes, des proverbes, des devinettes...la pratique de la littérature orale ;

3- Les réunions de concertation et de sensibilisation pour les professeurs de linguistique et autres universitaires compétents en matière de langues et cultures camerounaises ;

4- Les réunions de concertation entre les professeurs de linguistique et les membres du ministère de l'Enseignement supérieur ;

5- Les réunions interministérielles sur l'insertion effective des langues nationales dans le système éducatif camerounais ;

6- Une conférence de presse sur l'enseignement des langues nationales ;

7- Les réunions préparatoires avec les représentants des différents partenaires de l'éducation (les élèves, les parents, les fondateurs et les directeurs des établissements, les enseignants, les ONG, les autorités administratives, militaires, traditionnelles et religieuses...) ;

8- Les ateliers sur l'harmonisation de l'enseignement des langues nationales dans les universités d'État, l'élaboration des programmes, la détermination des crédits, le volume horaire... ;

9- Les stages de formation des auteurs en langues camerounaises ;

10- Les stages de recyclage des maîtres en langues camerounaises ;

11- Les stages de formation à la confection des manuels et ouvrages didactiques en langues camerounaises (syllabaires, livre de calcul...) ;

12- Les sessions de formation des superviseurs locaux ;

13- La fabrication du matériel didactique (conception, réalisation et distribution) ;

14- La formation des formateurs et des spécialistes en langues nationales ;

15- Le salaire des maîtres, alphabétiseurs et enseignants et toute autre personne impliquée dans cet ordre d'enseignement ainsi que les primes pour la motivation des apprenants et des enseignants les plus méritants ;

16- L'aménagement des infrastructures scolaires pour l'enseignement formel et extrascolaire pour l'enseignement non formel (bibliothèques, matériel audiovisuel) ;

17- La recherche linguistique ;

18- La création et le fonctionnement des journaux en langues nationales ;

19- La construction des Centres Linguistiques pour les langues nationales ;

20- Les subventions aux comités de langues camerounaises ;

21- L'informatisation des langues nationales (création claviers spéciaux, des logiciels …) ;

22- La création des sites Internet pour les langues nationales camerounaises…

Voilà une liste non exhaustive des lignes budgétaires pour la promotion des langues nationales. Il est difficile pour le moment de donner un chiffre qui couvrirait toutes ces dépenses. Nous nous contentons pour le moment des estimations.

3.9.5- Les Sources de Financement

Les sources de financement de cette insertion sont de deux ordres : externe et interne.

3.9.5.1- Les Sources de financement interne

➢ Vente de livres et manuels scolaires ;

➢ Cotisation des membres des Comités de Langue ;

➢ Adhésion aux différents Centres Culturels qui seront créés ;

➢ Entrée aux manifestations ;

➢ Vente des programmes de télévision…

➢ Subventions du Gouvernement par les ministères, les mairies…

➢ Les ONG

➢ Les parents

➢ Les Églises

➢ Les activités économiquement rentables des Comités de langue…

Il faudrait trouver ou créer beaucoup de sources de financement pour l'enseignement des langues nationales. C'est à ce titre que G. MBA (AJAL 2001 : 39) déclare que :

> *L'enseignement en langues camerounaises est confronté à tous ces prix. Il ne peut être généralisé sans une volonté réelle de l'État et des locuteurs à la base pour injecter dans l'entreprise des espèces sonnantes. Mais les espèces sonnantes apporteront un bénéfice, celui de la réforme du système éducatif qui permettra qu'avec le même temps, c'est-à-dire le même nombre d'années d'éducation, les apprenants acquièrent plus de connaissances.*

Ainsi, grâce à l'enseignement des langues camerounaises à l'école, les enfants qui vont acquérir plus de connaissances ne viendront plus dans la société en « demandeurs d'emploi » seulement, mais aussi en inventeurs et créateurs d'emplois parce qu'ayant reçu une formation adéquate. Voilà pourquoi tout le monde doit participer au financement de cet ordre d'enseignement à cause des retombées positives qu'il va entraîner.

Nous sommes optimistes quant au financement de l'enseignement des langues camerounaises à l'école. Étant donné que le gouvernement est à priori pour cet enseignement, cela suppose qu'il débloquera des fonds pour ce faire. Les ONG (la SIL, l'ANACLAC...) le font déjà en investissant dans la publication des documents y relatifs. En plus, une enquête (OWONA A 1997 : 60) menée auprès des populations tant villageoises qu'urbaines a révélé la volonté des locuteurs natifs d'une langue nationale, en l'occurrence l'ewondo, à participer au financement de l'enseignement de leur langue.

- Un jeune au chômage (Claude EYEBE) était prêt à donner « *200 FCFA par mois au moins et 500 au plus* » pour financer cet enseignement.

- Un barman de l'arrière-pays à Nkilzok, monsieur ABENA Théophile affirmait que : « *même un paysan qui ne fait rien du tout je pense qu'il peut donner 5 000 FCFA* » sous-entendu par an.

- Un jeune ingénieur de Yaoundé, monsieur MBARGA MENGUE Philippe a dit qu'il peut aller « *volontiers à 50 000 FCFA par an* » !

- Un fonctionnaire, monsieur OWOUNDI Ferdinand affirmait qu'il peut facilement et fièrement donner « *2 500 FCFA par mois pour soutenir l'enseignement de l'ewondo* ».

Malgré le caractère verbal de toutes ces affirmations, cela montre cependant qu'une bonne campagne de sensibilisation pour le financement de l'enseignement des langues camerounaises à l'école et hors de l'école peut rapporter de l'argent. Car, si les locuteurs natifs de l'ewondo sont prêts à financer cet enseignement des jeunes aux vieux, des paysans aux citadins, des fonctionnaires aux chômeurs, les locuteurs des autres langues camerounaises seraient aussi prêts à faire la même chose.

Noé NGUEFFO (AJAL 2001 : 86) précise cet engagement communautaire en affirmant que :

Lorsque la communauté entre à l'école dans le cadre de l'enseignement des langues maternelles, elle :

- *restaure les liens de plus en plus ténus entre les générations*
- *facilite le démarrage de cet enseignement*

- *rend vivante la transmission des valeurs culturelles aux enfants*
- *rend plus vivant l'apprentissage de l'art et de l'artisanat.*

Le financement de l'enseignement des langues camerounaises est possible. Il suffit que le gouvernement s'y engage résolument. Autrement dit, le financement n'est pas le plus grand obstacle de l'enseignement des langues nationales à l'école.

Contrairement à ce que l'on pourrait croire, ce n'est pas l'argent qui manquerait pour financer la politique camerounaise de la promotion des langues nationales. Il y a encore beaucoup de Camerounais tellement fiers de leurs langues qui se disent prêts à financer même hebdomadairement leur enseignement.

3.9.5.2- Les Sources de Financement externes

En plus de la volonté individuelle des Camerounais de donner à l'État les moyens financiers pour l'insertion des langues nationales dans le système éducatif, il y a encore d'autres moyens sûrs d'obtenir l'argent qu'il faut pour promouvoir les langues nationales. L'État peut bénéficier de l'aide des organismes internationaux comme l'UNESCO et solliciter le concours des ONG sensibles au développement culturel des peuples pour la sauvegarde de l'héritage culturel de l'humanité.

Il est utile au gouvernement de savoir, quelles sont les actions que chaque ministère veut poser en faveur des langues nationales et **quel budget** lui faut-il pour cela, ce qui permettra d'évaluer le prix de sa politique linguistique générale.

Sans entrer dans la spécificité de chacun, il est probable que pour un premier temps, chaque département ministériel organise des **réunions d'information** pour s'imprégner de cette nouvelle donne de la politique linguistique camerounaise en faveur de l'enseignement des langues nationales. Il faudra ensuite des **sessions de formation** au personnel des ministères en vue d'une meilleure maîtrise des enjeux et débouchés de l'enseignement des langues nationales de façon, *orale, formelle et non formelle*. Pour ce faire, il faudra des **descentes sur le terrain** pour voir ce qui se fait déjà et comment cela est fait. Car l'enseignement des langues nationales se fait déjà au Cameron, mais par des initiatives privées. Les descentes sur le terrain doivent produire **des rapports.** La mise en application de cette nouvelle politique linguistique gouvernementale nécessite des moyens matériels, humains et financiers, il y a :

- des missions à dégager
- des documents à produire
- le transport, la nutrition, la couverture médiatique…

Chaque ministère nous semble mieux placé pour exprimer ce qu'il lui faut pour réaliser ses missions en ce qui concerne les langues nationales, étant donné que désormais, aucun ministère ne sera plus en dehors de ce secteur d'activités. Il s'agit en fin de compte à chaque ministère d'établir son enveloppe budgétaire relative à la promotion, la protection et l'enseignement des langues nationales et de le soumettre aux instances décisionnaires.

Conclusion :

Après tout ce qui vient d'être dit, on peut constater comme E. SADEMBOUO (AJAL 2001 :84) que : *L'État ne pouvant plus tout faire aujourd'hui, ce sont les communautés linguistiques à la base qui sont interpellées pour soutenir financièrement, moralement et en personnel disponible le développement d'un environnement lettré en langues locales, passage obligé d'une démocratie véritable et d'un développement économique durable.*

CONCLUSION GÉNÉRALE

La Constitution du Cameroun prône la *protection* et la *promotion des langues nationales*. Les hommes politiques camerounais à l'exemple du Président de la République Paul BIYA ont exprimé leur accord avec la Constitution en faveur des langues nationales à côté des langues officielles. Les linguistes camerounais ont élaboré des théories linguistiques pour permettre au Cameroun d'appliquer sa politique linguistique nationale. Il s'agit maintenant de passer des paroles aux actes en introduisant officiellement l'enseignement des/en langues camerounaises dans le système éducatif à travers les ministères en charge de l'Éducation.

Dire que le Cameroun est l'« Afrique en miniature », cela se vérifie aussi au niveau linguistique. Des quatre grandes familles de langues appelées « phylum » présentes sur le sol africain, trois sont présentes au Cameroun : le phylum Nilo-Saharien, le phylum afro-asiatique et le phylum Niger-Kordofan, seul le phylum Khoisan n'est pas représenté, comme le démontrent M.A BOUM NDONGO SEMENGUE et E. SADEMBOUO dans (MENDO ZE dir. 1999 : 71). Le Cameroun a une des situations linguistiques les plus compliquées d'Afrique. Il a deux langues officielles, le français et l'anglais, langues européennes et par conséquent d'origine étrangère. Peu de pays dans le monde parviennent à relever le défi d'avoir deux langues officielles toutes les deux d'origine étrangère. Le Cameroun a plus de 248 langues nationales et aucune n'est parlée par plus de la moitié de la population. Il y a bien des pays africains qui ont plus de langues nationales que le Cameroun, mais parmi lesquelles une ou quelques-unes domine(nt) toujours sur les autres. Tel n'est pas le cas du Cameroun où aucune langue nationale n'est parlée sur toute l'étendue du territoire national. En plus des langues officielles et des langues nationales, il y a l'allemand et l'espagnol qui ont une place honorable dans le concert des langues au Cameroun. Il y a des épreuves en allemand et en espagnol aux examens officiels (BEPC, BAC) en ce qui concerne l'enseignement général. Sachant que le Cameroun a l'une des situations linguistiques les plus compliquées en Afrique, s'il réussit son aménagement linguistique, aucun autre pays du continent n'aura de raison pour ne pas réussir sa politique linguistique. Il suffira de s'inspirer de l'exemple camerounais pour trouver la solution. C'est dire que notre recherche peut éclairer d'autres pays dans le continent et même dans le monde où l'aménagement linguistique est un chantier permanent.

À la fin de notre recherche, nous avons compris que pour mieux insérer les langues nationales dans le système éducatif au Cameroun, il faut partir du haut vers le bas, de l'Enseignement supérieur vers les Enseignements secondaires et l'Enseignement de base. Car pour avoir un syllabaire entre les mains des enfants et les instituteurs à l'école primaire, il faut que les pédagogues et les linguistes de grades universitaires aient conçu ce matériel didactique. Ce n'est pas parce qu'on est locuteur d'une langue qu'on est automatiquement habileté à l'enseigner. Il faut donc que plus d'effort soit fait pour l'enseignement des et/en langues camerounaises dans les Universités d'État et les Grandes Écoles afin que les professionnels en linguistique formés à ces instances en quantité suffisante et en qualité souhaitée puissent aider l'insertion des langues et cultures camerounaises dans le système éducatif à se réaliser sans grandes difficultés.

Nous avons par ailleurs préconisé que cette insertion se fasse de façon progressive, allant de la phase préparatoire à la phase de généralisation en passant par une expérimentation suivie d'une phase d'extension.

Nous venons de voir que le Cameroun est capable de financer l'enseignement des langues nationales. Il faut pour cela que le gouvernement s'occupe des salaires des enseignants de ces langues, que ces derniers paient leurs livres comme d'habitude, et que les parents paient les livres des enfants, élèves et étudiants comme cela se passe d'ailleurs pour les autres ordres d'enseignement. En plus des ONG peuvent être sollicitées pour donner des subventions de toutes sortes.

On réalise à la fin de cette étude que l'insertion des langues nationales dans le système éducatif camerounais est non seulement une opération possible, c'est-à-dire, qui peut réussir, mais bien plus une opération tellement riche en débouchés de toutes sortes qu'il n'y a plus de raison valable pour ne pas la réaliser. Certes des difficultés pratiques demeurent pour le choix des langues, la confection des manuels didactiques, l'aménagement linguistique... Mais, aucune de ces difficultés n'est insurmontable. Étant donné que *c'est en forgeant qu'on devient forgeron*, une fois les langues nationales réintroduites officiellement à l'école, les évaluations de cet enseignement permettront d'apporter des solutions adéquates aux problèmes imprévus qui se poseront. L'un des objectifs majeurs de notre réflexion était de montrer comment on peut insérer les langues nationales dans le système éducatif camerounais. Les difficultés ne manquent pas, nous l'avons vu. Mais aucune n'est insurmontable. Nous venons de le démontrer en proposant des solutions aux problèmes que nous avons soulevés. De toute façon, l'insertion des langues camerounaises dans le système éducatif est un problème politique. Le jour où l'homme politique décidera de mettre les langues camerounaises dans le système éducatif de façon officielle, il le fera. Le chercheur en linguistique peut donner à l'homme politique le savoir et le savoir-faire nécessaires qui l'aideront à prendre une décision en toute connaissance de cause, mais le linguiste ne saurait agir à la place de l'homme politique.

Nous terminons notre recherche sur une note optimiste. Nous considérons désormais le temps qui nous sépare encore de l'insertion officielle et solennelle des langues camerounaises à tous les niveaux du système éducatif au Cameroun comme un manque à gagner qui ne doit plus durer, qui n'a fait que trop durer. Le développement socio-économique du Cameroun passe par le développement des langues camerounaises. Ce qui ne peut se faire que si ces langues sont enseignées dans les établissements primaires, secondaires et universitaires du pays. Nous avons vu que l'insertion officielle des langues camerounaises dans le système éducatif national est un marché de 40 000 000 000 (quarante milliards) de FCFA en direction de l'industrie du livre et que cette insertion va créer plus de 60 000 (soixante milles) emplois directs dans le corps enseignant rien qu'au niveau du Secondaire. En ce qui concerne l'enseignement primaire et maternel et l'enseignement supérieur, il y aura aussi création d'emplois pour l'insertion des langues camerounaises en leur sein. Nous ne pouvons pas avancer un chiffre pour le moment.

Quant aux questions relatives à cet enseignement que nous n'aurions pas abordées ou que nous aurions insuffisamment traitées, les évaluations qui suivront les différentes étapes de l'insertion de ces langues dans le système éducatif et les futures études sur le sujet y apporteront des éclaircissements. Nul ne peut encore dire le dernier mot sur l'insertion des langues nationales dans le système éducatif au Cameroun. Celle-ci sera désormais, plus que par le passé, un chantier permanent.

La Constitution de la République du Cameroun stipule en son article 56 relatif au fonctionnement des collectivités décentralisées que :

> *L'État transfère aux régions, dans les conditions fixées par la loi, des compétences dans les matières nécessaires à leur développement économique, social, sanitaire, éducatif, culturel et sportif.*

C'est donc avec la mise en pratique de la décentralisation que chaque Région choisira sa ou ses langue(s) locale(s). Une autre étude pourra porter sur l'aménagement linguistique dans les Régions à travers le processus de la Décentralisation.

BIBLIOGRAPHIE

1- OUVRAGES GÉNÉRAUX

ACALAN (Académie Africaine des Langues).

2007. Colloque sur : « Politiques nationales : Le Rôle des langues transfrontalières et la place des langues de moindre diffusion en Afrique centrale », Mali, p. 1-12.

ANTA-DIOP CHEIKH.

1955. *Nations nègres et culture*, Paris, Présence africaine, 390 p.

1967. *Antériorité des civilisations nègres*, Présence africaine, 299 p.

BIYA Paul.

1986. *Pour le libéralisme communautaire,* Pierre Marcel Fabre, Lausanne Suisse, 158 p.

BELINGA K, Etienne SADEMBOUO, Elizabeth GFELLER (éd.)

1989. *Langues nationales et maîtrise du développement*, Douala, APICA, 175 p.

KI-ZERBO (dir.)

1986. *Histoire générale de l'Afrique,* tome 1, Présence Africaine/Edicef/UNESCO, édition abrégée, Paris, 416 p.

MINISTERE DES SENSEIGENEMNTS ECONDAIRES (MINESEC)

2007/2008. *Annuaire statistique*, Yaoundé, p. 44 et 129.

MINISTÈRE DE L'ÉDUCATION DE BASE (MINEDUB)

2007/2008. *Annuaire statistique*, Yaoundé, p. 13-156.

MINISTÈRE DE L'INFORMATION ET DE LA CULTURE (MINFOC)

1985. *L'Identité culturelle camerounaise*, Yaoundé, 533 p.

SECRÉTARIAT GÉNÉRAL DE LA PRÉSIDENCE DE LA RÉPUBLIQUE

1996. Constitution de la République du Cameroun (Loi N° 96-06 du 18 janvier 1996), National Printing Press, Yaoundé, 45 p.

UNESCO.

1977. Langues et politiques de langues en Afrique noire : l'expérience de l'

UNESCO, édité par ALFÂ IBRÂHÎM Sow Nubia 474 p.

2- LINGUISTIQUE

ABEGA Prosper.

1969. *Grammaire ewondo*, Yaoundé, SLA, 133 p.

1973. *Petit lexique ewondo,* Yaoundé, DLAL, 24 p.

1998. *Tonologie de la langue ewondo*, Yaoundé, PUCAC, 51 p.

ABESSOLO NNOMO Thierry et Luc ETOGO MBEZELE.

1982. *Éléments de grammaire ewondo*, Douala, Coll. langues et littératures nationales, n° 10, 198 p.

ABOMO SAMBA Agathe, Elizabeth NDOH NOMO, Albert-Séverin AKONGA.

1986. *Bií ayəge láŋ ewondo :* syllabaire en langue ewondo 2, Yaoundé, Coll. PROPELCA, n° 8, 67 p.

AMOUGOU Casimir et Luc ETOGO MBEZELE.

1981. *Mə akad Náa (manuel d'initiation à l'ewondo)*, Douala, Coll. langues et littératures nationales, 3ᵉ édition revue et corrigée, 180 p.

DUBOIS Jean et al.

2002. *Dictionnaire de linguistique*, Larousse, Paris, 514 p.

BITJAA KODY Zachée Denis.

1990. Le Système verbal du Basaa (Bantu A 43), Thèse de Doctorat 3ᵉ Cycle, Université de Yaoundé, 530 p.

2004. *La Dynamique des langues camerounaises en contact avec le français :*

Approche macrosociolinguistique. Thèse de Doctorat d'État en sociolinguistique, Université de Yaoundé I, 565 p.

2009. *Pour un enseignement des Langues et Cultures nationales comme matières,* contribution au Colloque organisé par l'OCPA, le CERDOTOLA et le CBAAC sur « l'Afrique et la culture africaine dans le monde globalisé du 21ᵉ siècle », Yaoundé, p. 1-9.

BRETON Roland J.L et Bikia G. FOHTUNG.

1991. Atlas Administratif des Langues du Cameroun, CREA, ISH, MESIRES, CERDOTOLA, ACCT, Paris, 143 p.

DIEU M. et P. RENAUD (dir.)

1983. Atlas linguistique du Cameroun, ALCAM, Inventaire préliminaire,

Atlas linguistique de l'Afrique centrale, ALAC, CERDOTOLA, D.G.R.S.T, ACCT, Yaoundé, 475 p.

ESSONO Jean-Jacques Marie.

1998. *Précis de linguistique générale*, Paris, L'Harmattan, 165 p.

2000. *L'Ewondo, langue bantu du Cameroun, phonologie-morphologie-syntaxe* Yaoundé, PUCAC, 608 p.

2006 Phonétique-Phonologie et Morphophonologie, Yaoundé, Cameroon University Press, 306 p.

Stratégies d'enseignement des langues nationales : le cas du Cameroun, inédit.

ESSONO Jean Marie et Philipe LABURTHE –TOLRA.

2005. L'Ancien Pays de Yaoundé « Jaunde-Texte », Maisonneuve et Larose/ AFREDIT, Paris, 167 p.

ITTMAN Johannes.

1978. Grammaire du duala, avec le concours de Carl Meinhof, traduit de l'allemand par L.A. Boumard, Collège Liberman, Douala, 366 p.

MENDO ZE (dir.)

1999. Le Français Langue Africaine, Enjeux et atouts de la francophonie, Château-Gontier, Publisud, 383 p.

NANA Jean-Bernard.

1990. *Coût de l'enseignement des langues nationales au Cameroun en l'an 2000*, Thèse de Doctorat 3e Cycle, Université de Yaoundé, 190 p.

NDJONMBOG Joseph Roger.

2006/2007. *Potentiel du financement à la base des activités de développement et de promotion des langues camerounaises*, Mémoire de D.E.A, Université de Yaoundé I, 120 p.

NDOH NNOMO Elizabeth et al.

1993/1986. *Ńtimə́ŋáan ǹkɔ́bɔ́ ewondo*, Yaoundé, Coll. Propelca n° 18, 100 p.

NEKES Herman.

1910. *Fidel für Schulen in Iaunde (Kamerun)* (manuel pour les écoles de Yaoundé), Limburg, Pallotiner Verlag, 48 p.

NELIS van den Berg.

1993. Do you understand ? An evaluation of the PROPELCA program for. mother tongue education in Cameroon, Leiden University, 64 p.

ONAMBELE Marie José.

1978. *La structure clanique des Ewondo*, Mémoire de DES, Université de Yaoundé, 118 p.

OSSAMA Nicolas, Joseph-Marie AMOUGUI, J-M. EFFA, André MBAKONG.

1987. *Mə náa á*, Tome 1, Coll. Propelca, n° 42, 76 p.

OSSAMA Nicolas.

1981. *Fəg bətí, contes et proverbes ewondo pour l'enseignement*, Douala, Coll. langues et littératures nationales, n° 8, 2ᵉ édition corrigée, 204 p.

OWONA Antoine.

1997. *L'enseignement des langues camerounaises à l'école : le cas de l'ewondo*. Mémoire de Maîtrise. Université de Yaoundé I, 93 p.

2004. L'Orthographe harmonisée de l'ewondo, Mémoire de DEA, Université de Yaoundé I, 94 p.

PICHON François.

1950. *Petite grammaire ewondo avec exercices appropriés*, Yaoundé, 122 p.

Raymond G. Gordon Jr. Editor.

2004. Ethnologue, languages of the world, fifteenth edition, SIL international, Texas, USA, p. 56-74.

RHONDA L. Hartel (éd.)

1993. *Alphabets de langues africaines*, Dakar, UNESCO, SIL, 309 p.

SADEMBOUO Étienne.

2001. *De l'intercompréhension à la standardisation des langues : le cas des langues camerounaises*, Thèse de Doctorat d'État en Linguistique, Université de Yaoundé I, 725 p.

SAUSSURE Ferdinand de.

1972. *Cours de linguistique générale*, édition critique préparée par Tullio de Mauro, Payot, Paris, 520 p.

SHELL Olive, Ursula WIESEMANN.

2000. *Guide pour l'alphabétisation en langues africaines,* Yaoundé, Coll. Propelca n° 34, 253 p.

STOLL Antoine.

1955. *La tonétique des langues bantu et semi-bantu du Cameroun*, Douala, Mémorandum I.F.A.N n° 4, 175 p.

TABI-MANGA Jean.

1992. *La grammaire de l'ewondo à une théorie du mot (essai de linguistique guillaumienne dans le domaine bantu),* Coll. Linguistique, n° 24 Paris, Didier Erudition, 204 p.

2000. *Les politiques linguistiques du Cameroun : essai d'aménagement linguistique,* Karthala, Paris, 237 p.

TADADJEU Maurice et Etienne SADEMBOUO.

1984. *Alphabet général des langues camerounaises,* Yaoundé, édition bilingue, DLAL, Coll. Propelca, n° 1, 35 p.

TADADJEU Maurice, Elizabeth GFELLER, Gabriel MBA.

1988. *Manuel de formation pour l'enseignement des langues nationales dans des écoles primaires.* Yaoundé, Coll. Propelca, n° 32, 140 p.

TADADJEU Maurice et Philippe NGESSIMO MUTAKA (éds).

Topics in African Linguistics and Universology

2000. AJAL n°2, NACALCO (CLA) Yaoundé, 361 p.

TADADJEU Maurice (dir.)

1990. *Le Défi de Babel au Cameroun*, Coll. Propelca n° 53, Université de Yaoundé, 298 p.

TADADJEU Maurice, Etienne SADEMBOUO et Gabriel MBA.

2004. Pédagogie des langues maternelles africaines. Yaoundé, Coll. Propelca n°144-01, les éditions du CLA, 197 p.

TSALA Théodore.

1957 Dictionnaire ewondo-français, Lyon, impr.VITTE, 716 p.

1973. Mille et un proverbes beti. (minkana beti minted ayi fus) ou la société beti à travers ses proverbes. Yaoundé, 239 p.

WIESEMANN Ursula, Etienne SADEMBOUO et Maurice TADADJEU.

1998. *Guide pour le Développement des systèmes d'écriture des langues africaines.* Yaoundé, Coll. PROPELCA n° 2, 194 p.

3- COMPTALILITE, ÉCONOMIE ET GESTION

BALLIVAT Jacques et Alain ROSSIGNOL.

1997. Gestion comptable, initiation à la comptabilité, collection : gérer L'entreprise en Afrique, Foucher, Paris, 191 p.

CEMAC-UEMAO.

2000. Système comptable OHADA, Éditions FOTSO, Douala, 160 p.

DENIS Henri.

1983. Histoire de la pensée économique, Coll. THEMIS, Sciences Économiques, Presses Universitaires de France, 730 p.

DINZE N. APOLOS.

2004. Code général des impôts, Yaoundé, 547 p.

GUICHARD Serges (dir.)

2001. Lexique des termes juridiques, 13e édition, Dalloz, Paris, 592 p.

MBADIFFO KOUAMO Raymond et Charles MBA.

2000. Droit fiscal camerounais, Macacos, Douala, 355 p.

MBADIFFO KOUAMO Raymond et Pierre ALAKA ALAKA.

2001. Fiscalité et comptabilité, Les Éditions B&Co Conseils, Douala, 303 p.

MÉNARD Louis et collaborateurs.

2004. Dictionnaire de la comptabilité et de la gestion financière, Canada, 1581p.

LISTE DES TABLEAUX

Tableau n° 1 : la non-harmonisation orthographique dans l'ancienne écriture de l'ewondo 126

Tableau n° 2 : La non-unification des graphèmes dans l'ancienne écriture de l'ewondo 127

Tableau n° 3 : les voyelles de l'ewondo 133

Tableau n° 4 : Tableau phonétique des graphèmes consonantiques de l'ewondo 136

Tableau n° 5 : les tons de l'ewondo 136

Tableau n° 6 : les tons de l'ewondo chez H. NEKES (1910 : 24). 136

Tableau n° 7 : les classes nominales en ewondo 138

Tableau n° 8 : la répartition du temps entre la langue nationale et le français (ou l'anglais) au primaire d'après PROPELCA 145

Tableau n° 9 : Programme PROPELCA pour l'enseignement primaire 145

Tableau n° 10 : le programme PROPELCA du premier cycle du secondaire .. 148

Tableau n° 11 : Enseignement des langues nationales dans le second cycle du Secondaire : Notre proposition 153

Tableau n° 12 : le coût des ateliers régionaux pour l'élaboration des programmes de l'enseignement des langues et cultures camerounaises 224

Tableau n° 13 : le coût de l'atelier national pour l'harmonisation des programmes régionaux 225

Tableau n° 14 : Récapitulatif pour l'élaboration des programmes 225

Tableau n° 15 : les coûts de la formation des formateurs en langues camerounaises dans l'Enseignement primaire 226

Tableau n° 16 : les coûts de la formation des enseignants des langues camerounaises dans l'Enseignement secondaire 227

Tableau n° 17 : récapitulatif des coûts de la formation des formateurs en langues camerounaises du primaire et du secondaire 227

Tableau n° 18 : les salaires bruts proposés pour les enseignants des langues camerounaises 228

Tableau n° 19 : les coûts de la prise en charge des enseignants des langues camerounaises à la maternelle et au primaire 228

Tableau n° 20 : les coûts de la prise en charge des enseignants des langues camerounaises au Secondaire..228

Tableau n° 21 : les coûts de la prise en charge des enseignants des et/en langues camerounaises dans l'Enseignement supérieur..229

Tableau n° 22 : récapitulatif de la prise en charge des enseignants des langues camerounaises de la Maternelle jusqu'à l'Université 229

Tableau n° 23 : les coûts des supports didactiques en langues camerounaises dans l'enseignement primaire et maternel 230

Tableau n° 24 : les coûts des supports didactiques en langues et cultures camerounaises au Secondaire..231

Tableau n° 25 : récapitulatif des coûts des supports didactiques pour mille élèves au primaire et mille élèves au Secondaire..231

Tableau n° 26 : le coût de la structure de coordination de l'enseignement des langues et cultures camerounaises 231

Tableau n° 27 : Récapitulation générale 232

TABLE DES MATIÈRES

REMERCIEMENTS 7
LES ABRÉVIATIONS 9
GLOSSAIRE 11
RÉSUMÉ 13
ABSTRACT 15
INTRODUCTION GÉNÉRALE 17
    0.1- PRÉSENTATION DU SUJET 17
    0.2- JUSTIFICATION DU SUJET 23
    0.3- LA PROBLÉMATIQUE 24
    0.4- ÉTAT DE LA QUESTION 33
    0.5- L'OBJET DE CETTE ÉTUDE 49
    0.6- LA MÉTHODE 52
    0.7- LE PLAN GLOBAL 55
PREMIÈRE PARTIE LES ENJEUX DE L'INSERTION DES LANGUES CAMEROUNAISES DANS LE SYSTÈME ÉDUCATIF NATIONAL 59
    CHAPITRE 1 L'HISTOIRE DE L'ENSEIGNEMENT DES LANGUES CAMEROUNAISES 63
        1.1.1. Avant l'Indépendance 63
            1.1.1.1. Les langues camerounaises sous le protectorat allemand 63
            1.1.1.2. Les langues camerounaises sous la tutelle française 64
        1.1.2. Après l'Indépendance 64
            1.1.2.1. L'Initiative du Collège Libermann et son extension 65
            1.1.2.2. L'Expérience du Programme de Recherche Opérationnelle pour l'Enseignement des Langues au Cameroun (PROPELCA) 65
    CHAPITRE 2 LA NÉCESSITÉ DE L'INSERTION DES LANGUES CAMEROUNAISES DANS LE SYSTÈME ÉDUCATIF NATIONAL 67

1.2.1- La promotion des langues nationales : mission régalienne de l'État 67
    1.2.1.1- La raison constitutionnelle 67
    1.2.1.2- La Raison politique ou les hommes politiques camerounais face aux langues nationales 70

CHAPITRE 3 LES CAUSES DE L'ÉCHEC DE L'INSERTION DES LANGUES CAMEROUNAISES DANS LE SYSTÈME ÉDUCATIF 75
    1.3.1- Les causes externes 75
    1.3.2- Les causes internes 76
    1.3.3- Les raisons scientifiques et techniques de l'échec 78
    1.3.4- La Peur du changement 79

CHAPITRE 4 LES DÉBOUCHÉS DE L'ENSEIGNEMENT DES LANGUES CAMEROUNAISES 81
    1.4.1- LES MINISTÈRES 82
        1.4.1.1- Le ministère de l'Enseignement supérieur (MINESUP) 83
        1.4.1.2- Le Ministère des Enseignements secondaires (MINESEC) 83
            1.4.1.2.1- L'enseignement secondaire technique 84
            1.4.1.2.2- L'Enseignement secondaire général 85
            1.4.1.2.3- Le Ministère de l'Éducation de base (MINEDUB) 85
        1.4.1.3- Le ministère de la Recherche Scientifique et de l'Innovation (MINRESI) 87
        1.4.1.4- Le ministère de la Jeunesse (MINJEUN) 88
        1.4.1.5- Le ministère de la Forêt et de la Faune 89
        1.4.1.6- Le ministère de la Santé publique (MINSANTE) 89
        1.4.1.7- Le ministère de la Promotion de la Femme et de la Famille (MINPROFF) 90
        1.4.1.8- Le ministère de la Culture (MINCULT) 90
        1.4.1.9- Le ministère de la Communication (MINCOM) 92
        1.4.1.10- Le ministère de l'Administration territoriale et de la Décentralisation (MINATD) 94
        1.4.1.11- Le ministère de la Justice 95
        1.4.1.12- Le ministère des Relations extérieures (MINREX) 95
        1.4.1.13- Le ministère de la Défense (MINDEF) 97
        1.4.1.14- Le ministère de l'Agriculture et du Développement rural (MINADER) 98
        1.4.1.15- Le ministère des Affaires sociales (MINAS) 99
        1.4.1.16- Le ministère du Tourisme 100

1.4.1.17- Le ministère du Commerce 101
1.4.1.18- Le ministère de l'Industrie, des Mines et du Développement technologique 101
1.4.1.19- Le Premier ministère (PM) 102
1.4.2- LES AMBASSADES 103
1.4.3- LES ORGANISATIONS NON GOUVERNEMENTALES 103
1.4.4- LES INSTITUTIONS NATIONALES 104
1.4.5- LES PARTIS POLITIQUES 105
1.4.6- LES ÉGLISES ET LES AUTRES RELIGIONS 106
DEUXIÈME PARTIE LES PERSPECTIVES DE L'INSERTION DES LANGUES CAMEROUNAISES DANS LE SYSTÈME ÉDUCATIF NATIONAL 111
CHAPITRE 5 LES PROBLÈMES À RESOUDRE 115
2.5.1- L'Implication réelle du gouvernement et la conscientisation des parents et du public 116
2.5.2- Le Statut académique des langues nationales à enseigner .. 118
2.5.3- Le choix des langues nationales à enseigner en ville et dans les zones rurales 119
2.5.3.1- Le nombre de locuteurs 121
2.5.3.2- La revue de la littérature 121
2.5.3.3- Le prestige de la langue 122
2.5.3.4- La centralité 122
2.5.3.5- La vitalité du peuple 122
2.5.4- L'harmonisation des systèmes d'écriture 125
2.5.5- La production du matériel didactique 129
2.5.5.1- Introduction à la morphologie nominale du duala 130
2.5.5.2- La description d'une langue camerounaise : l'ewondo 130
2.5.6- La formation des formateurs 141
2.5.7- La Planification de l'insertion des langues nationales dans le système éducatif camerounais 141
2.5.7.1- L'Enseignement formel des langues camerounaises ... 142
2.5.7.1.1- L'insertion des langues camerounaises à l'École Maternelle 142
2.5.7.1.2- L'insertion des langues camerounaises à l'École Primaire 143
2.5.7.1.3- L'insertion des langues camerounaises dans l'Enseignement secondaire... 146
2.5.7.1.3.1- Au premier cycle du Secondaire 146

  2.5.7.1.3.2- L'enseignement des langues camerounaises dans le second cycle de l'Enseignement secondaire 150
  2.5.7.1.4- L'insertion des langues camerounaises dans l'Enseignement supérieur... 154
  2.5.7.1.5. Résumé sur l'enseignement formel des langues camerounaises 158
  2.5.7.2- L'Enseignement non formel des langues camerounaises 159
  2.5.7.3- L'enseignement des langues camerounaises aux adultes 162
  2.5.8- Le Problème des affectations des fonctionnaires............... 164
  2.5.9- Le rôle des Décideurs 165

CHAPITRE 6 LES THÉORIES D'AMÉNAGEMENT LINGUISTIQUE AU CAMEROUN 167
  2.6.1- Le monolinguisme national 168
  2.6.2- Le trilinguisme extensif ou trilinguisme ouvert............... 168
  2.6.3- Le Quadrilinguisme Fonctionnel 169
  2.6.4- La Synthèse 169
    2.6.4.1- La Réorganisation du Modèle PROPELCA 170
    2.6.4.2- Le Modèle 5 : Les langues nationales dans l'Enseignement supérieur... 172
    2.6.4.3- La Cohabitation langues nationales/langues officielles 173
    2.6.4.4- Les lieux de cet enseignement 174

CHAPITRE 7 LES DIFFÉRENTES PHASES DE L'INSERTION DES LANGUES CAMEROUNAISE DANS LE SYSTÈME ÉDUCATIF NATIONAL 177
  2.7.1- La Phase préparatoire... 178
  2.7.2- La phase expérimentale 179
  2.7.3- La phase d'extension 179
  2.7.4- La phase de la généralisation 180
  2.7.5- Le Point : De l'impossibilité actuelle d'insérer les langues camerounaises dans le système éducatif........................... 180
  2.7.6- La Création d'un Institut ou d'un ministère en charge de la Planification et de l'Aménagement linguistique au Cameroun..... 182

TROISIÈME PARTIE L'INSERTION DES LANGUES CAMEROUNAISES DANS LE SYSTÈME ÉDUCATIF NATIONAL : *LES COÛTS* 187

CHAPITRE 8 L'EXPLOITATION DES LANGUES CAMEROUNAISES : UNE ENTREPRISE INDUSTRIELLE ET COMMERCIALE RENTABLE 191
   3.8. LA GLOTTO-ÉCONOMIE 192
      3.8.1- De l'exploitation industrielle des langues camerounaises .. 196
      3.8.2- La place de la langue dans le développement économique 197
      3.8.3- La Langue comme un produit économique rentable 199

CHAPITRE 9 CHARGES ET SOURCES DE FINANCEMENT DE L'INSERTION DES LANGUES CAMEROUNAISES DANS LE SYSTÈME ÉDUCATIF 209
   3.9.1- Les Charges dans les ministères 210
      3.9.1.1- Le Premier ministre 210
      3.9.1.2- Plan d'action MINEDUB 211
      3.9.1.3- Plan d'action du MINESEC 212
      3.9.1.4- Plan d'action du MINCULT 212
      3.9.1.5- Plan d'action du MINRESI 213
      3.9.1.6- Plan d'action du MINJEUN 213
      3.9.1.7- Plan d'action du MINESUP 214
      3.9.1.8- Tableau récapitulatif 214
   3.9.2- Quelques données financières de l'enseignement des langues nationales dans les Universités d'État et les Grandes Écoles 215
   3.9.3- Les modalités d'établissement des coûts pour l'insertion des langues camerounaises dans le système éducatif 220
      3.9.3.1- Une étude budgétaire 220
         3.9.3.1.1- Le coût de la standardisation d'une langue camerounaise 220
         3.9.3.1.2- Le coût de l'élaboration des programmes de formation 224
         3.9.3.1.3- Le Coût de la formation des formateurs 225
         3.9.3.1.4- La prise en charge des formateurs en langues camerounaises 228
         3.9.3.1.5- Le Coût des supports didactiques 229
         3.9.3.1.6- Coût de la structure de coordination 231
      3.9.3.2- Une Dotation financière 233
   3.9.4- L'ouverture des comptes de l'insertion des langues camerounaises dans le système éducatif 233
   3.9.5- Les Sources de Financement 236
      3.9.5.1- Les Sources de financement interne 236
      3.9.5.2- Les Sources de Financement externes 238

CONCLUSION GÉNÉRALE 241
BIBLIOGRAPHIE 245
LISTE DES TABLEAUX 251

Éducation et Formation
aux éditions L'Harmattan

Dernières parutions

RECHERCHE (LA) EN ÉDUCATION
Pluralité et complexité
Sous la direction de Louis Marmoz et Raoul Marmoz
Cet ouvrage est exceptionnel. Il ose assumer tout à fait le caractère multiple de la recherche en éducation, en en montrant un grand nombre de facettes, mises en évidence grâce aux apports de plus de trente auteurs, chercheurs réputés, d'une douzaine de nationalités distinctes. Ce sont autant de regards sur les différents aspects de cette recherche, sur des questions ou des dimensions - des problèmes donc - précises.
(Coll. AFIRSE, 25.00 euros, 254 p.)
ISBN : 978-2-343-04952-6, ISBN EBOOK : 978-2-336-36536-7

PROFESSEUR (LE) INTERCULTUREL
L'éducation interculturelle des professeurs de langues dans la formation continue
Bastos Mónica
Cette étude vise à faire de l'éducation interculturelle une réalité dans nos écoles, en suivant son évolution depuis les politiques linguistiques et éducatives nationales et transnationales, jusqu'au discours de la recherche en didactique des langues. Pour cela, nous avons développé un programme de recherche et de formation intitulé « Le professeur interculturel ». Il a pour ambition que les professeurs en formation développent des compétences pour gérer la diversité et la communication interculturelle.
(Coll. Enfance éducation et société, 24.50 euros, 250 p.)
ISBN : 978-2-343-04597-9, ISBN EBOOK : 978-2-336-36820-7

ENSEIGNER À L'ÉCOLE PRIMAIRE
Dix ans avec un professeur des écoles
Sous la direction de Philippe Chaussecourte – Préface de Claudine Blanchard-Laville
Que peut-on dire de l'évolution de la pratique d'un professeur des écoles au cours des dix premières années de sa carrière ? Les auteurs de ce livre n'ont pas choisi de répondre à cette question par une enquête à grande échelle. De façon plus originale, ils ont décidé de concentrer leur regard sur un seul professeur qui leur a ouvert la porte de sa classe pendant dix années depuis son entrée dans le métier.
(Coll. Savoir et formation, 22.00 euros, 216 p.)
ISBN : 978-2-343-04453-8, ISBN EBOOK : 978-2-336-36493-3

DE L'ÉDUCATION MORALE DE LA JEUNESSE
Propositions de quelques paradigmes
Olinga Joachim - Préface de Richard Okene
L'enfance et la jeunesse sont les garants de la qualité du monde à venir. Leur prise en charge mérite une considération toujours croissante de tous les maillons de la chaîne éducative. Une société ne mérite que les hommes et les femmes qu'elle a elle-même façonnés. Les progrès enregistrés dans son sein reposent sur la mentalité et la quantité de la qualité des modèles de citoyens formés. Son développement devrait s'étendre sur le double point de vue matériel et spirituel.
(Coll. Enseignement et éducation en Afrique, 16.50 euros, 162 p.)
ISBN : 978-2-343-01251-3, ISBN EBOOK : 978-2-336-36525-1

VAGABONDAGES
Transmettre, enseigner, former...
Alin Christian
Le livre précédent de Christian Alin dans la même collection, *La Geste Formation* (Paris, L'Harmattan, 2010), était consacré à l'analyse des pratiques, à la question des gestes professionnels et à celle de leur transmission dans les métiers de l'enseignement et de la formation. Tenter, cette fois-ci, une écriture qui invite d'une autre façon à la pensée, à la poétique et toujours au partage, tel est le souhait de ce petit livre.
(Coll. Savoir et formation, 13.50 euros, 130 p.)
ISBN : 978-2-343-04734-8, ISBN EBOOK : 978-2-336-36563-3

DERRIÈRE LA SEIZIÈME PORTE
Une classe pour s'évader dans la prison – Récit
Leclerc du Sablon Françoise
Derrière la seizième porte, l'auteur nous invite à partager une bulle de liberté, dans sa classe, en prison. Ce petit livre n'est pas un discours militant, il n'expose pas de théorie politique, il ne juge pas, ni le système, ni les hommes ; il raconte une aventure, il met en scène des histoires dont le héros, quel qu'il soit, poursuit toujours une seule et même quête : (re)trouver son humanité. Pour atteindre cet objectif, il fallait un fil conducteur : l'estime de soi et un guide bienveillant (Françoise Leclerc du Sablon fut ce guide pendant quatorze ans).
(Coll. Rue des écoles, 14.50 euros, 144 p.)
ISBN : 978-2-343-05022-5, ISBN EBOOK : 978-2-336-36470-4

FORMATION (LA) EN ALTERNANCE
Complexité et dynamique des dispositifs
Bec Jacques, Singéry Jacky, Tricot Dominique
Cet ouvrage s'adresse à un public multiple, allant des acteurs de l'alternance, souvent confrontés à de fortes difficultés, jusqu'au citoyen qui s'interroge sur le devenir de l'éducation dans son pays. La diversité des contributions, des contributeurs, des angles d'approche et des points de vue exprimés aidera le lecteur à mieux comprendre la réalité de l'alternance, diversifiée, complexe et en constante évolution, qu'on ne peut maîtriser si l'on s'en tient à des schémas d'analyse trop réducteurs ou trop standardisés.
(Coll. Savoir et formation, 31.00 euros, 306 p.)
ISBN : 978-2-343-04558-0, ISBN EBOOK : 978-2-336-36600-5

L'ÉVALUATION D'UN PORTEFEUILLE UNIVERSITAIRE D'EXPÉRIENCES ET DE COMPÉTENCES
Enjeux et résultats pour 13 universités
Sous la direction de Philippe Lemistre, préface de Malika Kacimi
Cet ouvrage rend compte des résultats et enjeux de l'évaluation par le CEREQ et son réseau d'une expérimentation dans 13 universités de 2009 à 2013 du Portefeuille d'Expériences et de Compétences. Ce dispositif associe un outil numérique (e-portfolio) à l'accompagnement des étudiants dans leur démarche réflexive sur leurs expériences et parcours. Sa finalité est de valoriser les compétences acquises des étudiants et faciliter ainsi leur orientation et insertion professionnelle.
(Coll. Evaluer, 22.00 euros, 220 p.)
ISBN : 978-2-343-04606-8, ISBN EBOOK : 978-2-336-36513-8

MÉTHODOLOGIE DE LA RECHERCHE ET INITIATION À LA PRÉPARATION DES MÉMOIRES ET DES THÈSES
Agbobli Edo Kodjo Maurille
Chaque être a besoin de comprendre les événements qu'il vit et tous les aspects de l'environnement dont il dépend. Il importe de maîtriser la méthodologie qui y gouverne pour saisir le contenu des divers travaux destinés à nous éclairer. Tel est le but de cet opuscule très nécessaire aux étudiants et élèves des cycles 2 et 3 de l'enseignement supérieur, pour la validation de leurs travaux, et à tout lecteur qui veut comprendre les écrits scientifiques expliquant les phénomènes du monde contemporain.
(20.00 euros, 222 p.)
ISBN : 978-2-343-05230-4, ISBN EBOOK : 978-2-336-36517-6

ÉCRIRE POUR APPRENDRE
La démarche ECLER
Ferrand Noël

Dans la démarche ECLER, ceux et celles qui disent ne pas savoir sont autorisés à écrire. Ils sont invités à s'appuyer sur ce qu'ils savent déjà, pour construire de nouvelles compétences. Dans une posture «d'accompagnement-expert», le formateur accueille, conseille, oriente en construisant avec chacun, pas à pas, une progression sur mesure des connaissances à acquérir. Depuis plus de 25 ans, ECLER fait de l'hétérogénéité un levier pour l'apprentissage et développe chez les apprenants, initiative, créativité, autonomie et responsabilité.
(32.00 euros, 318 p.)
ISBN : 978-2-343-04351-7, ISBN EBOOK : 978-2-336-36318-9

RÉSEAU (LE) IDEKI
Objets de recherche d'éducation et de formation émergents, problématisés, mis en tension, réélaborés
Frisch Muriel - Préface de Joel Lebeaume

Créatrice du concept IDEKI (Information - Innovation - Didactiques - Documentation - Education - Knowledge - Ingénierie), Muriel Frisch intervient en formation auprès de publics variés, en articulant ses objets de recherche à ses interventions en formation. Les enjeux sont de mettre au jour des émergences, des constructions de savoirs, de rendre compte de savoirs «chauds» sans les figer.
(Coll. ID/Émergences, cheminements et constructions de savoirs, 38.50 euros, 392 p.)
ISBN : 978-2-343-04772-0, ISBN EBOOK : 978-2-336-36441-4

ENTRETIEN (L') D'EXPLICATION
Usages diversifiés en recherche et en formation
Sous la direction d'Alain Mouchet

Ce livre a pour objectif de diffuser les usages diversifiés de la psychophénoménologie et de la méthode d'entretien d'explication, dans les recherches et les formations qui s'intéressent à l'expérience subjective. C'est l'occasion de répondre à des interrogations de nature scientifique à propos de la dimension implicite, sensible, intuitive, de l'expérience vécue en situation.
(Coll. Action et savoir, 34.00 euros, 302 p.)
ISBN : 978-2-343-03993-0, ISBN EBOOK : 978-2-336-36299-1

ÉCHEC (L') SCOLAIRE DES ENFANTS DE MIGRANTS
Pour une éducation interculturelle
Boukli-Hacène Nadia

Les enfants de migrants (ou pas), ne sont pas que des élèves qui doivent subir les aléas et exigences d'un programme illisible. En chaque élève, il y a d'abord un enfant et l'enfance est cette période privilégiée de la vie où tout est possible. Elle sert de référence, de point d'appui. L'école doit être le lieu où l'enfant est impliqué dans son apprentissage, car en chaque enfant, un adulte se prépare. Enseignants, pédagogues, formateurs, n'égarons pas cette clé, elle est précieuse, afin que nos enfants puissent accéder à l'essentiel. L'Éducation peut mieux faire, elle est l'instrument de cette quête fondamentale !
(Coll. Questions contemporaines, 19.00 euros, 188 p.)
ISBN : 978-2-343-04078-3, ISBN EBOOK : 978-2-336-36418-6

DOCTORAT ET MONDE PROFESSIONNEL
Coordonné par Françoise Cros, Edwige Bombaron et Marie-Laure Vitali

La société actuelle interroge de manière vive les qualités économiques et professionnelles de l'ensemble des diplômes accordés par l'Université. Dans cette perspective, cet ouvrage questionne les forces et les faiblesses du doctorat en sciences sociales et humaines face au monde économique, à travers une triple orientation : historique, de comparaison internationale avec des pays comme la Finlande ou le Canada et épistémologique.
(Coll. Action et savoir, série Rencontres, 15.50 euros, 156 p.)
ISBN : 978-2-343-03997-8, ISBN EBOOK : 978-2-336-35974-8

DE LA RECHERCHE BIOGRAPHIQUE EN ÉDUCATION
Fondements, méthodes, pratiques
Delory-Momberger Christine
Le recherche biographique se donne pour projet d'explorer les configurations qui permettent à l'individu de donner forme et sens à son expérience dans les registres pluriels de son existence. Dans le domaine de l'éducation, elle s'attache à mieux comprendre la manière dont les acteurs font signifier leurs expériences de formation et d'apprentissage, le rôle que jouent les institutions éducatives et formatives dans les constructions biographiques individuelles et dans les processus de socialisation.
(Téraèdre, Coll. Autobiographie et éducation, 21.50 euros, 274 p.)
ISBN : 978-2-36085-058-7, ISBN EBOOK : 978-2-336-36162-8

ENSEIGNER PAR SON CORPS
Sous la direction de Bernard Andrieu, Aline Paintendre et Nicolas Burel
Le corps incarne par ses gestes, postures et attitudes, un mode d'exister dans les gestes professionnels. A travers notre corps, les émotions, les affects, les gestes involontaires, le stress, le désir ou le plaisir, se trahissent malgré nous dans l'interaction pédagogique. Cet ouvrage s'intéresse, dans une première partie, au corps de l'enseignant en situation d'enseignement, une seconde partie est consacrée à la santé de l'enseignant et au bien-être de l'élève.
(Coll. Mouvements des Savoirs, 27.00 euros, 260 p.)
ISBN : 978-2-343-04727-0, ISBN EBOOK : 978-2-336-36146-8

ÉVALUATION DES BESOINS DES ENFANTS ET QUALITÉ DE VIE
Regards croisés France-Canada
Sous la direction de Philippe Guimard et Catherine Sellenet
D'un continent à l'autre, des chercheurs et praticiens se répondent pour travailler ensemble à l'amélioration des conditions de vie des enfants. Ici l'accent a été mis sur les études les plus récentes : celles qui concernent la place du père et son influence dans le bien-être des enfants, celles qui pénètrent au cœur de l'école en interrogeant la satisfaction des enfants, leur préparation scolaire à la maternelle, les troubles du comportement, sans oublier le champ de la protection de l'enfance.
(Coll. Savoir et formation, série Protection de l'enfance, 26.00 euros, 268 p.)
ISBN : 978-2-343-04684-6, ISBN EBOOK : 978-2-336-36250-2

POUVOIR DEVENIR SUJET
Un itinéraire de formation à la reliance
Beauchesne Marie - Préface de Bernard Honoré
Marie Beauchesne propose ici une immersion radicale dans son parcours de vie, marqué notamment par l'éclatement familial caractéristique du Québec contemporain. Elle explore également son itinéraire de formation ainsi que sa pratique d'accompagnement du changement humain en milieu organisationnel, afin de répondre à une question brûlante : « Comment peut-on, par une pratique approfondie de soi, participer à la transformation de nos relations, de nos institutions, voire même de notre société ? »
(Coll. Histoire de vie et formation, 23.00 euros, 228 p.)
ISBN : 978-2-343-04407-1, ISBN EBOOK : 978-2-336-36111-6

TABLEAUX NOIRS
Bribes de vie à l'école
Nhu Nathalie
Mais que se passe-t-il dans nos écoles ? L'école qui se donne une image lisse et parfaite, mais qui derrière ses portes, cache son mal-être. *Tableaux Noirs* fixe comme le ferait un photographe des histoires vraies, des instantanés qui dressent le portrait d'enseignants, d'élèves ou de parents à un moment donné de leur vie. Ces histoires courtes de l'école montrent la difficulté d'un métier passionnant, qui plonge l'enseignant dans une profonde solitude.
(18.00 euros, 194 p.)
ISBN : 978-2-343-04192-6, ISBN EBOOK : 978-2-336-36137-6

L'HARMATTAN ITALIA
Via Degli Artisti 15; 10124 Torino

L'HARMATTAN HONGRIE
Könyvesbolt ; Kossuth L. u. 14-16
1053 Budapest

L'HARMATTAN KINSHASA
185, avenue Nyangwe
Commune de Lingwala
Kinshasa, R.D. Congo
(00243) 998697603 ou (00243) 999229662

L'HARMATTAN CONGO
67, av. E. P. Lumumba
Bât. – Congo Pharmacie (Bib. Nat.)
BP2874 Brazzaville
harmattan.congo@yahoo.fr

L'HARMATTAN GUINÉE
Almamya Rue KA 028, en face
du restaurant Le Cèdre
OKB agency BP 3470 Conakry
(00224) 657 20 85 08 / 664 28 91 96
harmattanguinee@yahoo.fr

L'HARMATTAN MALI
Rue 73, Porte 536, Niamakoro,
Cité Unicef, Bamako
Tél. 00 (223) 20205724 / +(223) 76378082
poudiougopaul@yahoo.fr
pp.harmattan@gmail.com

L'HARMATTAN CAMEROUN
BP 11486
Face à la SNI, immeuble Don Bosco
Yaoundé
(00237) 99 76 61 66
harmattancam@yahoo.fr

L'HARMATTAN CÔTE D'IVOIRE
Résidence Karl / cité des arts
Abidjan-Cocody 03 BP 1588 Abidjan 03
(00225) 05 77 87 31
etien_nda@yahoo.fr

L'HARMATTAN BURKINA
Penou Achille Some
Ouagadougou
(+226) 70 26 88 27

L'HARMATTAN SÉNÉGAL
10 VDN en face Mermoz, après le pont de Fann
BP 45034 Dakar Fann
33 825 98 58 / 33 860 9858
senharmattan@gmail.com / senlibraire@gmail.com
www.harmattansenegal.com

L'HARMATTAN BÉNIN
ISOR-BENIN
01 BP 359 COTONOU-RP
Quartier Gbèdjromèdé,
Rue Agbélenco, Lot 1247 I
Tél : 00 229 21 32 53 79
christian_dablaka123@yahoo.fr

Achevé d'imprimer par Corlet Numérique - 14110 Condé-sur-Noireau
N° d'Imprimeur : 122115 - Dépôt légal : octobre 2015 - *Imprimé en France*